克林顿传
CLINTON

张俊杰 编著

吉林出版集团股份有限公司

图书在版编目（CIP）数据

克林顿传 / 张俊杰编著. —长春：吉林出版集团有限责任公司，2011.7
ISBN 978-7-5463-5791-1

Ⅰ.①克… Ⅱ.①张… Ⅲ.①克林顿，B.—传记 Ⅳ.①K837.127＝6

中国版本图书馆 CIP 数据核字（2011）第 130758 号

克林顿传

编　　著：	张俊杰
出版统筹：	博文天下
责任编辑：	崔文辉　张晓华
封面设计：	盛世博悦
版式设计：	边学成
开　　本：	710 mm×1000 mm　1/16
字　　数：	224 千字
印　　张：	19
版　　次：	2011 年 8 月第 1 版
印　　次：	2020 年 8 月第 3 次印刷
出　　版：	吉林出版集团股份有限公司
地　　址：	长春市人民大街 4646 号（130021）
电　　话：	总编办：010－63109269
	发行科：010－85725399
印　　刷：	三河市燕春印务有限公司

ISBN 978-7-5463-5791-1　　　　定价：59.80 元

版权所有　侵权必究　举报电话：010－63109269

目　录

第一章
童年
1946年8月19日，比尔·克林顿出生在美国阿肯色州的霍普镇。这个小生命一降生，呱呱坠地，就面临着一个残缺不全的家庭……

1. 苦孩子　/　2
2. 受到外祖母的呵护　/　4
3. 母爱　/　6

第二章
青少年时代
中学时代，是克林顿一生的第一个转折点。在这个时期，他对政治发生了浓厚的兴趣。中学时代的生活对他的性格形成和他的成长起着重要的作用。

1. 中学时代对政治产生兴趣　/　16
2. 成为萨克斯管吹奏手　/　19
3. 首次见到总统　/　22
4. 大学彰显政治天赋　/　28
5. 靠努力获得奖学金　/　34
6. 到英国牛津大学读书　/　37

第三章
爱情
"两人常去巴塞尔餐馆——一家我们最爱的希腊餐馆，或去林肯电影

CLINTON

院看电影，它位于住宅区巷内，规模不大。一天晚上，雪终于停了，我们决定去看电影。其时路面残雪尚未清掉，所以来回都得穿过及踝的积雪，我俩只觉气氛活泼，沉浸于爱情之中。"

1. 在耶鲁大学与希拉里相爱 / 48
2. 毕业选择回家乡工作 / 53
3. 婚礼 / 60

第四章
走向政坛

"经过多年的生活体验和了解人类的生存状况，像其他人一样，我做出的决定应该能够体现我的价值观和原则。长期以来，我一直笃信人人机会均等，从今天起，我将尽我所能加快这一进程。长期以来，我一直对某些人的独断专行、滥用职权行为痛心疾首。从今天起，我将尽我所能制止这种行为……"

1. 竞选阿肯色州司法部长 / 66
2. 成为美国第二位最年轻的州长 / 68
3. 全新的施政方略 / 72
4. 再次竞选州长失败 / 76
5. 东山再起 / 81
6. 五连任州长 / 87

第五章
冲刺白宫

1990年，克林顿竞选州长再次获胜，这是他第五任阿肯色州州长。同年，他当选为民主党领导委员会主席，这个职务给他提供了向全国新闻界发表演说的讲坛。克林顿利用这个讲坛，多次抨击布什政府的内外政策，呼吁民主党人打破共和党人对白宫的长期垄断。终于在1991年10月3日，克林顿经过周密思考，正式宣布参加即将到来的1992年美国总统竞选，踏上了问鼎白宫之路。

1. 参加总统竞选 / 98

2. 争雄胜出 / 104
3. 梦圆白宫 / 109
4. 蝉联总统 / 116

第六章
"白水门"事件真相

那是克林顿和夫人希拉里刚入主白宫不久，共和党对手就抓住了他们经济问题的"辫子"，即所谓的"白水门事件"，对总统夫妇穷追不舍。

当克林顿在1992年竞选总统时，1992年3月7日，《纽约时报》首次报道了克林顿与白水公司和麦克道格尔的复杂关系。

1. 对手穷追不舍 / 126
2. 应对以柔克刚 / 128
3. 真诚接受调查 / 131
4. 有惊无险渡过 / 135

第七章
绯闻

"白水门案"尚未了结时，克林顿又有了新的麻烦，其实这个麻烦是在克林顿未当总统之前就种下了祸根。当克林顿在任三年总统，他的政绩斐然，正准备竞选连任下届总统之时，却发生了一件令克林顿头痛的事件。这就是琼斯的"性骚扰"指控。这件事被媒体披露之后，对于事业如日中天的克林顿来说，他的支持率开始下降。

1. 性丑闻曝光 / 138
2. 被调查最多的总统 / 147
3. 《斯塔尔报告》公布 / 153
4. 弹劾 / 160
5. 不辞职的理由 / 166

第八章
总统夫人希拉里

在当今美国政坛女杰中，希拉里·克林顿可谓鹤立鸡群。希拉里现在最大的"卖点",不是她曾贵为美国第一夫人,也不是她现任纽约州参议员的身份,而是她是否会出马角逐总统选举。因为她具备一个政治家应有的气质、手腕、智慧、才能与知名度,拥有向白宫发起进攻的实力。

1. 牵手克林顿　／　174
2. 甘苦寸心知　／　184
3. 推动医保改革　／　190
4. 竞选为美国议员　／　198
5. 待时而动　／　201
6. 独立自主参选总统　／　207
7. 克林顿为妻子希拉里助选　／　210

第九章

总统女儿切尔西

被称为美国"第一女儿"的切尔西,她给克林顿和希拉里这对"政治型的夫妻"确实带来了无尽的欢乐,每当他们在感情上或其他原因出现痛苦的时候,切尔西总是出现在他们中间,她成为了链接总统夫妻感情的一条纽带。

1. 成长在总统之家　／　214
2. 总统夫妇的感情纽带　／　218

第十章

告别白宫

美国前总统克林顿是一个不甘寂寞的人。2001年6月26日,他参加了纽约一家知名表演艺术学院的毕业典礼并在典礼上致辞。其间,克林顿谈到了担任总统以及成为一名表演艺术家之间的区别,他在向51名毕业生颁发文凭时开玩笑地表示,如果时光能够倒转,他非常希望成为这些毕业生当中的一员。

1. 离开总统宝座后的新生活　／　224
2. 频繁应邀演讲　／　230
3. 不甘寂寞　／　241

4. 出书 / 245

5. 媒体视野中的克林顿 / 247

第十一章
克林顿竞选总统文件及演讲精选

1. 《人民第一——美国国民经济战略》（摘要） / 256

2. 演说：总统候选人宣言 / 269

3. 演说：新契约：重建美国和我们的职责 / 276

4. 演说：关于环境的新契约 / 282

5. 演说：走向白宫 / 291

附录 参考书目 / 295

CLINTON
第一章
童年

1946年8月19日,比尔·克林顿出生在美国阿肯色州的霍普镇。这个小生命一降生,呱呱坠地,就面临着一个残缺不全的家庭……

CLINTON

1 苦孩子
CLINTON

1946年8月19日，比尔·克林顿出生在美国阿肯色州的霍普镇。这个小生命一降生，呱呱坠地，就面临着一个残缺不全的家庭：3个月前，他的父亲威廉·杰斐逊·布莱恩在一场车祸中不幸丧生。比尔·克林顿母亲的名字叫弗吉妮亚·卡斯蒂，对于丈夫的不幸身亡她悲痛欲绝，为了纪念死去的丈夫，她给孩子起名叫威廉·杰斐逊·布莱恩第三。4年之后她又嫁了人，嫁给了一位叫罗杰·克林顿的别克汽车经销商。小威廉·杰斐逊·布莱恩第三改名为比尔·克林顿。他的童年是在一个偏僻的农村度过的。

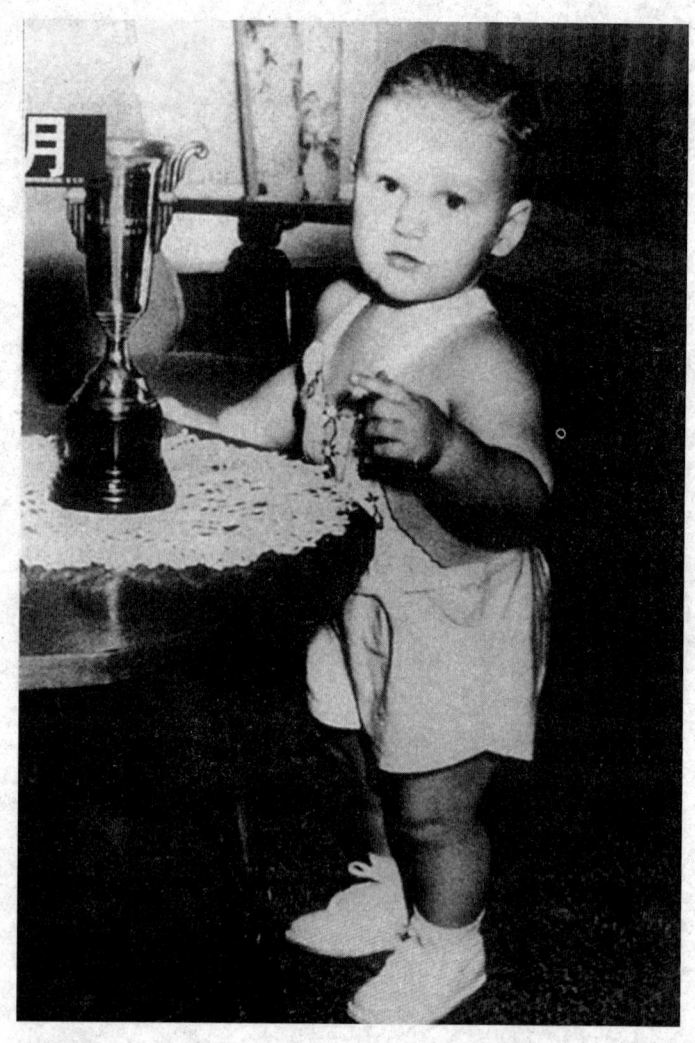

1946年8月19日，克林顿出生在美国阿肯色州一个名叫霍普的小镇。

CLINTON

第一章 童年

克林顿的母亲弗吉妮亚曾经以忧伤的心情回忆起那段悲伤的往事。

1946年5月18日这一天的早晨,天气阴沉沉的,好像要下一场大雨的样子。在美国阿肯色州的霍普镇弗吉妮亚的家里,突然响起了一阵急促的电话铃声,弗吉妮亚连忙从床上走下来接电话。她听到电话是她丈夫的一位好朋友打来的,他听出了弗吉妮亚的声音,她要求让弗吉妮亚的父母接电话,弗吉妮亚很惊讶。这时她的母亲接过了电话。听了一会儿,脸色变得苍白,一行泪水从眼睛里流出来。她首先知道了这个不幸的消息。她的女婿出车祸死了。她放下电话,抽泣着把这个不幸的消息告诉了弗吉妮亚。

那时弗吉妮亚才23岁的年纪,她已经怀了6个月的身孕,当她听到丈夫出车祸死了的消息后,她的脑子里一片空白。过了很久,她放声大哭,她双手抚摸着肚里的孩子,她不知道今后的日子该怎么过。

克林顿的母亲弗吉妮亚是在路易斯安那州的什里夫波特市认识丈夫杰斐逊的,当时弗吉妮亚在这个城市的一家医院做见习护士,而杰斐逊是来自德克萨斯州谢尔曼镇的一位汽车推销员,他们在这里相爱了,两人感情很好,弗吉妮亚非常爱她的丈夫。1942年,她的丈夫应征入伍参加了第二次世界大战,战争使他们分居了4年多。

第二次世界大战结束之后,她的丈夫杰斐逊在芝加哥找到了一份工作,主要是推销重型设备。他经常回家陪伴年轻美丽的妻子,当弗吉妮亚怀孕后,杰斐逊动员弗吉妮亚搬回娘家居住,这样就有家人照顾她,因此,弗吉妮亚就搬回了霍普镇与父母共同生活。杰斐逊还在芝加哥买下一座房子,准备孩子生下后在那儿安家落户。

那天,杰斐逊工作完成之后,驾车从芝加哥出发,飞快地向西穿过密苏里,行驶在60号公路上,他急着回到霍普镇看望弗吉妮亚,当汽车驶在与密苏里州的赛克斯顿镇交界的阿肯色州以北的公路上时,突然发生了轮胎爆炸。汽车失去了控制,冲出了柏油路,人被甩出车外,有人在一个排水沟发现了杰斐逊的尸体。他头冲下趴着,手里还抓着一把草,像要救自己命的样子。

许多年之后,20岁的克林顿曾来到父亲出车祸的地方。他对一个朋友说:我要亲自去看一看我父亲出事的地方,我到了密苏里州的那个小镇附近和高速公路上父亲出事的地点,我边查看周围的地形地貌,边想象当时的情况……这或许是克林顿对他永远不能相识的父亲一种不尽的思念。他

CLINTON

降生之后就与母亲相依为命，因此他们母子间有着深厚的感情。

霍普镇是农业区，在克林顿2周岁的时候，他的母亲为了能挣更多的钱养活克林顿上学读书，她把小克林顿寄养在霍普镇父母的家里，独自一人去新奥尔良慈善医院做了一名麻醉护士。

2 受到外祖母的呵护
CLINTON

克林顿的外祖父名叫埃尔德雷奇·卡斯蒂，他在霍普镇黑人居住区内买下了一个乡村小杂货店，主要经营日用百货和食品。他为人善良，平等待人，并经常向没有钱购买食品的穷人家庭赊销货物，对于黑人也一视同仁，并受到了黑人对他的尊敬。克林顿的外祖母名叫伊迪丝·卡斯蒂，她是当地医院的一位护士。

小克林顿在母亲去新奥尔良工作之后，就和外祖父母生活在一起，那

幼年的克林顿

时他才2岁。等到3岁时，外祖父和外祖母就开始教他识字，数数儿，并给他买了一大堆儿童读物。外祖父不厌其烦地一遍遍给小克林顿读书中的童话故事，小克林顿从那时起便对学习产生了兴趣。他还让外祖母给他讲发生在小镇上的故事，小克林顿聪明好学，深得外祖父母的厚爱，他们把小克林顿视作掌上明珠。

小克林顿在外祖父母的呵护下生活得很快乐，他经常跟在外祖父身后转来转去，他目睹了外祖父母的仁慈品德。他们还经常教导他一定不要憎恨任何人。幼年的克林顿是一个友爱、懂礼貌、有责任心的孩子。他的一位儿时的小朋友米兹妈妈回忆说：小克林顿经常和长他两岁的女儿米兹一起玩耍。有一次他们俩在一起玩滑梯，小克林顿让米兹戴他的帽子。向下滑滑梯时，米兹牛仔帽上的带子挂在了滑梯上。没等米兹的妈妈走近她，小克林顿已经爬上了滑梯，将米兹的脚朝上推，以便松开带子，当时玛格丽特就发现了小克林顿虽然年龄那么小，但他的思维能力已经超出了他的年龄。小克林顿从小就学会了承担社会责任。

由于小克林顿生活在霍普镇，这里经济并不发达，人们在很大程度上都属于同样的社会阶层，这是一个充满公益精神和爱心的小镇，人与人之间彼此都非常熟悉，有许多的亲缘关系，这个小镇就好像一个大家庭，因此克林顿当总统之后对他的家乡充满了深厚的感情。

小克林顿虽然没有了父亲，母亲又不在身边，但他周围有外祖父母，有表兄弟姐妹和其他人，因此他又是一个充满了活泼天性的顽皮的孩子。

小克林顿被送到由一位叫玛丽的人开的一家幼儿园里上学。一天，一群小孩子在午休时间偷偷地走出教室到校舍附近去跳绳跳高。这种游戏要两个男孩子把绳拉紧，其他孩子轮流跳过绳子。当跳过一定高度之后，拉绳者可按自己选择的高度将绳子提高。当时男孩子喜欢穿T恤衫、牛仔裤、军靴或牛仔靴。当轮到小克林顿跳时，他要求将绳子再提高些，他在猛力上跳时，因鞋跟挂在绳子上而被重重地摔在了地上，小克林顿疼得满头是汗，他咬紧牙一声不吭，玛丽老师吓坏了，赶忙给小克林顿的外祖父打通了电话。克林顿的外祖父听后立即开车来到幼儿园将他接回家，然后送进医院，经X光检查，发现小克林顿的腿中三处骨折，医生给他打了石膏，石膏一直打到他的臀部，他受伤的腿用带子挂在空中。在住院期间，他的外祖父母总轮班看护着他，外祖父给他买来了小人书和好吃的点心，

CLINTON

外祖母给他做鸡汤喝，老师和小朋友们都来看望他，他又天真可爱起来，一头卷发晃来晃去，给小朋友们讲故事。

正是这些孩提时代的经历，让克林顿对家乡产生了一种深厚、持久的爱。

克林顿在一本书中回忆起他自己的孩提时代，使他最难忘的是他的外祖母带他乘火车到新奥尔良一家医院看望他的母亲。

他已经2年多没有见到母亲了，外祖母和他一起住在一家旅馆里。外祖母打电话找到了克林顿的母亲。一会儿，弗吉妮亚便出现在他们俩面前，弗吉妮亚抱着小克林顿的脸蛋亲个不停，而小克林顿对突如其来的母亲感到有些惊慌。在以后的几天里，弗吉妮亚带着小克林顿去公园玩耍，母子俩渐渐地有些难分难离了。

当外祖母带着小克林顿要离开新奥尔良时，弗吉妮亚一直将他们送到火车站，弗吉妮亚跪在铁轨旁痛哭起来，因为儿子又要离开她了。最后当火车就要进站的时候，她站了起来，把眼泪擦干，微笑着看着小克林顿，把他们送上了火车。只是在日后的生活中克林顿才明白母亲必须留在新奥尔良工作的原因，是为了让自己的儿子能够读书上学，过上和有父亲的孩子一样的生活。

3 母爱
CLINTON

小克林顿4岁时，母亲弗吉妮亚又嫁人了。小克林顿的继父名叫罗杰·克林顿，最初是一位"别克"牌汽车推销员，当时他在霍普镇上经营"别克"汽车，但不久生意清淡，只得关门。后来他在温泉城买下一个农场，同时与弟弟一起经营"别克"汽车。这里是著名的赛马和矿泉浴疗养胜地。

小克林顿7岁那年，弗吉妮亚把小克林顿从娘家接到了温泉城。在这里，弗吉妮亚送他到圣·约翰天主教学校读二年级。他的家庭信仰浸礼会，但弗吉妮亚认为圣·约翰小学会给克林顿以后读公立学校打下良好的基础。

CLINTON

罗杰·克林顿比弗吉妮亚大12岁,由于生意不好,婚后,夫妻之间经常吵架。罗杰·克林顿是个酒鬼,只要喝醉了酒就动手打弗吉妮亚。有时他表现得很冷静,但每次喝醉之后,都要酒疯,大嚷大叫。一次他竟开枪打在起居室的墙上。因此,曾被判入狱。

弗吉妮亚和罗杰·克林顿结婚时,小克林顿的外祖父母是不同意的。她知道罗杰·克林顿是个酒鬼,而且他还有个家庭。虽然他已经离婚。罗杰的第一任妻子是由于受到暴力虐待才同他离婚的。为此,罗杰的工资被扣发,以支付孩子的抚养费;他还曾在一次赌博中因为同一位波多黎各人发生争执,恶毒地袭击了对方。这些事弗吉妮亚的母亲都知道,她曾对弗吉妮亚说小克林顿不应该和罗杰·克林顿生活在一起,甚至她要为小克林顿寻求法律保护。

这一切都未能阻止住弗吉妮亚同罗杰·克林顿结婚。她为什么和他结婚呢?弗吉妮亚的舅舅曾经对弗吉妮亚说:"你是打算嫁给一堆别克车吧,这下子你可有苦头吃了。"弗吉妮亚一直很任性,她没有听从舅舅的劝告。弗吉妮亚在自己回忆中承认:"由于罗杰有'票面价值',我接受了他。"罗杰总是开着闪闪发光的新车,总是在准备去参加聚会的样子。虽然罗杰不是小克林顿的偶像,但是说来奇怪,小克林顿对有一个父亲感到高兴,并对他很着迷。

弗吉妮亚和罗杰于1950年6月9日结婚,婚礼在一所教堂的牧师住所举行,但小克林顿的外祖父家没有一个人参加婚礼,但弗吉妮亚并不在乎这一切,她内心想到的是要给小克林顿寻找一个父亲的替身,寻找一份父爱。

当他们一家搬到温泉城的时候,所有的娱乐业都在温泉城蓬勃发展,其中大部分是不合法的。那是一个只有3 000人的城镇,可以进行强身健体的矿物浴,在它全盛时期,芝加哥的黑道人物、好莱坞的明星、纽约的阔佬大款经常来到这里寻欢。

在弗吉妮亚的性格中有一种激情的欲望,她想"成为我自己"。对于能来到温泉城居住,弗吉妮亚感到快乐无比。她最喜欢的俱乐部名叫"忧郁"。那里有红色的天鹅绒、摇曳的烛光。弗吉妮亚曾经坦率地向别人说她自己:"在我体内有一种对豪华生活的盼望,这是与生俱来的,一直在等待着爆发出来。"但是温泉城同时又是一个很传统的南方城市,有着传统保守的价值观,浸礼会教徒在这里占着支配地位,他们冷眼旁观这个城市的变化。弗吉妮亚要想充分地展示自己的个性，必然会招来一些闲言碎语，但这一切对她来说产生不了任何影响，她觉得没有必要改变自己的生活方式。她曾说过："我觉得，如果你要成为一个人希望成为的人，这是你应付出的代价。"她甚至能把人们对她的闲言碎语变成另一种看法，她说："我知道，有些人总是爱妒忌那些有能力的人，总爱说领导者的闲话。"

弗吉妮亚会经常把小克林顿带到俱乐部，让他听著名的爵士乐演奏者的演出。她还鼓励小克林顿学吹萨克斯。尽管弗吉妮亚的初衷是好的，但客观上把一个不到10岁的孩子带到夜总会这样的地方，毕竟不太合适，因为那里酒气熏天，罗杰·克林顿总会在里屋赌博。这时的小克林顿并不喜欢这种环境，他总是充当保护妈妈的角色。

在这个城市里，弗吉妮亚最喜欢的是奥克洛恩公园的赛马场，那里成了她的第二个家。她有时会赢，有时会输，但总是激动不已。弗吉妮亚喜欢温泉城野性的一面，她可能没有想到，她正在参与的赌博让小克林顿处在一个充满诱惑的环境里。

尽管弗吉妮亚迷恋温泉城生动的夜生活和赛马场，尽管她的麻醉护士工作做得很不错，但她生活的重心一直放在小克林顿身上。她相信，从儿子降临人间，他就是一个非同寻常的人。

在弗吉妮亚的鼓励关怀下，小克林顿在小学里是个被老师称为有出息的孩子，他被选当班长，积极参加学校的演出，在俱乐部和乐队的各项活动中，他都是主角。

在小克林顿10岁时，母亲和继父有了一个儿子。他们给他起名罗杰。弗吉妮亚很喜欢两个儿子，总想尽量多用些时间和他们共享天伦之乐。但是，作为麻醉护士，她常常24小时值班，以便在手术时能随叫随到。她雇了一名临时工，在她上班时替她照顾孩子。当小克林顿年龄稍大一些时，他也承担了照看弟弟小罗杰的任务。

小克林顿14岁那年，他的继父罗杰·克林顿仍然嗜酒不改，一天晚上，罗杰·克林顿又喝多了。他回到家里大耍酒疯，打母亲，这时，小克林顿冲进了房间，他紧紧护住母亲和同父异母弟弟，并抓着他的手，他大声地对继父说："只要我在这儿，你永远不许再打他们！假如再想打的话，就打我吧。"但不久罗杰又旧病重犯，他继续酗酒闹事，这时弗吉妮亚在绝望之际提出了离婚，她的理由是罗杰·克林顿时常不断地试图对我和儿子进行人身伤害。法院判决了他们离婚。

离婚后的第二年，小罗杰突然规劝母亲和父亲复婚，说他的父亲会痛改前非。但小克林顿尽力说服母亲不要与他复婚，理由是其本性难改。但弗吉妮亚对小克林顿说，她依然喜爱小罗杰。她认为小罗杰需要父爱。小克林顿明白了父爱。弗吉妮亚和罗杰·克林顿复婚

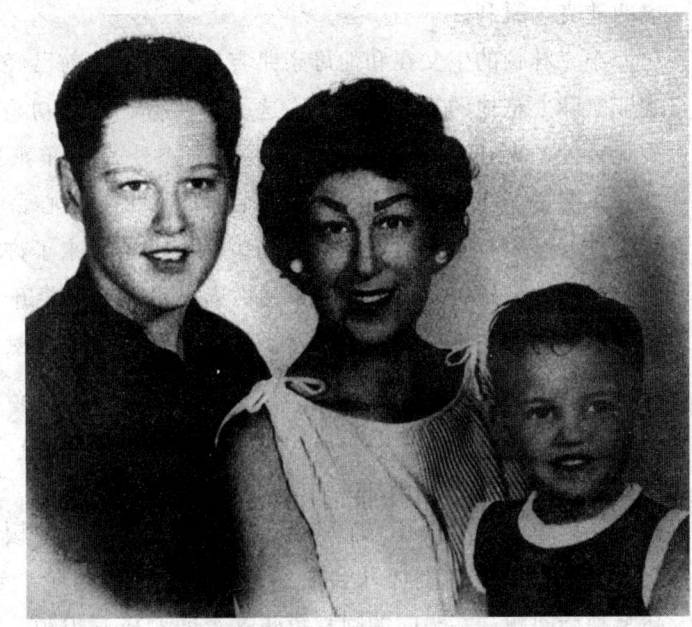

克林顿及母亲及同母异父的弟弟合影

后，小克林顿为了让母亲高兴，他决定将自己的姓氏从布莱恩改成克林顿。

尽管家庭内部发生了许多不愉快的事情，但小克林顿这次却懂得了关心他的继父。他认为，他的继父是一个好人，但他太不自重。后来他的继父罗杰·克林顿得了癌症，小克林顿经常去看他。他看到继父转变了对他的看法。他后来告诉别人：他的继父是一位了不起的人。他和他的家庭对我都非常好，看到一个你所爱的人，非常想念的和所关心的人在忍受病魔的折磨，实在让人痛苦……

小克林顿从中悟到了他的继父嗜酒成性的内在原因是因为受到奚落的而自尊心受到伤害造成的恶果。

小克林顿的母亲是个性情开朗、人缘好，而且泼辣的女性。她追求自由而从不忘记社会责任，其实在弗吉妮亚的身边一直有男人追求她，她嫁给了他们中间的4个，罗杰·克林顿是其中的一个。她第一次结婚就是小克林顿的亲生父亲威廉·杰斐逊·布莱恩；第二次结婚就是罗杰·克林

顿；她的第三个丈夫名叫杰夫·德怀尔，是她的理发师，是个有绅士风度的人，曾因股票诈骗而入狱。这时弗吉妮亚已经51岁了。她的第四个丈夫名叫迪克·凯利。

小克林顿的生父在和他母亲弗吉妮亚结婚之前已经结过多次婚，弗吉妮亚实际上是他的第五任妻子。这一切弗吉妮亚最初是不知道的，但弗吉妮亚最爱的人还是小克林顿生父威廉·杰斐逊·布莱恩。因为她觉得威廉·杰斐逊·布莱恩对她有一种强烈的爱和责任心。有一次她病了，威廉·杰斐逊·布莱恩冒着大雨赶到医院，给她买来了许多好吃的东西。一直陪伴着她。她曾对人说，她最爱的人是威廉·杰斐逊·布莱恩。

小克林顿在她母亲身边度过了成长中的岁月，虽然忧郁，但更多的还是幸福。他和小伙伴一道打橄榄球，在车道上滚铁环，到附近的山上去爬山。小克林顿的家是他的小伙伴们放学后常去的地方，弗吉妮亚从医院下班后就高兴地加入到孩子们中间，她为大家做可可、花生酱和香蕉三明治，他们在客厅里摆开椅子聊天。弗吉妮亚和小克林顿讲得最动人。弗吉妮亚能够很激烈地批评社会的不良现象。他们讨论"当天的任何新闻"，包括种族问题，在当时的阿肯色州这个问题极其尖锐。她总是发表意见认为：歧视黑人或是划分二等公民，对人来说都是不公正的。弗吉妮亚称他们的讨论是"餐桌教育"。

在弗吉妮亚影响下，围坐在餐桌边的孩子们考虑的问题超出了他们娱乐的范围。他们开始关心社会的公正。小克林顿从他母亲那里学到了公正的态度。他较早地懂得，那些没有发言权的人必须有他们的代言人。弗吉妮亚曾对小克林顿说，有的人因为没有钱，拒绝做最好的治疗，这是不公正的事。小克林顿长大之后当选总统后，把关心大众健康问题放在优先考虑的地位，就是由于受到母亲的影响。而克林顿的政策和他同黑人朋友密切的私人关系，都反映了弗吉妮亚在种族问题上的立场，可见克林顿小时候受母亲的影响之深。

在克林顿一生中曾面对几次重要的选择，弗吉妮亚对此起了绝对的作用。她没有坚持把儿子送进费用低一些的阿肯色大学，而是让他去费用昂贵的乔治敦大学读书。乔治敦大学集中了世界各国及美国的精英，是美国东部的一所名牌大学。但离阿肯色有1 200英里，这就意味着，弗吉妮亚要和心爱的儿子分开，儿子是弗吉妮亚的依靠，是她生活的希望，这种分离是痛苦的，但是为了儿子的前途，儿子选择了这所大学，她想就应该让他去。

克林顿在只有 28 岁的时候就参加了国会议员的竞选——母亲是第一个鼓励他参加竞选的人；他在 32 岁的时候当选州长，是全美国 50 位州长中最年轻的一位。

1979 年，当克林顿竞选州长成功，他们夫妇搬进了阿肯色州首府小石城的州长官邸，在那里，克林顿作为全美国最年轻的州长受到全国的关注，14 年后，在他的第五任上，他们又走进了白宫，其实在克林顿的从政道路上并不是一帆风顺的，他经历了许多惊涛骇浪。如，在首届州长任期两年期满后，克林顿再次竞选州长失败，他遭到的打击几乎可以终止他的事业，但有母亲的鼓励，克林顿没有放弃。

他多次回忆起："母亲教我永远不要放弃，永远不要屈服，永远不要停止微笑。"在那段黯淡的日子里，克林顿告诉他的支持者说："我记得小时候我的母亲，无论家中发生了多么可怕的事，第二天早上，她都会起来，她总是微笑，从不表现出来，从不把自己的问题加到别人身上。"许多年之后，当克林顿和莱温斯基的私生活被曝光，他面对的是全世界的评判，他学着母亲的样子度过了那个时期，同母亲一样总是微笑着，从不表现出可能折磨他的焦虑。克林顿第二次竞选州长失败，而受母亲的鼓励再次参加竞选，在阿肯色州，克林顿又当选了 3 次。而且，在以后参加的任何竞选中，他再没有落选过。

弗吉妮亚从儿子克林顿第一次参加国会议员的竞选开始，她参加了他的每一次选举。从 1974 年的第一次竞选开始，她越来越感觉到，自己"不再是一个母亲和保护者——我现在是儿子们生活中的一个伙伴"。她的车上装满了为竞选制作的东西：小徽章，钉子，旗子，张贴品。当人们冲她挥手致意的时候，她会马上急刹车，从车中拿出那些小东西送给那些人，并且让人们看到挂着克林顿竞选标志的候选人的母亲。她同每个人握手，同每个人交谈。如果人们有不友好的表示，她便努力去说服他，但是有一次，一个农夫让他的几条狗咬她，狗咬住了她的脚后跟，弗吉妮亚说，她估计那个是共和党人，那些狗们大概也是共和党的。弗吉妮亚非常聪明，她在自己的汽车保险杠上也贴上了招贴画，她夸自己是一个能手，告诉人们她的儿子将成为一位非常棒的州长。

在总统竞选中，弗吉妮亚发现自己一直很有用。电视网和来自全国各地的出版物都渴望了解这位聪明可爱的老妇人，她的头发染成了鼬鼠纹状，手上戴了5个戒指，她总能谈最有趣的事。对于一个母亲，这是她一生中最快乐的事，她儿子即将成为新总统。

克林顿曾多次对人们说，如果没有母亲的有力支持，没有她那样的力量和骨气，他不可能当上总统。她教给了我真正的民主，她教导我，每个人的生命具有同等的价值。克林顿说自己具有同"普通人"联系的能力，可能就是因为母亲的教导，这包括真正了解他们的困难而且不带任何优越感地真诚地关心他们。

1992年民主党全国代表大会上，弗吉妮亚走上阿肯色州代表团的讲台，她说："先生、女士们，阿肯色骄傲地投上我们的48票，给我们最宠爱的儿子，也是我的儿子，比尔·克林顿！"

加上这些选票，克林顿遥遥领先，他得到了民主党的总统提名，大厅里一片欢腾，以前从来没有一位总统的母亲上台宣读提名自己儿子的选票。

在初选胜利后的演说中，克林顿希望在共和党统治白宫12年之后，重振民主党的雄风，他提到了传统和国家。克林顿问道："你们想知道我是从哪里获得战斗精神的吗？一切都来自我的母亲。"他对着家人的包厢，说："谢谢你，妈妈。我爱您。"闪光灯和摄像机都对准了弗吉妮亚，掌声、欢呼声震动了大厅。这是一个儿子最好的礼物，从童年时代起，儿子就总想保护他的母亲，让母亲高兴。弗吉妮亚说："我想，我的儿子克林顿是觉得我一生中没有被很好地对待过，他决定对此做出补偿。"

弗吉妮亚曾和乳癌做了4年的斗争，她1970年发现得了癌症，于是做了乳房切除术，进行了化疗，她是一个乐观的人，相信自己的病能治好。但是，到1992年，癌细胞已经扩散到骨头，从颅骨到腿骨。她求医生："告诉我的孩子们，我没事。"弗吉妮亚是个坚强的女人，她不愿意增加儿子的负担，更何况，这是比尔·克林顿一生中最重要的一年，他要向现任总统乔治·布什发出挑战。克林顿一直到竞选胜利都不知道母亲的病情已经恶化，只有几个月之后，当她的病情再也无法隐瞒，她才勉强告诉儿子不可避免的结果。

胜利终于来临了，大选的最后结果揭晓，克林顿当选美国第42位总统。弗吉妮亚是第6位亲眼目睹儿子就职典礼的母亲，是第13位在儿子当选时还在世的母亲。那一天，弗吉妮亚梳妆打扮的时间比平时还要长，因为她必须在全世界的电视镜头前保持最好的状态。她断然放弃了平时明亮的色彩，穿上了高雅的黑色衣服。以后弗吉妮亚和她的丈夫迪克·凯利搬进了白宫，他们住进了总统母亲的房间。

1994年她的健康状况明显恶化，化疗使她掉光了头发，她戴着专门模仿她从前的发型设计的假发迎来了人生中最后一个圣诞节。那天，一棵大圣诞树上缀满了灯，闪闪发光。弗吉妮亚更瘦了，身体也更虚弱，但是她相当乐观，她正在急切地计划去拉斯维加斯的新年之旅。美国著名歌星史翠珊要在那里开个人演唱会，弗吉妮亚将坐在近台的席位上。而且在圣诞节期间的几天里，她的儿媳妇希拉里还有她亲爱的孙女切尔西都将来看望她。

但是，就在全家庆祝新年的时候，一家杂志《美国观察》正在准备发布重要的内幕新闻，也就是克林顿在任阿肯色州州长期间对一个叫葆拉的妇女进行性骚扰的丑闻。在这之后开始了对克林顿的质疑和指控，克林顿拒不承认这件事，并且对此发誓，最后，克林顿以10选票的微弱优势，避免了成为第一位被赶下台的美国总统的耻辱。就在这个时候，弗吉妮亚去世了。

克林顿总统为他母亲的葬礼订下了温泉城会议中心，这是这个城里最大的大厅。大厅里聚集着2 500名来参加吊唁的人。他们崇敬她在面对苦难时轻松的个性和充满斗志的精神。温泉城降下了半旗，人们将克林顿亲手写的悼词到处张贴，他们要赞颂这位不朽的总统母亲。

《华盛顿邮报》为弗吉妮亚的逝世加上了一个大标题："造就了总统的女人在睡眠中去世。"造就他，支持他，无条件地爱他——这就是弗吉妮亚，一个总统的母亲。

对于自己所有的成就，克林顿首先感谢的人是他的母亲，他的母亲有着不可动摇的竞争力，乐观主义精神，还能最大限度地认识到自己的运气，这一切为克林顿树立了榜样。

CLINTON

第一章 童年

CLINTON
第二章
青少年时代

中学时代,是克林顿一生的第一个转折点。在这个时期,他对政治发生了浓厚的兴趣。中学时代的生活对他的性格形成和他的成长起着重要的作用。

CLINTON

 ## 中学时代对政治产生兴趣
CLINTON

中学时代，是克林顿一生的第一个转折点。在这个时期，他对政治发生了浓厚的兴趣。中学时代的生活对他的性格形成和他的成长起着重要的作用。

在中学时代，克林顿的爱好非常广泛。他经常带着同学到他们家去聚会，一起听音乐，弹钢琴，唱歌，还有读书。许多时候都是他和一伙人一起活动，他很少单独一个人活动。有时他们一起去看电视里播放的老电影，或者玩小型高尔夫球，还有滚木球。

克林顿升入温泉城高中之后，加入了学校的世界史班。在这里，他对历史显示了特殊的兴趣和超常的理解能力。他认为欧洲的历史以及世界其他地方的历史，都与美国不无关系，而美国的历史又影响着欧洲和世界的今天和明天。他对于民主制度源于有强大海军的国家特别感兴趣。这种对历史与未来的关心孕育了克林顿作为一个政治家的基本素质。

克林顿中学时对政治产生兴趣的原因之一，是受母亲的影响，他的母亲成了他的"课外老师"。每当克林顿放学回家，他的母亲就和克林顿讲述讨论每一天发生的事情或从报纸上看到的新闻，教导克林顿积极思考周围的事情，判断是非曲直，关心公共事务。有时克林顿和母亲弗吉妮亚就某一问题展开激烈的争论，双方互不相让，时常争得面红耳赤。那个时候弗吉妮亚就已经将克林顿当做一个成人看待了。她尊重他，与他讨论问题。这对克林顿日后的政治生涯是有极大影响的。

20世纪60年代，对美国来说是个多事之秋，这引起了充满热情和理想的美国青年人对公共事务、国家前途和命运的极大关注。在国内，种族问题日益成为社会热点。1957年，克林顿所在的阿肯色州爆发了震动全国的小石城事件。有9名黑人小孩经法院批准投考小石城的中心高级中学。阿肯色州州长福布斯却以维持社会秩序安定为由，召集国民警卫队阻止学校黑白人的混合行动。当黑人学生入校时，白人种族隔离主义暴徒又横加阻挠，最后艾森豪威尔总统派出美国正规军才恢复了秩序。为此，小石城

所有高中关闭了一年，但最终这些高中学校都开始招收黑人学生了。此后，反种族隔离和反种族歧视就成了美国国内问题的焦点。在国际事务中，1962年发生了古巴导弹危机。这年夏秋间，苏联运来了10个营的次中程弹道导弹到古巴。美国朝野震惊。最终肯尼迪总统通过军事压力和外交谈判迫使苏联人把导弹撤出了古巴。这一系列的事件深深地刺激了包括克林顿在内的美国青年人，他们发现自己的国家并不是尽善尽美的，也不是非常安全的。他们想要改变这种状况，使美国成为他们理想中的国家，而要做到这些，就必须参与到国家政治生活中去。

克林顿从中学时期就表现了与众不同的政治才华，他善于助人为乐，特别愿意帮助那些有独立自助精神的人。

有一次，克林顿的一位叫鲁特的同学，由于贪玩橄榄球，在期末考试时代数没有把握能够考及格。克林顿发现了鲁特的忧虑，他便让鲁特晚上到他家里去学习。鲁特去了克林顿家之后，他根本没心去学习，而是和别的同学说说笑笑，克林顿很严肃地对他说："你假如自己都不愿意帮助自己，那我也就无能为力了。"鲁特听后立即感到做错了，他马上开始学习功课。但第二天，鲁特在代数考试时还是没有通过考试。克林顿对鲁特鼓励说，不要失望，争取下一次考个好成绩。

又有一次，鲁特参加每分钟打60个字的考试，但是打字并不是一天就能练出来的。克林顿知道后就帮助他练习掌握操作技巧，鲁特练了一些日子，觉得自己有所进步，但他还是心里不踏实，在考前的那个晚上，鲁特坐在家中的椅子上发愁，他怕自己过不了这一关。这时，门铃响了，鲁特的妈妈应声去开门，原来是邮差送来了一封电报，鲁特的妈妈高兴地叫道，是克林顿给你拍来的电报！鲁特几乎不相信自己的耳朵，他一直认为当时那个年代的电报都是拍给重要人物的。鲁特打开电报，上面写道："祝您明天打字考试走好运，我知道你能通过的。你的朋友，比尔·克林顿。"第二天鲁特满怀信心的参加了打字考试，他真的通过了考试。他认为，这与克林顿对他的鼓励支持有关系，有克林顿的一份功劳。

克林顿渐渐地对政治产生了兴趣，他善于组织学生，曾为赢得学生会竞选的胜利做过不懈的努力。在竞选学生会主席时，克林顿给人留下了深刻印象，他对人十分友好，和善，并充满自信。

一位克林顿的同学在回忆录中写道："我第一次遇到克林顿时，他在

CLINTON

第二章 青少年时代

上10年级。那时他正在为学生会竞选奔走。他走到我跟前，握住我的手，进行了自我介绍。他总是毫不吝啬地用自己宝贵的时间去帮助温泉中学的每一个新生。我被他的热情主动、他的智慧和他的真挚所打动。他对自己充满自信，对自己的将来充满希望。他是一个杰出的竞争者，精力充沛、富有同情心、充满幽默感、多才多艺、对事业专一执著。请记住，那时为公众服务是一种荣誉，我们有很好的机会将国家建设得更好。

"在班里，克林顿十分好学，而且有很强的竞争力。像所有很有天赋的学生一样，他对时事政治有着深刻的见解。我们居住在距1947年的小石城不远的地方，因此我们进入了白人学校。克林顿很看不惯种族歧视以及阿肯色州消极的旧一套做法。他认为在这个国家里，每一个人都应该是平等的，教育是改变贫穷的阿肯色州的关键。"

中学时代的克林顿在许多社会科研和服务项目方面也表现出了他的领导才能。他是克瓦尼斯·凯伊俱乐部的成员，被温泉中学全体教员选为少年实业家，还得到过阿肯色州青年领导人埃尔克斯奖。这些巨大成就让他深受许多组织的欢迎。许多地方俱乐部多次邀请他去发表讲话，参与社会活动。

这样一来就会影响克林顿的学习，因此校长不得不限制克林顿参加更多社会活动。但是20世纪60年代是美国梦想流行的时代。这是"新边疆"给人民带来的激情与活力。克林顿也沉浸于时代的大气氛之中。他们的总统约翰·菲茨杰拉德·肯尼迪在1962年指出了人类将登上月球的前景，这一直激励着年轻的比尔·克林顿。他的耳边经常回荡着肯尼迪总统的讲话声音："我们选择在这10年内登上月球，还有另外一些伟大目标。""不是由于这些目标容易达到，而是由于它们非常艰巨，是由于这些目标最能有效地组织和发动我们的能力，还由于这是一个我们能接受而不能推迟的挑战，一个我们决心要赢的挑战。"

和克林顿同龄的许多美国年轻人从肯尼迪总统的讲话中觉察到了为将来做准备和为长期的目标做出牺牲的重要性。日后克林顿回忆说："我是在1960年总统大选时决定加入民主党的，那时约翰·肯尼迪在建设一个新美国的许诺激励着我。他让人们相信他们能改变自己。他并没有许诺解决所有问题，而只是说，明天会更好。他使我确信他和林登·约翰逊决心为美国，尤其是我的家乡美国南部的公民权问题做出贡献。"

1963年11月22日，美国总统肯尼迪遇刺身亡。在克林顿心中，肯尼迪是他崇拜的偶像。因此，得到这个消息后，克林顿非常悲痛甚至感到有些失望。他不相信美国今后还能出肯尼迪这样出色的政治家。

然而，肯尼迪的死，更加坚定了克林顿步入政坛的决心。高中毕业时，他毅然报考了乔治敦大学，迈出了走向政坛至为关键的一步。

2 成为萨克斯管吹奏手
CLINTON

中学时代的克林顿不仅对政治产生兴趣，他还对音乐着了迷。他既喜欢古典的交响乐，也喜欢现代乐曲；既喜欢美国的乡村音乐，也喜欢喧闹的摇滚乐。克林顿最拿手的是萨克斯管演奏，他是全州第一乐队萨克斯管首席演奏家。

有人说如果克林顿当年不是崇拜肯尼迪，他有可能成为一个出色的音乐家。但也有人认为，克林顿有自己的政治抱负，音乐只是他实现政治抱负的一个手段，他总是用他的卓越的音乐才能使他的理想进一步升华，实现自己的政治抱负，获得政治成果。毫无疑问，这比欣赏纯粹的文艺演出所感到的美好气氛或旋律更为重要。

可见音乐对于一个政治家的素质有其重要的作用，克林顿是如何在中学时代迷恋音乐的呢？

克林顿由于从小就失去了父爱，他的内心是孤独的，虽然他的身边还有母亲和外祖父母，但是那也永远不能替代父爱。一个缺少父爱的孩子心灵有些残缺，他需要倾诉自己内心的那份没有人能够理解的孤独。他首先喜欢了乡村的音乐，美国乡村音乐的质朴，使他一下子找到了排除心中孤独的方法。每当他听到那悠扬的乐声从远远的村落间传来，他内心便感到快乐。从小时候他就喜欢听乡村音乐。

上中学之后，他报名参加了学校的乐队，他在乐队中很快便表现出与众不同的音乐感觉。老师发现了他的音乐天才，便倾心培养他。他很快被老师提拔为乐队的领导人。他参加过许多音乐活动，他曾经加入过进行曲乐队、协奏曲乐队、舞台乐队和小型爵士乐队，他是领队，也是各种乐队演出和许多独奏及合奏音乐会的主持人。他还协助组织和策划每年一次的阿肯色州管弦音乐节。

在中学时代,克林顿就已是一个乐坛多面手了,他成了全州第一乐队的首席次中音萨克斯管吹奏手,这是一个中学生乐手可以得到的最高荣誉。他主持每年一次的乐队联合演出,不论作为独奏者还是作为乐队的一员,他均获得了很多奖章和奖品,赢得了许多甲组独奏和合奏的奖章和奖状。他不但是乐队的主要负责人,还是乐队助理指挥。

一位克林顿中学时代的好朋友、钢琴演奏家斯塔利在一篇文章中回忆起克林顿中学爱好音乐的情景,他写道:克林顿知道我是一个天才的钢琴演奏家,因为他曾听过我为温泉中学大合唱队伴奏。有一天,克林顿问我是不是愿意在州音乐节期间为他的演奏伴奏,我当时同意了,我也了解克林顿是一位首席次中音萨克斯管吹奏手。我想为他伴奏得更好,就建议他到我家进行排练。他也同意了,因此,我们开始每周几次在我家聚会,克林顿的独奏技巧还不够成熟,或者说不够专业,为了改进他的独奏技巧,在我家的大厅里,我们开始一遍遍的练习,克林顿非常认真,他对每一次的吹奏都非常投入,这些排练又紧张又苦,有时克林顿的额头上布满了亮晶晶的汗珠,他顾不得去擦一把,而是一遍一遍地吹奏着他的萨克斯管。他的独奏技巧很快有了提高,他决心在这次音乐节上夺得冠军。我们两个除了一遍遍的排练之外,连聊天的时间也没有。我们度过了一段紧张而愉快的时光,不久音乐节就开始了。

音乐节开幕的那天,我为克林顿的萨克斯独奏进行了钢琴伴奏,在飘荡着美妙音符的大礼堂里,克林顿的吹奏很成功,不时的迎来阵阵的掌声。

演奏结束之后,克林顿走下台来,他进一步关心评委如何评价他,发表了什么评语,最后他获得了演奏的第一名。克林顿不但关心自己,他还经常关心别人的演奏,那天我也演奏了自己的钢琴曲,克林顿一直等待着了解评委对我的评语及排行名次。

从此,我和克林顿成为了好朋友,音乐成为我们友谊的纽带。随着友谊的加深,克林顿经常到我们家玩。我们一起弹钢琴,克林顿坐在键盘右侧的长凳上,我们随意演奏。我记得,克林顿那时还喜欢唱歌,《家乡的绿草》是他所喜欢的一首歌。他唱起来的样子很有感情。我记得,当我弹钢琴的时候，克林顿会走近我的身边，悄悄地坐下来听我演奏。当我弹完一首曲子时，他就会鼓掌表示赞扬，这些都给我留下深刻的印象。

有的时候，我们喜欢听唱片。我们喜爱雷·查尔斯·南希·威尔逊和蒂奥尼·沃里克所灌制的唱片，但也经常听戴维·布鲁毕克和斯坦·格斯所演奏的爵士乐曲。有时我们还试着演奏这些名人的曲子，克林顿最喜欢的是《放松一下吧》。克林顿还喜欢听交响乐。《欢乐颂》是他非常喜爱的一首乐曲。他希望我们的乐队能在中学毕业典礼上演奏这首曲子。

克林顿通过音乐和乐队，在阿肯色州结识了一大批朋友。他不断地参加各类音乐活动，比如他参加过音乐夏令营，等等。他从音乐中获得了极大的乐趣，但是克林顿那时已对政治产生了浓厚的兴趣，音乐成为他走向政坛的一种很得手的工具。

克林顿中学时代的另一位好朋友、著名的小提琴演奏家古德拉姆在一本书中回忆克林顿中学时喜欢音乐的情形，他这样写道：在温泉中学，克林顿和一位叫乔·纽曼的同学比我高一年级。有一天，他们找到我，让我参加一个名为"三王"的3人演奏组。我知道克林顿是"全州乐队"的萨克斯管手，而乔·纽曼则是全州的鼓手，而我是最棒的小提琴手，我们3个人组成"三王"演奏小组一定会产生轰动效果。我当时就同意参加了。通过一段时间排练，我很快觉得我们大家很快乐。在合作的两年中，我们在镇上的各种社会活动和演出比赛中频繁亮相，度过了一段快乐和充分发挥才能的时光。

那段时间对我而言至关重要，因为当时我正在医学和音乐之间徘徊，不知选择哪一个，最后，"三王"演奏小组的合作，使我最终选择了音乐。

当时克林顿不仅酷爱音乐，而且对乐器也非常在行。他努力工作、学习、实践，我知道克林顿那时打算成为一个专业音乐家，这种职业对于生活在阿肯色州温泉城的人们而言是极不寻常的选择，并且是风险很大的职业。这个"三王"演奏小组为我们提供了实践和发展机会，证明我们可以在人们面前演奏并获得他们的掌声。

那时正流行斯坦·格斯演唱的《新老板》，"三王"演奏小组在克林顿的组织下演唱了他的很多歌曲，还有一首流行音乐、爵士乐、布鲁斯舞曲的混composition曲。我们不厌其烦地排练，一直到能熟练地演奏指定的曲目。在那两年中，我真正熟悉了克林顿，与他一起谈话或工作时，他总把全部注意力放在你身上。他有着与众不同的超强记忆力,善于倾听别人的意见。尽管他是乐队队长,有时在舞台上演出时,他也会采纳我们提出的任何有益的建议。不论我们在哪里演出,克林顿和观众总有一种十分自然的融洽关系,克林顿还是一个具有幽默感的人。

在温泉中学,克林顿最喜爱的老师名叫弗吉尔·斯帕林。斯帕林还是乐队的指挥。他也很喜欢克林顿。在克林顿的心中,弗吉尔·斯帕林老师就像父亲一样重要。他们之间的感情很深。弗吉尔·斯帕林在回忆克林顿中学时代喜欢音乐的情形时谈道:最初我认识克林顿时,他正在上中学一年级。至少在我看来,那时他对音乐和其他相关项目的兴趣正在日益浓厚。当时我就感觉到他除了音乐才华,他还真有平庸之人所无法比拟的多方面才华。尽管才一年级,他就被批准参加地区性的中学活动。他始终表现得比他的年龄更加成熟。正因为这样,他能够应付更复杂的挑战。

少年克林顿最杰出的一点是他的有能力将雄心和才华结合在一起的无与伦比的本事。甚至从中学开始,他就会用他的音乐才华在许多场合中给自己开拓道路。在种族动乱年代,他考中了乔治敦大学。在那儿,他时常用他的萨克斯管和新朋友们交流感情,他组织了一个完整的乐队,在家乡的克马特停车场演出,这在那时是没有先例的。

他能将他的人道主义、政治观点、交际能力与他的音乐天赋完美地结合在一起,这一点在任何时候都极为适用。

3 首次见到总统
CLINTON

克林顿从政的原因有许多,但是在他的中学时代,代表阿肯色州童子军晋见了约翰·肯尼迪总统,对他选择从政的道路至关重要。肯尼迪总统成为了他的偶像。肯尼迪总统是怎样影响少年时代的克林顿的呢?

约翰·肯尼迪是美国第35任总统。他出生于马萨诸塞州的一个富有的家庭,受到过良好的教育。1946年,28岁的肯尼迪作为民主党的候选人,第一次入选众议院,此后又连续两次当选。1952年,他由马萨诸塞州选入美国参议院。1953年,他与杰奎琳·李·布维尔结婚,婚后他们生育了两个孩子。1961年，肯尼迪当选为年轻的美国总统。然而不幸的是，在他就职的第1 037天，突然遇刺，中弹身亡。在很多美国人看来，尽管他的任期匆匆而又短暂，但他始终坚定地引导着美国人民走上了繁荣的道路。

在中学读书的克林顿对政治产生了兴趣之后，他首先受到了肯尼迪总统的影响。有一次他在学校的图书馆里借到了一本《约翰·肯尼迪传》，他爱不释手地读起来。他被肯尼迪的传奇经历深深地打动了。其中有一段是描写肯尼迪在海军服役期间的英雄事迹，书中描述了肯尼迪九死一生的海上遇险过程。

那是1941年10月，美国已接近于参加第二次世界大战，肯尼迪放弃了一切，接受海军的征召，参加了海军。1943年，肯尼迪已被任命为海军上尉。在一次执行任务之中，肯尼迪指挥的109号鱼雷快艇在南太平洋被一艘日本驱逐舰切为两截，他被猛抛到后舱舱壁上，这时他曾因在学校踢橄榄球受过伤的背部剧烈地痛起来。但他不顾这一切，大声地喊着战士们的名字，将10名活下来的艇上的战士集合起来，游到附近的一个岛上，他一边鼓励大家不怕艰难勇敢地向前游，一边去救一位重伤员。这位战士已无法游泳，于是肯尼迪就用牙齿咬住那个重伤员的救生衣的一角，在黑夜的水中拖着他游了好几个小时，一直将那位重伤员拖到了三英里外的一个岛上。他和10名战士在这个孤岛上顽强地生活下来，这里没有食物，饮水严重短缺，肯尼迪组织战士去捉鱼，他们相互依靠着度过了艰难的几天，直到被救援的部队把他们救上军舰。肯尼迪的英勇行为使他获得了海军勋章，他成为战斗英雄。

克林顿读这段文字时，被肯尼迪深深地吸引了，那是1963年，克林顿16岁。由于受肯尼迪的影响，他决定参加美国军团领导的一个组织——童子军。后来克林顿被批准参加了童子军。在童子军中，克林顿参加了严格的军事训练，而且被提拔为负责人之一，他在童子军中学习了有关行政管理和政治方面的知识。童子军每年都在华盛顿特区召开童子军全国代表大会。克林顿有幸被选为代表参加大会，他的心情非常激动，并且在大会期间还要受到肯尼迪总统的接见，他把这一消息首先告诉了他的母亲弗吉妮亚。母亲为他能参加这样重要的大会做了一顿丰盛的晚餐。

第二天，弗吉妮亚陪儿子一起去飞机场，弗吉妮亚知道，这是儿子第一次单独出门，她要亲自为他送行。

CLINTON

在等飞机的时候，弗吉妮亚拉着儿子的手，一遍遍地叮嘱他要为阿肯色争光，克林顿看着母亲期待的目光，他似乎懂了母亲对他的期望，他听着母亲的话，不断地点头。阿肯色州的其他代表都被弗吉妮亚对儿子强烈的感情所打动。

这是一个美丽的夏天，华盛顿城迎来了这些可爱的少年军人。童子军全国代表大会开得很热烈，这是克林顿首次参加这么隆重的大会。这也是克林顿第一次到了国会山。在大会期间，与会议员们与童子军代表一起共进午宴。

使克林顿感到非常幸运的是他和阿肯色州参议员威廉·富布赖特坐在同桌就餐。克林顿就坐在富布赖特的身边。他们亲切地交谈起来，富布赖特是一位富有经验的外交家，其丰富的外交经验在美国是无与伦比的。他长期在众议院和参议院外委会工作，也曾在从罗斯福到约翰逊等5届政府工作过。他参与制定了从上个世纪40年代初以来差不多所有重要的外交政策。在餐桌上，克林顿就关于外交方面的许多问题求教于富布赖特，并仔细倾听了他的回答。就是在这次午宴上，克林顿给富布赖特留下了深刻的印象，他认为克林顿是位沉着而富有智慧的具有领导才干的未来人才。而克林顿这一次却因为认识了富布赖特参议员，而后来报考了以培养外交人才著名的乔治敦大学。

午宴之后，参加全国童子军代表大会的代表，准备在白宫玫瑰园接受肯尼迪总统的接见。这一消息传出之后，大厅里一片欢呼声。

克林顿怀着激动的心情随童子军代表们乘汽车来到了白宫玫瑰园。这里布满了卫兵，夏日的玫瑰园到处是盛开的鲜花，克林顿努力想象着肯尼迪总统高大的形象。肯尼迪已经成为他崇拜的偶像。他和童子军代表一起等待着。不一会儿，肯尼迪总统穿着白色的衬衣出现在他们面前，这时克林顿立即走向前去和肯尼迪总统握手，肯尼迪微笑着向他问好，从那一刹那起，克林顿就决定了自己要成为肯尼迪总统那样的人物。

肯尼迪总统并且和克林顿一起照了一张照片，这是白宫的一位摄影师抢拍的这个历史镜头，后来这摄影师把这张珍贵的照片送给了克林顿一张，克林顿非常珍惜这张照片。

从华盛顿回来之后，克林顿把这张照片拿给他的母亲看，他的母亲非常的高兴，她不仅将儿子的照片拿给所有人看，而且她花钱买了一个精美的镜框,将这张珍贵的照片镶嵌在里面,挂在了家中的大厅里。30 年以后,克林顿当选为美国第 42 位总统,他们住进了白宫,克林顿把母亲带到了玫瑰园,告诉她自己和肯尼迪总统握手的确切位置。如此看来,这是一件相当神奇的事情。

在肯尼迪上任之前,美国的国民经济增长率不到 3%,而在他就任后的几年时间里,美国经历了这个国家现代历史中时间最长、势头最猛的经济发展。这期间,商品和劳务供应的增长超出了先前的 8 年,到 1963 年底,国民生产总值达到了创纪录的 1 000 亿美元,增长率为 16%,为 275 万人提供了就业机会,同时劳动收入也有了创纪录的增长;制造业的生产设备闲置的数字减少了一半;7 000 万人就业的大关也第一次突破了;战后周期性的经济衰退的趋势被打破了;1963 年"预期会出现的"经济衰退给跳过去了,所有表明经济状况的指标几乎都达到了创纪录的水平。在肯尼迪的治理下,美国经济正逐渐繁荣起来。

克林顿正感受着肯尼迪总统的这些治国方略,但同时他也关注着肯尼迪总统的对外政策。

1961 年 6 月,肯尼迪与苏联领导人尼基塔·赫鲁晓夫在维也纳举行了外交政策会谈,会议开始的气氛是友好而融洽的。一见面,赫鲁晓夫试图说明他为肯尼迪战胜尼克松出过力,他说,假如他在选举前释放那名 1960 年 5 月在苏联上空被击落的美国飞行员的话,肯尼迪将会失去起码 20 张的选票。肯尼迪听后则恳求道:"别把这事捅出去。如果你告诉大家,比起尼克松来,你更喜欢我,那我在国内可就完了。"然而,当两人开始讨论美苏关系以及柏林问题时,气氛顿时严肃起来,交谈也变得越来越紧张,但最终,却没有取得什么进展。

离开维也纳后,苏美之间的对峙关系更加激烈了。赫鲁晓夫似乎是下决心要把西方盟国赶出那座城市,他定下了这年年底前解决柏林问题的最后期限;并在 10 月份宣布苏联军费预算增加三分之一。肯尼迪对此所做出的反应似乎很矛盾,一方面,他加紧要求国会批准增强美国的军事力量,在征召美国后备役军人去增援柏林时,他以言过其实的好战辞藻加剧了冷战的紧张局势;另一方面,他又坚持谈判应该"以正式的或非正式的会议"继续进行,他说道:"我们不想让军事方面的问题来支配东方或西方的思想。"

CLINTON

这样到了8月，一道高高的、带着利刺的铁丝网和混凝土的障碍物——柏林墙在东柏林和西柏林之间被修筑了起来，苏联人又宣布了一系列的核试验，其放射尘埃比以往所有的试验都增加了；肯尼迪同时也恢复了美国的核试验，双方的军费开支猛增，柏林问题的紧张局势因此而出现了不平静的缓和。

柏林墙的影子尚未在人们的心中消失，接踵而来的又是古巴导弹危机，苏联人把导弹运进了古巴，其目的是不言而喻的。

1962年10月，肯尼迪通过派出的高空侦察机对古巴的侦察，收到了证明苏联在古巴设有导弹基地的照片。照片上的装置显示，如果装上中程导弹，那么赫鲁晓夫就可以把美国的48个州和加拿大的一部分，都置于导弹射程之中，一场世界上两个核大国之间的武装冲突一触即发。

面对核战争的威胁，肯尼迪采取了谨慎和冷静的态度，不理会军方顾问的意见，和他的总统班子发明了在历史上或国际法上均史无前例的做法：对岛国古巴实行局部海上封锁，对运往古巴去的一切船只都要经过停船"检疫"，并美其名曰"隔离"。紧张局势持续了一个星期，肯尼迪亲自指挥检疫舰队，禁止到海上很远的地方去拦截，以便让装有导弹的苏联船只有更多的时间停泊返航。他呼吁苏联领导人停止和消除这次秘密的、莽撞的向世界和平进行挑衅的威胁，并宣称："赫鲁晓夫主席现在还有机会把世界从毁灭的深渊中拯救出来。"经过肯尼迪的努力，赫鲁晓夫终于拆除了导弹。这次事件之后，肯尼迪一再强调强国共同努力保护人类的必要性，他与苏联达成了一项禁止在大气层、空间和水下进行核试验的协议，这是自冷战开始以来缔结的第一个武器控制条约。

古巴曾是肯尼迪最失败的地点，而此刻成为他最成功的地方，第一次的严酷教训被他用来稳健地处理第二次危机。古巴危机及其解决的方式，对以后美、苏两个核大国之间关系的发展，以及对美国和她的欧洲盟国之间的关系，都发生了重大的影响。

在肯尼迪的外交政策中有一项计划是成立"和平队"，培养了数千名理想主义的美国人，其中大部分是青年人，并把他们派往全世界不发达的国家去"工作"。当时，南越和北越之间的战争是相当残酷的。依赖于美国的南越太弱，不能自立，而越南共产党领导的北越在战斗中已占了上风，他们不仅在北方而且在南方也已成了最强有力的因素。肯尼迪一上任就立即着手处理越南问题。他通过派遣支援作战的部队,包括空军作战部队和直升机部队,还有军事顾问、教官以及戴绿色贝雷帽的特种部队人员,去训练和领导南越军的反游击战术,并逐步扩大了军事援助团的规模。肯尼迪试图要在法国人失败之后,重新建立起美国在越南的威信。肯尼迪政府对越南的增兵,遭到了越南人民的坚决反击。在这场持续了10多年之久的战争中,美国人并没有得到什么好处,相反却使两国人民都付出了极大的代价。

1963年,肯尼迪开始加速他担任总统的势头。他对美国黑人所做出的承诺在这一年,因为他的"新民权法"的颁布而大大加深了;在其他许多问题上,他也正在积极地采取行动,他准备在税收改革和公众福利等问题上同大石油公司以及其他大公司较量。他的计划是在大力展开的竞选连任的活动中把自己的观点告诉人民,并且随着他的连任选出一个比较进步的和灵活的国会。他还告诉他的助手们,他打算在当选后尽快结束美国对摇摇欲坠的南越政府的承诺。

11月,肯尼迪为了进行争取连任的准备活动,而前往民主党内部反对派势力强大的腹地—得克萨斯州,试图调解党内两派之间的分歧。为了表现民主党内的团结一致,11月22日,肯尼迪偕夫人乘敞篷汽车率领车队,从达拉斯市大街欢呼的人群中缓缓通过时,不料被人从身后开枪击中。在送往医院的路上,他的夫人杰奎琳一直都紧紧地抱着他的双臂,但是由于他的颈部和头部都被击伤,几个小时以后,他便停止了心跳。至于狙击者是何许人,以及关于暗杀的其他细节,直到现在人们还是众说纷纭。

肯尼迪死后,举国悲恸,这种悲伤的情景可以同哀悼阿伯拉罕·林肯逝世时相比。100多个国家的高级官员到达华盛顿参加了他的葬礼。而最悲痛的人莫过于杰奎琳了,当副总统林登·约翰逊在运送肯尼迪的遗体前往华盛顿的飞机上举行总统就职宣誓时,杰奎琳也在场,她穿着那件沾有肯尼迪鲜血的衣服,显得十分可怜,同时,这显然表明她对刽子手极为愤慨。

当克林顿得知肯尼迪遇刺的消息时,他和他的同龄人一样感到无比悲痛。在不到4个月之前,他还在玫瑰园和肯尼迪握手。温泉中学下半旗一周,来表示悼念。从那时起,克林顿便更坚定了从政的决心。

4 大学彰显政治天赋
CLINTON

当克林顿为自己的人生寻找到目标之后,他对自己的选择进行了定位,这样使他的精力更集中,为了能考取在华盛顿的乔治敦大学,克林顿首先去研究能够考上这所名牌大学的方法。

他再次去找他的音乐老师艾恩斯,希望从他那里获得考试成功的方法。有一天他跑到艾恩斯的办公室问艾恩斯:"艾恩斯老师,假如我想成为一个外交家,我报考哪个学校最好?"艾恩斯看着克林顿回答:"当然是乔治敦大学。"克林顿问:"为什么说乔治敦大学最好?"艾恩斯回答:"这所大学设有很好的外交关系课,并且离华盛顿很近,对学习有好处。"克林顿近一步问:"为什么离华盛顿近就有好处呢?"艾恩斯告诉他:"华盛顿是美国的首都,那里是政治文化中心,在这样的大学读书可以有机会通过观察政府管理学到许多东西,这和在大学里学到的一样多。所以,去乔治敦大学不但能在学校里学到许多前沿知识,而且还可以学到学校里学不到的东西。"克林顿感谢艾恩斯老师对他的指导。

又过了两天,克林顿再次敲开了艾恩斯老师办公室的门,他继续问:"你能告诉我考取这所大学所需的参考书和应采取的步骤吗?"艾恩斯热情地告诉他:"当然能。你一定要在10年级结束前参加大学入学考试和成绩测试,对这些考试有一定了解之后,在高中毕业结束时再参加考试,并在那时报考乔治敦大学。"

当时艾恩斯老师考虑到报考乔治敦大学的难度,并建议克林顿可以多报考几所大学。这之后,艾恩斯老师还将有关报考乔治敦大学的有关书目全部送给了克林顿。他获得这些考试资料后非常感谢艾恩斯老师。

克林顿选定了目标,搞清楚完成既定目标要做哪些工作之后,他明白自己需要做的事,并且从不考虑失败。他放弃了报考其他大学的建议,而专心为考取乔治敦大学而奋斗。考取乔治敦大学才是他要奋斗的重要目标。

克林顿最突出的性格特征之一是他的坚强决心,这也是他能够取得成功的重要保证。他渴望去大学读书,过一种真正独立的生活,并寻找他一生的奋斗目标。他清楚自己最终会步入政坛。他的乐观主义、自豪感和自信心让他感到,无论什么事情,只要自己全身心投入,就一定能够成功。

在6月的一天,克林顿终于等到了乔治敦大学的录取通知书,他把这一消息告诉了艾恩斯老师,他很感激老师对他的指导。这时克林顿已经高中毕业。

乔治敦大学比起阿肯色州的地方大学来说,费用高昂。克林顿把自己的心愿和高费用问题告诉了母亲弗吉妮亚,她听后没有提出不让克林顿上大学的任何事情,而是坚决地支持儿子到乔治敦大学去读书,因为她最了解儿子的心愿。弗吉妮亚决定开车送克林顿去乔治敦大学注册,那要等到秋天。

当时国家的情况是,在肯尼迪总统被刺杀身亡之后,副总统林登·约翰逊继任美国第36任总统。

1963年11月22日,肯尼迪总统那次不幸的达拉斯之行中,副总统约翰逊的车跟在肯尼迪总统的车后不远。枪声响后,保护约翰逊的特工人员将他推倒在车上,用自己的身体掩护了他。接着他的车跟在总统的车后,高速驶往医院。肯尼迪总统到了医院里就死去了。当天下午2点39分,即肯尼迪被刺后约两小时,55岁的约翰逊在总统的座机上宣誓就任总统。他说:"我宁愿献出我的一切,而不愿站在今天这个位置上。"宣誓仪式由联邦大法官萨拉·T.休斯主持;这是美国史上第一次由一位女性主持总统宣誓就职仪式。仪式后约翰逊作为总统下达了他的第一道命令:"起飞!"

几个小时后,约翰逊总统的专机在华盛顿机场降落,成千上万的美国人民在电视机前注视着。约翰逊总统走向机场上的麦克风,他的夫人站在他的旁边。在这里他做了就职后的第一次公开讲话,以安定民心。他说:"我将恪尽绵薄之力。而这也正是我唯一能做的一点。我恳求我的同胞们和上帝帮助我!"

克林顿还记得1964年那个不寻常的夏天,约翰逊总统利用机会给议会施加压力,要求国会通过由肯尼迪政府制订出的公民权利立法案。6月29日,国会批准了有关禁止在选举、就业和住房等方面实行任何歧视性措施的1964年混合民权议案。8月7日,国会又通过关于东京湾问题的决议案,授权约翰逊总统对北越采取"包括动用武装力量"在内的"一切必要步骤"。当时,美国在越南一共有1.5万名士兵,对越南的援助以每年超过

5亿美元的速度递增。

到了秋天，弗吉妮亚开着汽车送克林顿到华盛顿的乔治敦大学注册，那时克林顿留着短发，穿着老式的服装。有一位负责注册的教师接待了他们，那位教师带着弗吉妮亚和克林顿在乔治敦大学的校园里走了一圈。然后他们回到办公室进行了登记。注册完之后，克林顿把行李搬到了学生宿舍楼，然后他把母亲一直送出校门。

紧张的大学生活开始了，克林顿非常珍惜时间，由于他当时一门外语也不懂，所以，他便抓紧时间学外语，人们在学校的图书馆里常常看到一个高大的身影在如饥似渴地看着书。那就是比尔·克林顿。

在这所著名的大学读书，最令人不安的是昂贵的学费，克林顿很快感到从阿肯色带来的钱越来越少了，他感到自己已经长大了，他不想再伸手向母亲要钱。他也知道，母亲几乎没有什么钱再供给他上学，仅有的那点钱还不够支付学费、住宿费、伙食费和其他必要的费用。克林顿这时萌生了勤工俭学的念头。

这时他想起了曾经在国会山午宴上见过的富布赖特参议员，但现在毕竟不是参加童子军全国大会的时候了，他不知如何才能和富布赖特取得联系。这时候他突然想起去年夏天他曾给阿肯色州法院院长杰克·霍尔特的竞选活动帮过忙。他便给霍尔特院长打电话，请他帮助给找到富布赖特参议员。霍尔特院长接到克林顿打来的电话后，立即想起了那个为他竞选活动工作过的高个子小伙子，他还会表演萨克斯。霍尔特院长便热情地答应下来，并给富布赖特的秘书李·威廉斯打电话。威廉斯接到电话后，听到霍尔特院长找富布赖特是为了给他推荐一位乔治敦大学的学生勤工俭学。眼下他正有工作需要人做，但这种工作并不是所有人都能做的，他对霍尔特院长说，让克林顿星期天来一趟，他们面谈一下。

当霍尔特院长把这一消息告诉克林顿之后，克林顿非常高兴，他主动地给威廉斯打通了电话，并且约好了会面的时间。

星期天下午，克林顿怀着一种期望的心情来到富布赖特参议员的办公室，他见到了参议员的秘书威廉斯。

两人一见面，都感到很愉快，接下来威廉斯很干脆地告诉克林顿说，目前他这里有两份工作任他选择：一份年薪为5 000美元，另一份的年薪为3 500美元。克林顿听后，很快地说道，这两份工作我全部接受下来。

威廉斯一下子笑了，他站起身握着克林顿的手说："你正是我所需要的年轻人，星期一来报到吧。"就这样，克林顿刚上大学便成为国会参议院对外关系主席的行政助理和研究助理员。

在中学时就对政治产生兴趣的克林顿，在读大学一年级时，仍然热衷于政治，他决心竞选一年级学生会主席。对于学生会的工作，克林顿早在中学时已经熟悉，而大学里的学生会与中学时大同小异，克林顿发现，乔治敦大学的学生活动不外乎编制学生通讯录，举行返校活动纪念会，争取改善学校伙食以及处理其他一些在一般学生看来很令人乏味的事情。

克林顿首先需要找到他的支持者，他敲开了同学尼尔的门，对他说："我叫比尔·克林顿。我正在竞选我们年级学生会主席。我有一项使得学生受益的计划。"接着克林顿滔滔不绝地对尼尔讲了自己的施政方法。尼尔被他的真情打动了，他同意在竞选时投克林顿一票。

让人吃惊的是，克林顿把他的竞争对手也给争取过来了。他找到和他一起参加竞选学生会主席的另一个同学海伦·亨利。他心平气和地向海伦·亨利谈了谈他的竞选纲领，而这位海伦·亨利听了克林顿有关学校学生团体工作的设想后竟然极为钦佩，而决定退出竞选。他认为，克林顿最适合这项工作，他目标远大而又脚踏实地。

那是一个周末的晚上，在乔治敦大学的一个小礼堂里，大学一年级的学生代表们在召开竞选大会，他们在选出新一届学生会主席。当克林顿走上讲台参加竞选时，台下出现了一片沉寂。克林顿面对着一双双明亮的眼睛，他直率地向大家演讲他的竞选目的。他开诚布公地承认自己是个小城市来的毛头小伙子，他是到华盛顿这样的大城市吸取文化知识和一切有益的思想，他怀着很强烈的求知欲和满腔热忱，孜孜不倦地学习，并且一旦被选为学生会主席，他将努力为大家服务，做好每一件事……他的演讲博得了一阵阵的掌声，这使那些缺乏自信心的人大受鼓舞。在投票选举的过程中，克林顿始终显示出真诚和直率，结果是他当选为学生会主席，成为乔治敦大学的学生领袖。

自从克林顿成为学生会主席后，他就关注学校的学生刊物《乔治敦信使报》。他召集编辑们开会，对大家说，现在推行改革运动，一年级为时尚早，但可以为将来奠定坚实的基础。他认为"要想改变旧规矩，必须先熟悉旧规矩"。以后，他又写了一篇文章发表在《乔治敦信使报》上，并把这种思想告诉了广大读者。

虽然担任了学生会主席，但是克林顿没有放松学习，在1965年春季，他以各科成绩平均积分3.57获得了优等生荣誉称号。

在大学一年级的时候，克林顿形成了自己的信仰，对于他的信仰形成最有影响的人是乔治敦大学外交学院的主任约瑟夫·塞比斯神父，他主管教授世界宗教课。克林顿在听这门课时受塞比斯神父的影响，他明白了一个道理：信仰是人与生俱来的天性，他也认为，我们学习各民族文化及其宗教信仰，很明显，无论差异多大，人类都渴望在世俗世界以外找到某种寄托。这使克林顿信仰了基督教。

在读二年级时，克林顿再次当选为学生会主席。在任职期间，他积极参加帮助一年级学生的活动。有一位叫哈洛德·斯奈德的盲人学生，曾经得到过克林顿无微不至的帮助。他后来专门写文章谈到当时克林顿帮助他的情形。文章中写道：

"那是1965年，我是被乔治敦大学外交学院所录取的第一名盲人学生。在乔治敦大学学习和在哥伦比亚特区华盛顿生活的想法使我非常兴奋。但我的父母并没有太高兴。对供我上学的钱是没有什么问题的，主要是担心我在学习和生活方面不能自理。因为我是一位盲人。

"我记得那年的9月18日，我和父母开着满载我个人物品的汽车来到乔治敦大学报到。我在教学办公大楼遇见的第一个人便是比尔·克林顿。他主管接待外交学院的新生。

"比尔（比尔是克林顿的另一称谓）友好的微笑和南方人的彬彬有礼，马上使我父母放下心来。他告诉我们已经和华盛顿地区几家为盲人服务的机构联系过了，但没有一家想出人帮我适应校园生活。我后来才知道，他已经自愿承担起那份工作，并保证我很快能在校园内独立活动。

"一个素昧平生的人对我如此主动热情地伸出友谊之手，实在是难能可贵。当然，这人不同寻常，他就是比尔·克林顿。

"父母陪我办理新生注册手续之后，便离开学校。他们走后，我和比尔便开始了我们的工作。在以后3周内，我俩几乎形影不离。首先，我一定得学会独自四处走动。他要了解我如何用那白色手杖，凭借听觉从一个地方走到另一个地方；必须了解我怎样形成空间关系的观念——一个物体或地点与另一个物体或地点之间的距离。我介绍说，当初，我学着沿规定的路线独立走,掌握路线后,就能变化路线到任何地方。我们决定在乔治敦大学也用这套办法。

"在乔治敦大学的第一周,主要用来熟悉环境和选课注册。比尔领我走遍校园,熟悉每座大楼。幸运的是,去外交学院只需沿街走,然后在36街离威尔士大楼一个街区的地方停下。那段路很好记,也好走。

"乔治敦大学主校区大得出奇,我们俩得找到地标,才不至于迷路。比如,向左转,去新南区和自助餐厅;向右转,去怀特——格雷文纳大楼;再向前迈上台阶,翻过小山就到女生宿舍——一个令人向往的地方!我们还寻找声音标记,利用声音来判断我走的方向。10天以后,我大大增强了自信心,并记熟了大多数通向主要建筑的路。

"办完注册手续和领到课程表之后,我们又遇到一个全新的问题——我必须学会从一个教室走到另一个教室。我从校园一头走到另一头有时只用10分钟。因为我学会了利用路线和地形标志独立行走,因此很快就知道了我应该去的地方和到达该地方所需用的确切时间。比尔不在时,我们的朋友约翰·戴戈恩或修·穆尼和我同行。他们已经开始对比尔所做的一切产生出兴趣。

"差不多3周以后,我能独自在校园的大部分地方走动。我已从'比尔·克林顿独立行走学院'毕业了,至少今天是这样。因为比尔的帮助,我在那段日子中结识了许多新朋友。在乔治敦大学学习期间,我和比尔经常单独会面,但也一起偶尔找两个女孩约会或一起吃汉堡包。"

那一年,比尔在学生委员会中起到了更大的作用。他为维护消费者利益所做的努力在其早期生活中就有所体现。1965年11月,他和学生会副主席特里·莫德格林采取行动,反对校方对学生食品索要高价。

他对乔治敦大学《号角报》说道:"假如伙食部门是为学生服务的,其价格应当低于或至少等于该地区的竞争价格。一些学生无力承担这么高的伙食费用。他们在受到不公正的待遇。"比尔的努力最后成功了。到第二个月,伙食部门将价格降低到他所提出的水平。

1967年3月初,克林顿上一届学生会主席任期满了之后,他又开始参加学生委员会的连任竞选。当时他的竞选对手是原先二年级的学生会副主席特里·莫奇琳。被乔治敦大学的一张报纸《号角报》称为"既定候选人"的克林顿呼吁学生委员会增加透明度,争取更多的财政支持,听取更多学生们的建议,并争取实惠的伙食服务。而他的竞选对手却主张将学生会的作用当做大学职能的中心。他批评学生会经费超支、管得过多。两人公开演说以争得选票。结果是克林顿在1 320张选票中仅得到147张,他输给了特里·莫奇琳。这是克林顿有生以来首次竞选失利。尽管他竞选失败了,但克林顿并没有灰心丧气,他把注意力转向了另一个领域,就是准备申请罗兹奖学金。

5 靠努力获得奖学金
CLINTON

在乔治敦大学,克林顿虽然是有名的"校园政治家",但克林顿一刻也没有放松过抓紧学习。他明白自己是一个没有政治背景和经济背景的平民。要想实现自己的理想,唯一的希望就是靠自己的不懈努力。

就在这个时候,他的继父罗杰·克林顿的癌症已经到了晚期。病魔折磨得他对生活丧失了信心,罗杰·克林顿已失去了过去那种对家庭的态度,他怀着深深的忏悔。克林顿同情他的继父。克林顿是一位基督教徒,他认为必须用爱来使他的继父战胜病魔。他的继父在北卡罗莱纳州的杜克大学医疗中心接受治疗。在每一个周末,克林顿都开车到200多英里的医院去探往身患癌症的继父。在这个过程中,克林顿通过和继父的交谈,他明白了继父酗酒的原因,并对他充满了同情和怜悯。他经常陪继父去教堂做礼拜。他的继父也终于明白,克林顿陪他去教堂是为了爱他。那时克林顿心中无比的快乐,他想他的继父也是如此。克林顿能够做到这一切,足以证明他坚定的个人信念和宗教信仰。他曾经告诉《美国新闻和世界报道》的记者:"我真心确信,虽然人们的心灵一次又一次地犯罪,但是要宽恕他们,给他们赎罪的机会。"

时间不久,罗杰·克林顿的癌细胞扩散,他没能活过那年,他的死对克林顿打击很大,他从继父身上看到了酗酒者对家庭和个人的损害。他那时还在攻读棘手的《国际研究》课程,但他还是自告奋勇在一家学生开办的诊所担任顾问,主管帮助酗酒者戒酒;出任学生运动委员会主席。由于他的成绩优秀,被选入美国优秀大学生和毕业生荣誉组织"a、b、k"联谊会，他在这里认识了许多朋友，由于克林顿给人勤奋、朴实、直率的印象，许多朋友都喜欢帮助他。其中有一位叫肯尼斯·芬奇的人，他曾经负责过学生工作，并且自己申请过罗兹奖学金，但未被批准。他看到克林顿最适合申请罗兹奖学金。他便找到克林顿，鼓励他申请罗兹奖学金，将来可以继续到国外深造。

克林顿被这一目标所感动，但他不知道申请罗兹奖学金的情况，而肯尼斯·芬奇便把自己申请罗兹奖学金的经历讲给他听。他这样说道：

"1966年下半年，我从故乡得克萨斯州来竞争罗兹奖学金，我们一共有两人。乔治敦大学的一些人觉得一个外交学校的学生申请这笔享有盛名的奖学金未免有点自不量力。的确，一位文理学院的副教务长也曾经劝我说，填这些表格无异于浪费时间。

"当我把所有的材料呈报上去之后，由一批著名的前罗兹奖学金得主所组成的委员会在休斯敦对我进行了面试，我荣幸地进入了决选。但在新奥尔良进行的最后一轮面试中，我碰到了另外一些前罗兹奖学金得主。他们各代表一州，包括得克萨斯州和阿肯色州。不幸的是最后委员会确定的候选人名单中却没有我的名字。我认为可能是我没有强有力的推荐人或者我的学习不够努力。但我认为，你是合适的。"

克林顿听后对肯尼斯·芬奇的真诚相告表示感谢。

那时克林顿还在参议员富布赖特的办公室勤工俭学，他了解到早年富布赖特本人曾荣获过罗兹奖学金。他思考了一段时间，最后决定把自己的这一想法告诉富布赖特参议员，请他推荐他申请罗兹奖学金。

一天，他看到富布赖特参议员正在他的办公室看报纸休息，他便来到富布赖特面前，他把自己的想法如实地告诉了富布赖特参议员。富布赖特听后觉得对当年在国会山午宴上遇到的这个小伙子，他没有看走眼，他对于克林顿想继续到国外学习深造的想法非常赞同，由于这一段时期，克林顿一直在他身边工作，他已看到了克林顿超常的工作情况。

在这期间，国家发生了许多大事，作为参议员的办公室工作人员，他把自己看做是政府的一员。这个时候，国民在越战问题上产生了分歧。1967年，一些美国人着手发起反战运动。克林顿到这里来上班就意识到必须替政府分忧。他在电讯处打印机上看到数以百计在越战中阵亡的美国官兵的姓名，汇编成册，然后交给富布赖特参议员。富布赖特便向这些阵亡官兵的家属一一致信表示哀悼。

富布赖特答应帮助克林顿推荐他申请罗兹奖学金。因为他了解克林顿家里既没有钱，也没有政治背景，但克林顿的奋斗精神感动了富布赖特。当年他是罗兹奖学金获得者，他也知道，这一笔奖学金对克林顿的前途是非常重要的。

富布赖特向有关单位为克林顿写了推荐书，克林顿便更加努力申请罗兹奖学金。他把申请书写好，然后和富布赖特参议员的推荐信一起递交给了有关部门，他知道这仅是第一步，要想获得这笔奖学金也不是有一位参议员的推荐信就能解决问题的，他还要面对面试。

不久，克林顿就接到了他作为罗兹奖学金候选人面试的通知，他既高兴又紧张，这毕竟是第一次参加面试，他又咨询了几位做罗兹奖学金评审工作的人员。他给自己鼓劲，一定要回答好面试的问题。经过充分准备，在面试那天，克林顿表现出了沉着冷静，他的回答得到了评委的好评，他松了一口气。

在最后一次参加面试前，克林顿偶然在机场看到一本《时代》杂志，因此阅读了里面一篇关于世界首例心脏移植手术的文章。巧得很，面试问题之一就涉及那篇文章的主题。事后克林顿回想起来认为发现那本杂志是最为幸运的事。

参加最后一次面试的那天，克林顿的母亲弗吉妮亚一直守在电话机旁，她等待着克林顿告诉她罗兹奖学金委员会的评选结果。那天弗吉妮亚第一次向医院请假，她是专门等候克林顿的消息的，她有时从沙发上站起身在屋子里走动，有时又轻轻地坐在电话面前，她的手心里攥出了一把细汗。她一直等到下午5点左右，电话铃响了，弗吉妮亚急忙抓起电话，她听出了是克林顿的声音，电话里说："妈妈，我被通过了，您认为我去英国读大学穿英格兰花衣服好看吗？"弗吉妮亚激动地流下热泪，她大声地对儿子说："好看，好看，你穿什么都好看！"

若干年之后克林顿当选了总统，他回忆起自己获得罗兹奖学金时，他对记者说："我当时只是个来自无名小镇的小人物，我能获得在参议员身边工作的机会是非常荣幸的，我当时可以说是一无所有，能获得这项荣誉，是与富布赖特参议员的推荐支持分不开的，他起到了关键性作用。"

6 到英国牛津大学读书
CLINTON

克林顿目睹了美国社会的巨大变化，乔治敦大学使他开阔了眼界，他攻读完了政治学、历史学和国际关系学，但作为一名有理想的年轻人，这些知识是远远不够的。克林顿毕业之后回家乡到阿肯色州稍作休息，便将踏上新的征途——他要到英国牛津大学去深造。年轻的克林顿充满着对知识的渴望，同时也充满着实现抱负的激情，他告别了家乡。

1968年秋，"美国号"轮船满载美国最优秀的学生，起航向英国驶去。这些学生将在英国几所最享盛名的大学中进行为期一年的学习。荣获罗兹奖学金、富布赖特奖学金、马歇尔奖学金以及罗特利奖学金的学生在曼哈顿第46街码头集合，此后开始了漫长的航程。在这些令人羡慕的学子中，有一位来自乔治敦外交学院的毕业生，他名叫比尔·克林顿。

很快克林顿便开始和船上每个人交朋友。当台风袭击航船时，他将鸡蛋汤端给晕船的学生。当人们心情烦闷时，他便吹起萨克斯管让他们振奋起来。道格拉斯·伊克利就是克林顿在航行中结识的朋友之一。他曾对人们讲道：

"尽管在一群成绩出众、独立性很强的学生中间，比尔的领导潜能仍然是显而易见的。我最初的疑问是：'这家伙不会在演戏吧？'……他曾是（而且今天仍是）我所见过的人中天生比较爱好交际的一个。"

克林顿对他人的关心中始终包含着理解与同情，这使他能和各行各业各阶层的人士建立起良好的关系。另外，他还富有敏感的好奇心以及对公共事务的浓厚兴趣。

在牛津的学习生活拓展了克林顿的世界观。斯蒂芬·欧斯曼，当年也是罗兹奖学金获得者。是当年和克林顿一起赴牛津的同学之一，他记得克林顿那时对他人非常感兴趣，并一直极力寻求对一些重大事件的不同看法。他对人们讲道：

"从我们第一次见面起，我一直记得，他与人交谈是多么兴致勃勃，并且那么自得其乐地表现出一种非凡的能力，能让多种不同背景的人们都加入到友好、实际的交谈中来。我认为，比尔的这种能力主要来源于他固有的对人的喜爱。在旁人身上，他发现了生活的丰富内涵和潜力的源泉，而也正由于这点，别人也从他身上发现同样的价值。"

32名罗兹奖学金获得者漂洋过海出国求学，汤姆·威廉斯最初对这个好交际的南方人保持了距离。他对人们讲道：

"当船离开纽约西海岸码头的时候，比尔带着和气的笑容走到我身边，伸出他的手。他直盯着我的眼睛，用阿肯色人特有的慢吞吞的语调进行自我介绍。

"我仅仅出于礼貌，淡淡地表示了一下；但仍然对这个新交保持警惕。我是那年罗兹奖学金团体中唯一的非裔美国人。而且我自以为是地将比尔视为那种由于其家乡种族歧视的遗风而试图减轻其犯罪感的敏感的南方佬。我本以为我很清楚这种人，以为主动与黑人握手成为朋友就是他给予黑人以特别恩惠的白人，但是我这次却搞错了。

"在横穿大西洋的旅途中，我才逐渐发现我对比尔的成见是多么错误。比尔早已经看出我最初的怯生，但他仍然努力和我交为好朋友，尽管比尔已意识到，因为我对南方白人的种族偏见，在初次见面时对他很不友好，但他仍然很慷慨地让我们分享他的独特而朴素的机智以及政治上的理想主义——那是一种让人不可抵抗的吸引力。我没办法不喜欢这样一个人：他认为福布斯州长1957年在中心中学拒绝解除种族隔离的做法是阿肯色州历史上永不光彩的丑事。对当代最盛行的抒情短诗他颇有研究，并且他还坚持认为，演奏萨克斯管能够表现诚实可信和温文尔雅，是吸引年轻女性的好方法。"

克林顿在牛津大学学院上本科，攻读政治学学士。他还时常参加学科以外的各种讲座。他的同学约翰·伊萨克森对他们在英格兰两年的学习生活片断至今依然记忆犹新。他对人们讲道：

"我们班来牛津大学读书的仅有4个美国人，我、鲍勃·里奇、多格·伊克利和比尔。伊克利和我看起来和那时大多数美国大学生一样有点保守。里奇则像他今天一样古怪，他像个美国精灵，又活似牛津塔楼上的滴水角，讲话清晰而富有魅力，始终出现在多种聚会上或是剧场中，成为人群的焦点，并常常逗得摩登的英国佬哈哈大笑。

"比尔则和他截然不同，在牛津大学生中他鹤立鸡群。他一直张嘴大笑，以离家在外的美国人的真心，热情地和那些风度优雅但性格拘谨的英国学生握手问好。

"在两年的大学生活中,起初比尔有大半时间泡在学院的门房内。大学学院是一座古老的17世纪建筑,围墙高高的,还有一扇大门。穿过大门进入校园时总有一个门卫在那儿紧紧地盯着你,他叫道格拉斯,一位已退役的前英国陆军军士长,也是二战以前英国社会的栋梁人物。比尔和道格拉斯很快成为朋友。他们坐在警卫室内,两脚搭在火炉旁聊天,就像在阿肯色州的乡村小店里一样自在。他俩都身材魁梧,浑身上下充满阳刚之气,并且都非常有趣,喜爱热闹。他们的确打扰了出入校门的每个学生,不论是美国佬还是英国人。

"那时我知道,我们所有人都曾经做过,他也竞选过学生干部。他具备我们其他人都不可思议的天赋。我们其他几个,里奇除外,无论我们怎样和道格拉斯攀谈,他甚至连我们叫什么都记不住,但是比尔却成为他的伙伴、他的知己。他非常乐意和比尔一道分享他那显赫的'办公室',并且认为(我想是这样的)比尔天生的魅力和反抗精神提高了门房警卫室的地位和尊严。"

由于享受罗兹奖学金,克林顿不需要打工来支付各种费用。在牛津的这段经历是他求学生涯中唯一的一次,因此,他有许多空闲时间读书开拓视野。1970年4月,克林顿获悉他在乔治敦的朋友哈洛德·斯奈德被牛津大学录取攻读现代史博士学位。他主动提出带着斯奈德熟悉城市的大街小巷。斯奈德欣然接受一同前往。后来斯奈德对人们讲道:

"在牛津我没有其他朋友。我只认识那些给我面试过的英国老师。并且在英国,盲人使用白色长手杖走路也刚刚开始,虽然盲人学生在牛津大学学习的历史已有百年之久,但在日常生活中,他们完全靠正常人的帮助才能四处活动。我要想和过去在乔治敦一样自立,因而我迫切需要一名同样好的老师。

"牛津自从中世纪以来始终是学术的中心,这次比尔确实有很多事可以做。在任何一个来访者眼中,牛津最显著的特征便是古老和现代的结合。牛津的各个学院零散地分布在城市的各个地方。街道既不垂直也不平行,很不规则地交织在一起。比尔领我走了新学院街、好莱坞街、布罗德街、高街、谷市和凯蒂大街。1970年4月到8月间,我和比尔一起共同增进了对牛津的了解。我总是早早地从伦敦坐火车赶过来,尽量早来到牛

CLINTON

津。我们一般在卡弗德市场找家便宜的南方风味小餐馆吃早餐。英国式熏肉、煎蛋、西红柿，还有蘑菇，假如稍微油腻一点味道更好。早饭后，我们就出发去一些还不太熟悉的地方，为了熟悉城区、学院、街道和商店，我来牛津不少于八九次。下午，我们有时到比尔喜欢的小酒馆喝上一杯啤酒，事实上，我和比尔都不太能喝酒。比尔那时和其他学生一起住在北牛津城。7月份，他将我介绍给他的女房东戴安娜，一家医务所的护士。她也住在那所房子里。9月初，我和我的妻子搬到了牛津。那时她就要生我们的第一个孩子了，预产期在10月份。戴安娜成为我们的朋友并给了我们许多帮助。

"与在乔治敦相比，当我和比尔一起熟悉牛津环境时，我使用手杖比以前更稳当也更有信心，而比尔这次做我的老师比第一次做得更为出色。"

哈洛德·斯奈德始终为残疾人的权益而奋斗。1989年，共和党的全国委员会主席请他担任第一位残疾人服务主任。后来成为残疾人全国委员会副主席。

克林顿的同学威廉斯对人们说道：

"当时我和比尔一起到牛津郊外的绿野远足。当时牛津的学生还没有条件安装电话，因此大多数人都通过在门房警卫室留条预约时间。

"不知为什么，这种19世纪的通讯方法已经足够我和比尔用来安排各种各样的活动。为了能从当时学院食堂里令人头痛的标准餐中解脱出来，我们时不时地在中国式或印度风味餐馆中会面。周末，我们还会走上很远的路去伦敦看戏（我们本来可以乘火车去，但那时我们正在努力为第二年的春假到欧洲大陆旅行积攒费用，这也是牛津的传统之一）。尽管以美国人的标准而言，我们水平很一般，但我们还是在与牛津大学队的篮球比赛中表现出色，并开始在牛津队中发挥作用。我们和其他几个朋友共同在伦敦组织了一次有各国学生参与的反对越战的抗议活动。我们甚至极热烈地争论关于男女同校而又不能互相往来的大学里男女约会有多遥远的问题。"

威廉斯认为68届学生中克林顿为最受人欢迎的罗兹奖学金获得者。克林顿与来自美国各地不同背景的学生保持着长久的友谊。他与朋友们谈论并常欣赏底特律黑人唱片。威廉斯还对人们讲道：

"比尔令人钦佩的品质让他在牛津受到欢迎和喜爱。但令我印象最深的却是他那令人欣赏的性格。比尔的确非常乐于向朋友和同事们请教，他不像许多聪明人那样注重于表示他们的努力,而是不断地寻求机会,借助别人增长知识提高洞察力。他喜欢用简明然而却十分有力的形式来表述观点,特别是关于种族和越战问题。同时,他也非常善于接纳朋友中各种各样的思想,比尔谦虚坦诚的作风既满足了一些自命不凡的同学们的虚荣心,又增加了他自身的知识和提高了理解能力。"

克林顿在牛津的同室好友多格·伊克利对人们讲道:

"我们在大学学院最初的日子里最令我难忘的是在餐厅中用餐。好像历来如此,比尔和鲍勃是餐桌上讨论的最主要参与者。讨论的话题五花八门,许多英国学生和外国学生也参加进来,发掘问题,解决问题,这样往往会大大超过正常的晚餐时间。

"餐桌上最常讨论的问题之一就是越南战争。和我们这一代许多人一样,比尔反对越南战争的情绪十分强烈,但是也是有原则的,这种做法不同于他对国家和公共事业的热切。他放弃他的预备役军官训练营的缓役机会,选择服兵役反映出他的勇敢正直,仅有克林顿才能这样做。"

每个在牛津的美国学生都被英国人当做美国来的非官方大使。克林顿和他的同伴经常被问到他们对于美国外交政策的态度,特别是越战。

为了更好地知晓克林顿在牛津面临艰难抉择时的政治背景,我们有必要记住历史的教训以及美利坚合众国是怎样卷入东南亚的内战之中的。我们可以从乔治·凯南起草的一份备忘录谈起。1946 年,乔治·凯南是美国驻莫斯科的外交官,他给美国国务院拟了一份 8 000 字的备忘录,提出一种名叫"遏制"的新政策。1947 年 7 月,外交事务杂志印发了这篇没有署名备忘录,主要观点是要在苏联范围的外围强化非共产主义社会制度的势力,以此向苏联示威。其目标是维护美苏关系的现状,发展世人尽知的马歇尔计划,以及在友好国家建立军事基地以阻止苏联势力的扩张。

凯南十分明确地区分了苏联帝国主义和国际共产主义,他以为前者是真正的敌人,而后者仅仅在形势清楚表明其已成为克林姆林宫的统治工具时才应施行对抗政策。而 20 世纪 50 年代,美国的外交政策并没有将二者区分开来,而是将任何地方的共产主义活动都视为对美国全球利益的威胁因素。

1949 年,中华人民共和国成立了。美国对共产主义运动的发展愈加感到害怕。1950 年 6 月 27 日,美国向南越派出了 35 名军事顾问,并承诺向

CLINTON

法国支持的南越反共政府提供军事和经济援助。1954年7月签订的日内瓦协定要求越南在1956年7月以前举行联合国监督下的大选，并禁止外来军事势力的介入。美国政府在协定中明确声明，北纬17度线是越南南北方的交界线，但这仅是"暂时的界线，在任何情况下都不能被解释为政治领土的边界"，从而说明美国默认这场冲突是一次国内战争。但是上述事实却被忽略，有人认为北越正卷入一场对"外国"的侵略战争，而不是支持一场更类似于美国内战的国家统一战争。

尽管马修·李奇微将军警告说，美军地面部队的介入将会带来"灾难性"的后果，但法国人在奠边府被打败并随之撤退后，美国还是逐步步入了法军在南越的后尘。德怀特·艾森豪威尔、约翰·肯尼迪、林登·约翰逊等各届美国总统均支持南越政府。艾森豪威尔将军的军事顾问增加到685人并负责对南越军事人员进行训练；肯尼迪将驻越军事顾问和军队的人数增加到15 000人，到1963年底为止，向南越提供的援助超过5亿美元；1964年8月的东京湾决议则提供了约翰逊政府将越战升级的借口。1965年2月，约翰逊下令对北越进行连续轰炸，到年底，驻越美军总数达到184 300人。直到约翰逊下台以前，美军在越各地总人数已超过50万人。

越南人民的苦难和战争的恐怖呈现在世界各地的电视屏幕上，美军伤亡人数不断增加却并没有得到实质性收益，许多美国人开始对这场战争的道义基础产生怀疑。1967年1月，抗议者举行了大规模的反战示威游行。那时，比尔·克林顿在协助富布赖特工作，深受其影响。作为参议院外交委员会主席的富布赖特主持过调查越战的听证会，还写过关于越战的权威性评述《权力的傲慢》。起初，克林顿怀着对抗议活动的不安而勉强参与，但富布赖特却将这个大学生的抗议活动描写为"一种民族责任心和传统的美国理想主义的体现"，并对怎样区分正义与非正义战争进行了有力的辨析。

"从格罗修斯时代直到起草联合国宪章，"富布赖特写道，"国际法学家一直试图对'正义'与'非正义'战争进行区分，这在法律上是非常困难的，而道义上的区别就更加困难了。但这的确是实实在在的问题，我们应该同情和尊重那些探索最恰当的区分标准的人们，而绝不会轻视他们。"

据克林顿当年的室友讲，在乔治敦大学，克林顿并没有积极参加过反战活动，其中部分原因是忙于协助参议员富布赖特进行工作，但这也表现出乔治敦大学的学生们对越战普遍不感兴趣，直到1968年1月的"新年攻势"，才让许多在校学生们强烈地开始反战。

北越发动的"新年攻势"体现出它有实力对南方省府和主要城市构成严重威胁，包括袭击西贡的美国使馆。作为对"新年攻势"的报复，大批无辜平民在空袭中丧生。随着战争流血牺牲的不断增加，许多美国人对卷入战争产生了种种质疑。参议员尤金·麦卡锡和罗伯特·肯尼迪发起了一场反战总统竞选，反对其本党执政者。到1968年底，越战已经失去了大多数美国人的支持。

到克林顿赴牛津学习时，他已经开始参加反战活动，帮助组织集会和抗议活动。洛杉矶的著名活动家戴维注意到了这一点，他对人们讲道：

"1968年肯尼迪和麦卡锡'总统竞选'活动结束之后，许多刚刚涉足政治活动而又头脑敏锐的青年学生，在寻求继续进行反战活动和改革制度的方法。'城市联盟'主席约翰·加德纳（同道会的创始者，后担任主席）在玛撒为大约40多位年轻的反战活动领导者组织了一个周末俱乐部，以探讨怎样继续在反战时就已开始的许多重要工作。参加者中有拉里·洛克菲勒、斯图伯·陶尔博特……以及比尔·克林顿。

"我和另外两人成立了'结束越战委员会'，在1969年组织了全国范围内的反战示威活动。这年10月15日，我们在全国上百个城市举行了抗议活动。紧接着，在11月15日又筹划了向华盛顿进军的大规模游行。整个夏天，克林顿自愿牺牲休假时间帮助我们筹备这些重大活动。

"1970年，我在英国短期逗留期间在牛津碰到了克林顿。我们之间的友谊也是从那儿开始的。我们经常在一起讨论公众服务、服兵役、效忠国家、个人信仰、20年后身在何处以及那时是不是有能力将世界变得更好等等。那时我们都觉得，最崇高的选择是通过选举或任命在政府机构中担任公职。他确实深信政府能够养活人民，贫困不会永久存在。我们能够结束战争，将国家建设得繁荣昌盛，我们这一代人应当为此而努力。毫无疑问，他肯定会回到阿肯色州。他有着强烈的个人责任感，应当回到家乡去帮助那些他从小就每天看到的贫困者。

"给我印象最深的是比尔的热情。他让你感到受人重视，受人爱戴，让你接受他的观点。当我们在一起长谈到深夜时，在座的人会忽然发现自己完全融入了他的梦想、见解和思路当中。"

应征入伍一事让克林顿和他的同学们从道义上感到进退两难。克林顿收到通知后,马上回信表示收到通知并及时与阿肯色州征兵局取得了联系,结果他能够在牛津读完那个学期后再去新兵训练营。

1969年夏天,克林顿思考了各种可行的方案。他虽然反对越战,但感到有义务以某种方式为国效忠,他没有像许多同龄人那样拒绝或逃避服兵役,而是坚定地做出服兵役的选择。因为他在反对军事干涉越南的同时,并不反对军事本身。

最终,克林顿得出结论:只有参加"预备役军官训练营"才有可能(但不一定)避免到越南作战,而又不会逃避服兵役,他向(法耶特)镇的阿肯色大学法学院申请"预备役军官训练营"奖学金。虽然他遗憾不能和朋友们一起到耶鲁或其他名牌大学,但他也知道法耶特镇的"预备役军官训练营"是他唯一可以既光荣地为国效劳,又能免于直接参与让他在道义上深感不安的越南战争。况且,很难保证越战会在他毕业之前结束,也很难保证作为"预备役军官训练营"的成员,他就不会被征召入伍。

美国《时代》杂志的高级编辑 S. 陶尔博特曾和克林顿一起获得罗兹奖学金。他在1992年3月的《时代》杂志上写道:

"夏日一天天过去,克林顿对自己的选择越来越感到没有把握……当他得到预备役军官资格和法学学位时,另外一个倒霉的小伙子就要代替他的位置在越南吃越共的枪弹,一想到这儿,他就十分苦恼。"

克林顿的同学陶尔博特当时了解克林顿这种摇摆不定的心情,他对人们讲道:

"1969年秋,应服兵役的人谁也不知道何人何时以何种方式被征召入伍。政府的政策朝三暮四,变化不定,让一位23岁的反战青年认为,政府的声明根本不能相信。"

克林顿对前途感到迷惘,根本没有给牛津第二年的学习生活做任何安排。最终,他和陶尔博特及来自华盛顿州攻读中国历史和文化的小伙子弗兰克·阿勒租到了一间空房子。

陶尔博特、阿勒和克林顿经常谈论战争、服兵役以及被道义所困惑的问题。陶尔博特还对人们讲道:

"糟糕的是,这些问题根本就没有什么正确的答案。假如你服从国家需要,应征入伍或去越南作战,像比尔认为应该做的那样,那么你将会帮助国家铸成错误。倘若你凭良心办事而违反法律拒绝应征,像弗兰克那样,你将会给你的家庭带来痛苦甚至耻辱,也会引起家乡人民的公愤。"

陶尔博特在1992年春季的《时代》杂志上对此有过生动的描述。

"奖学金两年到期后,弗兰克由于拒绝服兵役而留在了英国,我参加了海军,比尔和许多成绩优异的同学留校继续学习。我并不嫉妒那些高才生,假如我想留下来,也会和他们一样,留在英国。

"我们离开牛津一年半以后,弗兰克最终回到了斯波坎,他内心深处关于越战和为国尽义务的矛盾给他带来的压力越来越大,不能自拔。从获罗兹奖的同学中传递的短信上,我第一次知晓弗兰克自杀的消息。我马上给比尔打电话,在电话里我们互相安慰,回忆弗兰克的善良和仁爱。

"这是社会所导演的一幕悲剧,3个年轻人选择了不同的道路。一个拒绝服兵役,一个当了海军军官,一个则是法学院的高才生。但要清楚,我们其实都生活在这个社会中。虽然生活中有多种选择,这些选择全是难题。本来无所谓正确与错误。许多选择都是正义的、爱国的和正确的。"

在服兵役问题上,克林顿进退两难,深感痛苦,最终他下定决心,履行报效祖国的义务。1969年10月,他给刚和母亲弗吉妮亚结婚的继父杰夫·德怀尔挂了长途电话,让他通知当地征兵局将他的名字重新登记在名单上,结果,他被列为甲级,完全符合入伍条件。

这样一来,克林顿是否上越南战场就取决于征兵局的抽签了。每个合格者都随机领到一个号码,号数越小,应征入伍的可能性就越大。

1969年12月11日,克林顿收到了他的号码,311号。号数大得足以使他永远不会被征入伍。第二天,他对耶鲁大学法学院发出申请。11月3日,他写信给他在阿肯色州立大学"预备役军官训练营"的教师尤金·霍姆斯上校,表示他接受了征兵局的决定。

信发出几个月以后,克林顿对将来依然没有把握。据陶尔博特回忆:

"1970年春天,罗兹奖学金管理委员会发放了调查表,以确定哪位获奖者愿意重返牛津继续第三年的学习。克林顿在表中写道:'也许去,假如不去,就上耶鲁法学院或服兵役。'1970年秋,他得到了耶鲁法学院的奖学金。"

CLINTON

第二章　青少年时代

CLINTON
第三章
爱情

"两人常去巴塞尔餐馆——一家我们最爱的希腊餐馆,或去林肯电影院看电影,它位于住宅区巷内,规模不大。一天晚上,雪终于停了,我们决定去看电影。其时路面残雪尚未清掉,所以来回都得穿过及踝的积雪,我俩只觉气氛活泼,沉浸于爱情之中。"

CLINTON

1 在耶鲁大学与希拉里相爱
CLINTON

克林顿在牛津大学上了两年大学，由于越南战争引起的征兵问题，克林顿和他的许多同学随时可能应征服役，因此他们不断改变选修课程，以致最后没有拿到学位。为此，克林顿感到非常遗憾，他原想利用罗兹奖学金在英国再待一年，然而这个时候，耶鲁大学法学院给他提供了一笔奖学金，他及时地抓住了这个机会。

1970年夏末，克林顿打好行装来到了纽黑文，在耶鲁大学攻读法律，在这时期，克林顿的奖学金不包括生活费用。因此，他不得不在课余时间兼职赚钱以补贴开销。那时他同时担任着三份课余工作，这使他非常忙，他为纽黑文市区的一位律师工作，又为哈特福特的一位市参议员工作，同时还在附近的社区大学教书。除这些之外，他还参加康涅狄格州民主党的活动。一进耶鲁法学院，虽然工作学习较紧张，但克林顿很受大家欢迎，学校的师生都喜欢他。克林顿学习非常努力，他总是比别人更进一步。比如，他不只是满足于聪明、潇洒。每次发回作业他都再重新做一遍。在第一学期，他加入了相关课程学习小组，探索必修课程中没能涉及的观点。在小组讨论中克林顿能坦率地发表自己的见解，从来不隐瞒自己的观点，他讲话很稳重，举止潇洒自如，每次发言都有新意。

克林顿在耶鲁法学院的生活中除了学习，勤工俭学，就是和挚友为伴，他打橄榄球，听立体声收音机中卡罗王的演唱，还帮助同宿舍的同学做饭。一位和克林顿在一起住过的同学后来回忆说："克林顿的烹饪技术并不怎么好，他主要是喜欢用油煎炸食品，什么食品都油煎、油炒、油炸。从煎锅到盛进盘子最后吃到嘴里，他一直站在那里手持煎锅，可以说一气呵成。吃完后他总要将锅洗得干干净净。他一边干活，一边笑着和大家聊天。"

他的另一位同室的同学叫伊克利，他在牛津就和克林顿是同学，他在回忆文章中写道："在耶鲁法院二年级的时候，克林顿和我同住一间宿舍，作为他的同学，我更加清楚克林顿的个人背景，知道克林顿最关心的问题是什么。我听他讲过，他对自己的外祖父母总是流露出感激之情，他们对他影响很大，虽然克林顿的外祖父母不是什么有文化的人物，而且家庭并不富裕，但他们却认为种族隔离是不对的，反对取消种族隔离是没有一点道理的。克林顿还常谈到，他不明白，也不能接受与他朝夕相处的童年朋友不能和他一起入学的残酷现实。他从小就考虑这类问题，对他来说这些问题并不是抽象的原则，而是别人强行将他和小朋友分开这一儿童时的感情现实。现实生活的确对他产生了深远的影响，使他今天能从个人感情出发反对种族主义，坦率地说，这在他本人不是种族主义牺牲品的人中是不可多得的，也是极其难能可贵的。"

克林顿的童年经历培育了他另一种特殊品格。因为种族主义根深蒂固，感情和理智往往很不合拍。虽然认识到种族歧视不对，但感情总跟不上这种认识。结果，一些最热心于平等权利的倡导者仍然在无意识地以屈尊就驾或施以恩惠的态度对待美国非洲人。在种族和种族主义问题上，纯朴的感情最终将会取胜，从这方面来说，克林顿早已取胜了。

由于克林顿的这些品质，加上他特别爱家乡，他为故乡阿肯色州而骄傲，有时候和同学们聊起天，讲他的家乡霍普镇和温泉城的故事，让人着迷。因此，他引起了许多校园里姑娘们的注意，他与希拉里的爱情故事就从这里开始。

有一位克林顿的女同学名叫杰弗里·格莱克尔见证了克林顿与希拉里的相识，她在回忆录中这样写道：

"一天晚上，在耶鲁法学院图书馆，我看到比尔正在学习，便想走过去对他谈谈加入耶鲁法学杂志工作的好处。他像以往一样，洗耳恭听，随后问几个有关杂志出版发行的问题。

"谈了一阵，我察觉到比尔不信法学杂志社有其用武之地，因此决定在比尔面前夸耀一番法学杂志成员的许多诱人之处，例如，可成为受尊敬的司法文书，被委派到学院任教等等。

"但是，我逐渐地发现比尔的注意力不集中，兴趣越来越淡薄了。我已经看出，比尔的兴趣不在法学杂志上，而是另有他意。我再往下说，比尔已经心不在焉。我在谈他是不是应参加杂志社的活动，但他却一次又一次地向我的身后瞟去。

"我偷看了一眼，但愿仅是不引人注目的一瞥，想看看究竟是什么在吸引比尔的注意力。在不远的地方堆满书和笔记本的书桌旁坐着我的同学希拉里·罗德姆。过了一会儿,希拉里向我们走过来,对比尔说:'嘿,假如你总盯着我瞧,我也要回敬你啦,至少我们应该自我介绍一下。'

"此时此刻,比尔·克林顿张口结舌,一时不知说什么才好,竟连自己的名字都说不出来了。我从旁边看到俩人感情的迸发,只得认输,知趣地走开。

"我认识到自己为法学杂志打了一场败仗,但还是为自己找到了借口——比尔那天晚上找到了比法学杂志成员更有价值的财富。"

多年以后,克林顿忆起往事时说:"当时我非常尴尬,她知道我是谁,而我却不知道她是谁。但她那样说,我十分感激。自那以后我俩简直形影不离。"

希拉里在她的书《亲历历史》中记录了这段可遇不可求的爱情。其中写道:

"1970年秋的比尔·克林顿很难令人忽视。那年他从牛津大学学成归来,刚进耶鲁法学院,可他的模样与其说有罗德学者般的气质,不如说更像维京大盗。他体型高大,长相在红棕色胡须与一头拳曲浓密的头发衬托下还算英俊,每个毛孔中都散发出活力。我第一次见到他是在法学院的学生休息室,当时他对着一群听得出神的同学滔滔不绝,当我经过时,听到他说:'不只那样,我们家乡种了全世界最大的西瓜!'我问朋友:'他是谁啊?'

'哦,他是比尔·克林顿。'朋友说,'从阿肯色州来,他只说过这些。'

"我们偶尔会在校园里碰上,不过直到次年春天的某个晚上,两人才在法学院图书馆正式打招呼。当时我在图书馆学习,他在走廊和另一位女同学交谈,后者希望他能为《耶鲁法学杂志》撰稿。我注意到他不断回头朝我这边看,事实上他常这么干。于是我起身走到他面前说:'如果你一直盯着我不放,我也会一直回瞪你,与其这样,不如相互介绍一下,我是希拉里·罗德姆。'就这么简单。按照比尔的回忆,他当时都记不得自己叫什么了。

"直到1971年春季最后一天上课,我们才有机会再度交谈。上完托马斯·埃莫森的政治与民权课后,我们同时走出教室。比尔问我要去哪里,我说要到注册办公室确定下学期的课,他说他也正要去。两人同行时,他

CLINTON

第三章 爱情

赞美我穿的花色长裙,我说这是我母亲亲手缝制的,他便问起我的家庭以及出生地。两人到了注册办公室,排了好久的队才轮到我们,注册员抬头看了一下,然后说:'比尔,你在这里干吗?你已经注册过了。'他坦言只是想跟我在一起,我笑了,接着便一块走了很久,就这样开始了第一次约会。

"我们都想去耶鲁美术馆欣赏马克·罗思科的画展,不过因为劳资纠纷,校园内一些大楼被迫关闭,美术馆也不例外。比尔和我经过那里时,他说他有办法让我们过去,只要我们提出帮忙收拾美术馆院子里的垃圾。看着他说服人家让我们进去,我第一次发现他的说服力惊人。整个美术馆就只有我们两人,穿梭在各个展示厅之间,讨论罗思科与20世纪的画作。我承认被他的艺术修养与兴趣吓了一跳,毕竟一个从阿肯色来的维京人,乍看之下根本不像有艺术细胞。我们最后来到美术馆的院内,我坐在亨利·摩尔的雕像作品《穿褶皱服坐着的女人》的腿上,和他一直聊到天黑。我邀比尔到宿舍参加我和室友唐关关(音)合办的派对,庆祝学期结束。唐关关是华裔缅甸人,到耶鲁留学研读法律,缅甸舞跳得很好,是个活泼可爱的伙伴。她,还有她丈夫(也是同学)王,比尔和我,我们至今仍保持着友谊。

"比尔参加了我们的派对,不过很少开口。那时我还不怎么了解他,心想他一定是害羞,或不怎么擅长交际,抑或只是不自在。我并不看好两人会变成一对,况且当时我已有男友,周末还计划和他一起出城度假。周日晚我回到耶鲁时,比尔打电话来,我因为旅游着了凉,干咳不停。

'你听起来真惨。'他说。大约三十分钟后,他带着鸡汤和橘子汁来敲门了。他一进屋便开始说话,从非洲政治到西部乡村音乐什么都谈。我问他,那天派对他为什么那么安静。

'因为我想进一步认识你和你的朋友。'他答道。

"我这才开始意识到,这位阿肯色州的年轻人远比第一印象复杂。他能在思想与词语间编织出恰当的联系,言语精当灵活,至今这还常令我吃惊。我也欣赏他的思考方式与神态。打一开始,我就注意到比尔双手的形状。他手腕细瘦优雅,手指又长又灵活,有如钢琴家或外科医生的手。自我们从学生时初识,我便喜欢看他翻书的样子。这双手至今已握过数以千计的手,挥笔不下千余次,签过的名连起来也有好几英里长。如今经过岁

CLINTON

月磨炼，这双手和它的主人一样多了几许风霜，但它的表现力、魅力与灵活度不减当年。

"比尔的鸡汤和橘子汁打动了我，两人旋即变得形影不离。虽然我忙于期末考试以及第一年对儿童问题的关注，仍想办法抽出几小时，和比尔驾着他那辆1970年出厂的褐橘色欧宝房车——那真可算是有史以来最丑的车之———四处兜风。比尔和室友道格·埃克利、丹·波格、比尔·科莱曼合住在康涅狄格州米尔福德，我们有时也会到那附近的长岛湾散步。一天晚上，我们在他的住处开派对，我和比尔在厨房讨论毕业后的打算。我对儿童福利与民权很有兴趣，但还没有明确未来的道路，所以不知自己会去哪儿、以什么为业。比尔则很确定：他将回阿肯色老家竞选公职。许多同学都称他们有意投身公职，不过比尔是唯一一位令你感觉言出必行的。

"我告诉比尔，暑假计划到加州奥克兰一家名叫'特里伊哈夫特·沃尔克与伯恩斯坦'的小律师事务所当助理，他便说要跟我一起去。我诧异不已。我知道他已经登记到乔治·麦戈文参议员的竞选阵营里工作，协助麦戈文参与总统初选。麦戈文的竞选经理格里·哈特要他负责组织南方各州。对于能在南方各州穿梭，说服民主党员反对尼克松的越南政策，转而支持麦戈文，比尔非常兴奋。他曾在阿肯色州帮参议员威廉·富布赖特以及其他人竞选，在康涅狄格州也曾参与过乔·达菲与乔·利伯曼的竞选，不过他从未有机会自始参与总统竞选。

我努力消化他的意思，颤抖起来。

'为什么？'我问道，'你真想要放弃自己憧憬已久的良机，跟我去加州？'

'为了我爱的人，就这个。'他说。

比尔说，他已决心与我相守，好不容易找到另一半，不愿让我一个人去加州。

"我和比尔在加州大学伯克利分校——那是1964年'言论自由运动'的发源地——附近合租了一间小公寓。我的多数时间为律师事务所的马尔·伯恩斯坦律师工作，帮他承接的儿童监护权官司做研究、写诉状与摘要。比尔则在伯克利、奥克兰与旧金山寻幽访胜。周末一到，他会带我去他事先勘察的景点，诸如北滩的餐厅、电报街的复古服饰店等。我则教他打网球，或是两人消磨于厨艺。我帮他烤了一个桃子派，这是我和阿肯色的某种联系，虽然我还没去过那里。我们合力做出美味的咖喱鸡，每次在家里做东，都以此待客。比尔多半靠阅读打发时间，然后和我分享他的读后心得，其中一本是埃德蒙·威尔逊所著的《到芬兰车站》。出外散步时，他往往边走边唱，常哼的是他最爱的一首猫王的歌。

"人们常说，我看准比尔迟早会当上总统，还说我到处帮比尔扬名，其实不然，这一想法是多年后才有的。不过我曾在伯克利一家小餐厅有过一次奇特遭遇：我和比尔约好在餐厅碰面，却因工作迟到，到了餐厅已不见他人。我向服务生描述了一番，问是否看到他。附近一位客人听了，大声说。'他来了好一会儿，一直在看书，于是我和他聊书。我不知道他的名字，但总有一天他会当上总统。''是啊，'我说，'不过你知道他去哪儿了吗？'

"暑假结束，我和比尔返回纽黑文，租下埃奇武德街 21 号一楼，月租 75 美元。屋内的起居室有壁炉，另外有两间房——一间充当卧室，一间是书房兼餐厅，卫生间很小，厨房设备粗陋。地板也凹凸不平，必须在桌脚垫木块，否则桌面倾斜得厉害，连盘子都托不住。如果不用报纸塞住墙缝，风便会灌进来。尽管有这些问题，但我仍然喜爱我们的第一个家。我俩到友好商场和救世军店之类的便宜地方买家具，对于自己布置出来的结果非常自豪。

"榆树街餐厅与我们的公寓只有一街之隔，因它通宵营业，所以我们常去光顾。我在埃奇武德街另一头报名上瑜伽课，比尔答应和我一起去——前提是不得告诉任何人。他也常去'流汗天地健身中心'，疯了似的在跑道上跑。自养成跑步习惯之后，他便保持数十年不变，我则半途而废。

"两人常去巴塞尔餐馆——一家我们最爱的希腊餐馆，或去林肯电影院看电影，它位于住宅区巷内，规模不大。一天晚上，雪终于停了，我们决定去看电影。其时路面残雪尚未清掉，所以来回都得穿过及踝的积雪，我俩只觉气氛活泼，沉浸于爱情之中。"

2 毕业选择回家乡工作
CLINTON

克林顿和希拉里在耶鲁法学院毕业之后，有人给他们在首都提供了很诱人的职位，但都被他们拒绝了，后来希拉里在伯克·马歇尔的推荐下，

CLINTON

接受了众议院司法委员会的一个职位。当时这个委员会正进行调查工作，主要是看是否应对理查德·尼克松提出弹劾。希拉里的这项工作一直持续到1974年8月初尼克松总统辞职。克林顿在耶鲁法学院学到了许多知识，并且也改变了他对世界的看法。克林顿熟练掌握了法律辩护状的起草和谈判技巧，掌握了在大量的案例法中找出要点和说服别人接受自己看法的办法。这所大学不仅给学生讲授什么是法律，还引导学生如何确定法律应该是什么。

在耶鲁法学院的许多学生毕业后都想到高薪的法律事务所谋求工作，而克林顿很早就抱定一个高尚的信念，他要回到家乡去为贫困的家乡人民服务，去改造那里贫困的面貌。克林顿要是想谋求法律事务所的职位是很容易的，但他放弃了，他打好行装，驾着汽车，向家乡阿肯色州驶去，那一年他才刚27岁。

汽车穿过高速公路，克林顿望着车外的景色，他的心早已飞到了家乡温泉城，回到了母亲的身边。离开家乡这么久，他非常思念家乡的亲人。

当他驱车回到温泉城的路上，他的急迫的心情使他想起毕业前一位教授告诉他坐落在法耶特镇的阿肯色州立大学法学院有一个工作机会，这位教授将阿肯色州立大学法学院的校长的电话告诉了他。而克林顿打算毕业回家乡的小镇上开一个法律事务所，为老百姓服务。要这两者选择其一，他想了好久，他终于决定先去大学教书，这样才能培养一批法律人才。他把汽车停在一个路边的电话亭旁，他按照耶鲁法学院教授给他的阿肯色州立大学法学院校长怀利·戴维斯的电话号码，他拨通了电话，他想询问一下工作的情况。

电话接通之后，克林顿说："请问你是怀利·戴维斯校长吗？我叫克林顿，我是阿肯色州人，我刚毕业于耶鲁大学法学院，听说你们需要教师，我愿意去你们学院教一年书，我什么课程都能教，而且不在乎什么工作，我也不追求什么稳定的工作，所以，如果你觉得我不合适，你随时都可解聘我。"

怀利·戴维斯听完克林顿直率的介绍，感到这是一个很有魄力的年轻人，他对克林顿说："既然你有为家乡做贡献的愿望，我非常欢迎，但不知你适合不适合这份工作，你来试试看吧。"

克林顿说了感谢的话，然后挂了电话，他回到车中，心里很激动，他对自己的未来工作充满信心,他加足油门飞驰在回家的宽阔马路上。

克林顿一回到温泉城,母亲就为他在饭店定了一桌丰盛的饭菜,为儿子大学毕业回到家乡庆贺,她请来了许多朋友,她要让人都知道,她的儿子克林顿大学毕业回家乡来了,她的脸上感到非常的光彩。

第二天,克林顿便驱车来到法耶特镇的阿肯色州立大学法学院,当戴维斯第一次见到克林顿时,他为之一振,克林顿是个大高个子,而且很潇洒,谈吐不凡,整个身上散发出激情四射的魅力。两人谈了一会儿互相进行了沟通,戴维斯校长决定聘他教授宪法、刑事诉讼法和海事法。由于阿肯色州是内陆州,海事法并非法学院的核心课程,因此才落到这位毫不犹豫就接受这份工作的最年轻的教师肩上。对于克林顿在阿肯色州立大学法学院教书的情况,克林顿的一位叫路德·哈丁的学生在一篇回忆文章中说道:

"1974年春,比尔·克林顿讲授刑事诉讼法。他是位出色的教师。尽管在教学中他赞同上个世纪60年代沃伦法庭对刑事诉讼程序的裁决,他却十分公正,容忍保守观点。他鼓励课堂讨论,循循善诱,有时扯开去说几句题外话,但和议题仍有某种联系。这门课是我一年级时最喜爱的课程之一。

"在我的记忆中,比尔·克林顿在课堂上得心应手,表现得从容自在,亲切随和,给人一种宽松安逸的感觉。他热爱教学工作,对学生表现出极大的同情和理解,从来不摆架子,也从不用恩赐态度对待人。当然,他不是超人,也有不痛快的时候,但不像有的教授那样拿学生撒气,譬如某个学生没有预习功课,就羞辱他一番。那时我确实认为这是一种美德。另外,克林顿还是一位很不错的篮球运动员,他偶尔同我们一起在阿肯色州州立大学法耶特镇校园巴希阿雷纳体育场打半场篮球。他一贯友好待人,非常够朋友。"

当法学院教授不容易,竭力尽心地工作,同时应付十分复杂的局面,克林顿倒是很喜欢这种生活。他积极参与公益服务,因为这是他的既定目标。当克林顿在全国最富裕的州之一的康涅狄格攻读法律时,就萌发出在全国最贫困的州之一——阿肯色开始政治生涯的念头。

克林顿需要熟悉局势,为此必须先了解构成这个美国腹地贫困的农业州的政治群体的各种势力。据资料显示:阿肯色州是全国最为贫困的州之

CLINTON

一,人均收入排在47位和49位之间,有时甚至要与密西西比州和西弗吉尼亚州争夺倒数第一名。在阿肯色州舆论界的头面人物中广泛流传着这样一句话:"谢天谢地总算有密西西比垫底!"阿肯色州在许多人头脑里出现两个形象:一个是萨姆·沃尔顿,他是沃尔—玛特公司的创始人和总经理,上个世纪80年代美国的巨富;另一个是欧扎克人普遍的极端贫穷。南部最小的阿肯色州可谓是反差最强的地区。

16世纪,西班牙探险家赫那多·索托发现了这块后来叫做阿肯色的土地。1682年,拉·萨尔宣称对整个密西西比河流域,同时也对阿肯色州提出领土要求。1803年,阿肯色州作为路易斯安那的一部分卖给美国。当时阿肯色的人口总计为500左右。

1819年,美国国会授予阿肯色准州地位,1836年准许阿肯色加入合众国。在美国从法国购得阿肯色以前,那片土地上早已存在奴隶制度,但是一直到18世纪30年代,奴隶还为数不多。1820年全州总人口只有14 000人,到1860年,人口增长了30倍,达到435 600人。那一年有111 259名奴隶(占总人口中的25%略多)生活和劳作在阿肯色。

19世纪20年代末,联邦政府屠杀或驱逐了该地区大部分土著部落,包括乔克托人、奥赛奇人、彻罗基人。阿肯色地处边陲,本来就是荒蛮之地,犯罪、暴力和落后玷污了几代人心目中该州的形象。阿肯色边远地区社会中的三大公共机构是宗教、不受束缚的资本主义和以《阿肯色报》为代表的保守派报业。19世纪30年代,种植园主们从东部银行贷款购买了土地和奴隶以后增强了权势。根据1820年密苏里和解契约的条款规定,密歇根在1836年作为没有奴隶制度的州被接纳进合众国;与此同时,也需要造就一个存在奴隶制的州来维持均衡。农场主们用"南方爱国主义"的名义拼命争取建立阿肯色州。

19世纪30年代,东部资本不断从其他州购进奴隶,由银行低息信贷助长的房地产投机买卖带来了那个年代的经济繁荣。1837年纽约银行的危机以及随之而来的棉花价格暴跌,造成短短的美国历史上最为严重的经济萧条。全国数百家金融机构纷纷倒闭,1841年阿肯色州还拖欠公债。土地价格下降了90%,奴隶价格下降了75%。大约500个大农场主把阿肯色变成了奴隶制的罪恶深渊。到南北战争才结束了这场经济大萧条。

在合众国中阿肯色是唯一不给孩子们开办公立学校的州,也是唯一从不投票将财产税、所得税和商业税拨作教育经费的州。那些望子成龙的人们不得不自掏腰包。阿肯色州的学生每年仅学习4个月，全州仅有836间教室，平均每所学校一到两名教师。阿肯色人传统上始终向往自由，不愿受约束，对庞大的政体存有戒心，他们忠诚于家庭和社团。他们愿意按照自己的方式生活，希望不受外人打扰。

内战逼近，阿肯色州立法机构投票反对脱离联邦。但是1861年春，南卡罗来纳军舰向萨姆特堡开火，随后亚伯拉罕·林肯号召阿肯色州国民军到合众国一边参加战斗。1861年5月6日，州议会中的农场主政治派别迫使该州不服从林肯的命令，而和其邻州一道加入了南部联邦。战争造成巨大破坏，妻离子散，民不聊生。1865年，即《解放奴隶宣言》问世两年以后，阿肯色终于宣布废除奴隶制。只是在南部重建时期实施平等和民权，黑人能够自由参加选举和担任公职。

南部重建时期结束以后，白人领袖只用了4年时间就能够操纵政府，公开实行种族歧视和种族隔离政策。因为经济衰退，白人农场主和城市居民在经济上和政治上都受到挫折，因此黑人便成了他们的发泄对象。19世纪90年代初，阿肯色州和整个南部不同种族间发生了最为严重的暴力事件。仅1892年，在阿肯色州，有20名黑人死于私刑和聚众斗殴，但《阿肯色报》辩解道："谴责、哀叹无济于事。"这些暴徒无法无天，目中无人，甚至不将州长詹姆斯·伊格尔放在眼中。有一次，州长试图制止用私刑，竟被推倒在地，幸亏一随从相救才幸免于难。南部的黑人——男男女女没有一个不受到恐吓威胁，整日生活在恐惧之中，不知哪天会遭到杀身之祸。

白人之间贫富悬殊也日益扩大，铁路拥有者、棉花商和律师在小石城建造起富丽堂皇的维多利亚式宅院，而农场主和佃农依然在赤贫之中受煎熬。阿肯色农场主联合南部和中西部农场主共同发起了19世纪90年代平民主义运动，将全州最强硬的政治领导人之一杰弗·戴维斯推到最前列。他到处奔走游说，支持阿肯色州，反对东部银行家；支持农业地区，反对小石城的政治精英们。戴维斯擅长戏剧性表演，装扮成乡巴佬，为了小农场主的利益与有钱阶层进行较量。他政绩卓著，很快便由检察总长升任州长。但是当阿肯色州热情的选民们推举他出任美国参议院议员时，他的农民作风却招惹来了嘲笑和戏弄。20世纪初期，主张行政管理改革的进步运

CLINTON

动波及阿肯色州，州长候选人戴维斯竞选失败，先后当选任职的是一位商人和一位教授，他们将变革的春风带到了阿肯色州。那些进步的变革措施包括用税金发展高等教育，建立各种委员会来刺激经济增长。

20世纪20年代，阿肯色州领导层展开"神奇之州"的公关宣传活动，意欲改变该州贫穷落后形象。他们宣称该州是美国第六大原油产地，拥有全国最大的钻石矿，出产全国92%的铝矿石。

20世纪30年代，美国干旱时期经济大萧条，阿肯色州首当其冲，深受其害。阿肯色人离乡背井，到西部去谋求生路，约三分之一以上农业人口离开农村，三分之二农场荒芜。第二次世界大战带来了联邦政府资金，发展了战时工业，建造新的军事设施，还有两个居民点重新安置从西海岸迁过来的美籍日本人。

阿肯色州曾以南部进步州而著名，但1957年，州长奥瓦尔·福布斯竟出动国民警卫队赴小石城中心中学镇压黑人种族平等运动。此举震惊全国。艾森豪威尔总统只得派遣联邦军队保护"小石城女神"免遭白人暴徒的破坏，以维护法律尊严。具有讽刺意义的是在种族问题上福布斯是保守派，但在其他问题上是变革派。他注重教育、医疗卫生基础设施，也关心阿肯色的前途。

20世纪60年代，传统阿肯色进步主义的内容扩大到种族平等，黑人不论男女，均成为正式社会成员参与社会、经济、政治生活。小石城曾一度遭到国际社会唾弃，现在因为种族关系改善而受到人们的赞扬。

南部重建时期以来，阿肯色第一次选出温和派人士温思罗普·洛克菲勒担任州长。执政期间他完成了几项重大改革，结果却在1970年竞选中被更进步的民主党人戴尔·本姆伯斯所击败。

本姆伯斯上任之后给改革传统注入新的活力，但是阿肯色州强大的保守势力仍不甘心失败，继续抵制那些人民基本需要的变革。克林顿深知任重而道远，但是为了社会进步，责无旁贷，在所不辞。

因此，1974年初，克林顿从法学院毕业仅仅6个月就决定竞选国会议员。对手是著名共和党人约翰·哈默施密特，此时担任第三国会选区议员。克林顿明白此次竞选十分艰苦，入选希望不大。克林顿说："我竞选国会议员的唯一原因是没有其他人竞选。"克林顿说："……我没想这么早就步入政界。我需要生活，人生何必苦匆匆？再说我喜欢法耶特镇。"克林顿和阿肯色法学院达成协议,他不准备辞去职务,但学院只需按实际授课时数支付工资。

在老家阿肯色州法耶特镇,比尔·克林顿的许多朋友与同事都参加了竞选活动。戴维·马修斯在报纸上读到克林顿的政治抱负,马上投入比尔的竞选活动。他对人们讲道:

"我立刻赶到比尔在法学院的办公室,主动要求在竞选中助他一臂之力。最终我当上他的司机,常和他共同外出。在那次竞选中当候选人司机的唯一条件就是要拥有自己的汽车和一箱汽油。"

安·瑞沃特·亨利,法耶特镇的一位大学教授,民主党政治活动积极分子,和她丈夫、州参议员莫里斯·亨利一起热情参与了比尔的竞选活动。她对人们讲道:

"1974年比尔竞选国会议员时,精力充沛、情绪高涨,非常大地影响和鼓舞着我们每一个参与竞选活动的人。我们到处筹措资金,打电话进行联络,在竞选总部运筹帷幄。大家都尽心竭力,干好本职工作。比尔对我们十分客气,'谢谢'不离口,更为重要的是他干劲十足,无私奉献的精神激发了竞选工作者极大的工作热情……我们志同道合,都愿意做竞选工作,建立了友谊的纽带,一直到今天还保持着友谊。每次回忆起比尔第一次国会议员竞选,驱车数千里跑遍第三选区的种种情景,脸上自然而然会泛起欣慰。"

有几个组织是克林顿竞选的强大后盾,对他获胜尤为重要。阿肯色劳联—产联下属政治、教育委员会首先表态支持克林顿。工会领导人乔治·埃利森发表评论,评价克林顿是"长期以来民主党代表大会确定的候选人中最有前途的一位"。阿肯色州教育协会也支持克林顿,高度评价他的观点:联邦政府资助阿肯色州的教育经费由当地校区自行决定怎样使用,同时还赞扬他为提高教学质量所实施的教师进修培训规划。

在国会议员竞选期间,克林顿提出的几项计划,体现出他在早期政治生涯中对经济和社会公正的关心。这些计划包括:更公正的税收制度、全国医疗保险方案、总统竞选公共基金、反通货膨胀保障措施、征收石油工业超利润税,以及针对石油行业的强化反托拉斯法。

克林顿毫不畏惧地抨击尼克松:"我认为国会软弱无能为时已远。"克林顿对《阿肯色报》记者说:"他们没能看好自己的宅院,也没有密切注意别人的行动。"克林顿所指的"别人"就是行政部门官员,尤其是卷入水门丑闻的尼克松总统。

克林顿说:"美国人民普遍认为联邦政府官僚机构僵化固执、态度冷漠、不负责任,已经达到了不可救药的地步。"他批评共和党竞选对手哈默施密特支持尼克松,说道:"在我看来,事情很明显,尼克松应该辞职,这样国家可避免受弹劾和免职总统的痛苦。"

一天晚上,阿肯色州全体民主党候选人在拉赛尔维尔召开晚餐会。克林顿能够即席讲演3分钟,排在最后一名,11点钟开始。到那时人们又困又乏,急着回家。等到克林顿登台讲话时已经很晚了,奇怪的事情发生了:克林顿短短3分钟的演讲极大提高了他的声誉,3分钟的精彩政治讲演让数百名与会者如痴如醉,听得着了迷。他赢得了听众,使许多老牌政治家也对他刮目相看。

竞选活动快要结束时,克林顿竞选基金已经不多了,当时完全能够搞到钱,但是对方提出了许多附加条件,克林顿没有答应,竞选结束后,克林顿亏空45 000美元,但并没有给他们带来更大压力。

约翰·保罗·哈默施密特,共赢得了48.2%的选票,在21个县的13个县取胜。克林顿尽管失利,但改善全国委员会称克林顿的竞选:"在基层中做得最为出色。"他虽然落选了,却给很多选民留下了深刻印象。克林顿在这次阿肯色州的政治活动中,了解到阿肯色州的政坛势态与格局。在这次竞选活动中,有21个县,他因此结交了无数新朋友,在当地的知名度大为提高。

3 婚礼
CLINTON

当克林顿参加竞选参议员的那年夏天,尼克松政府由于白宫精心掩盖水门事件而被迫垮台,并面临弹劾、判罪,尼克松本人在1974年8月9日正式辞职,副总统杰拉尔德·福特宣誓就任第38届总统。一个月以后,即9月8日,福特宣布无条件赦免尼克松担任总统期间曾可能犯有的联邦政府罪行。这时,希拉里在国会弹劾委员会的工作即告一段落。她准备回到克林顿的家乡阿肯色州和克林顿在一起，并决定在法耶特镇找一份教学的工作。

最初希拉里对于夹在事业和家庭之间感到左右为难。她如果留在华盛顿特区工作前途是无量的。她所担心的是阿肯色州因为是全国的贫困州，那里的工作环境会不尽如人意。但希拉里一想起克林顿是一位非常讲究实际的人，在面临着这种选择时，希拉里选择了和克林顿在一起。

希拉里的一位好友萨拉·厄曼在她的一篇文章中谈到当时希拉里做出决定时的情形。她写道：

"那是1974年8月的一天，希拉里突然对我说她要去法耶特镇阿肯色大学法学院当法律助教，这个消息让我大吃一惊，我知道，凭希拉里本人的才华，她在东北部法律界前途无量，肯定能做出一番大事业。

"可希拉里却说出了她要去这个贫困的地区的想法，首先是想体验一下是否能和克林顿在人生道路上携手并进白头偕老。希拉里的房间里堆了许多自己的东西，如书籍、衣服，还有一辆女式轻便自行车。她一时不知道如何把这些东西运到那个贫困的小镇上去。

"我知道了她的想法后，便提出帮她把这些东西开车送到法耶特镇。她听后非常高兴，然后我们就动手打包、装车，我计算了一下，从华盛顿特区出发到达阿肯色州的法耶特镇需要三天时间，我们买了些食品，就开车上路了。一路上我们俩有说有笑。大约我们离开华盛顿特区20英里时，我停下车问希拉里，我说：'希拉里，你是不是疯了，你一定要到那穷地方去吗？'她只是笑了笑，没有回答。

"我又开车前行了，汽车穿过蓝岭山、大雾山，进入田纳西州；又穿过密西西比河，到达阿肯色州。一路上我们谈了许多家常话，对一些问题互相交换看法和观点，十分愉快。

"当我们的汽车到达法耶特镇那天，正是得克萨斯州和阿肯色州在进行橄榄球比赛，小镇上到处都听到大学生的叫喊声。还有大喊：笨蛋，真是笨蛋！我听后感到很刺耳，就对希拉里说：'天哪！希拉里，你莫不是真的疯了，你听听这个嘈杂的小镇，你要在这里过一辈子，我真是不明白，你为什么非要到这里来不可呢？'希拉里这时用很坚定的语气告诉我：'因为我爱他。'我听后顿时恍然大悟，爱情的力量是无穷的。我全明白了。"

CLINTON

克林顿得知希拉里来之后高兴万分,这时他已从竞选的失败中回到了法学院继续教授法律。有关这段秘史,《时代》周刊曾载文说,克林顿把希拉里安排好住所和工作之后,他便驱车带着希拉里观赏自己家乡的自然美景。他带着希拉里东游西逛,看过美丽的风光之后,便到餐馆品尝阿肯色特产,一种油炸馅饼。

克林顿还和希拉里一起应邀出席各种聚会,很快希拉里就喜欢上了这个小镇,她还交了许多朋友,希拉里在法学院讲授刑法、刑事诉讼法和指导儿童权利问题讨论会。她被校长称为是一位出类拔萃的教授,对刑法了如指掌。

对于克林顿和希拉里那赋予诗意的婚礼,希拉里在《亲历历史》一书中描写道:

"学年结束,我决定飞到芝加哥与东岸探亲访友,拜会曾赐我工作的上司。那时我对于未来仍不能确定。比尔开车送我到机场途中,看到大学附近一间红砖房子竖着'出售'的招牌,我不经意地说道,这是一栋可爱的小房子,然后就忘了。经过数周的旅行与思考,我决定回到阿肯色与比尔一起生活。比尔来接我,他说:'你记得那间你喜欢的房子吗?我已经买下了,现在你最好嫁给我,因为我不想一个人住过去。'

"比尔骄傲地开进房子前的车道,拉我进去参观。房子前面有一个露台,起居室的屋顶架高且装了大凸窗、壁炉,卧室够大,另外有一间浴室,厨房则需要大修。比尔在当地古董店挑了一张锻铁床,还到沃尔玛买了床单与浴巾。

这次我回答:'好的。'

"1975年10月11日,我们在自家的起居室结婚,由当地卫理公会的牧师维克·尼克松证婚。维克的夫人费雷迪曾是比尔竞选团队的一员。参加婚礼者还有我的双亲与弟弟;弗吉妮亚与罗杰;约翰娜·布兰森;贝演·约翰逊·埃贝林,她现已嫁给我们的中学同学汤姆;F·H·马丁,他是比尔1974年竞选团队的财务长,他太太米尔纳;玛丽·克林顿,比尔的堂妹;迪克·阿特金森,耶鲁法学院同学,后来也担任教职;贝丝·奥森堡,以及和比尔一起在温泉城长大的好友帕蒂·豪。我穿了一身镶花边的维多利亚式套装,那是我在婚礼前夕与母亲上街选购的。父亲挽着我走进屋,牧师说道:'谁将这位女士交给新郎?'我们都充满希望地望着父亲,

可他却没有松手。最终，牧师只好说：'罗德姆先生，现在请你往后退一步。'

"婚礼结束后，安与莫里斯在他们家后院举办婚宴派对，结果有数百位宾客前来庆祝。

"婚后历经这么多风雨，不断有人问我：为何还和比尔在一起？我不喜欢被问及这个问题，但身为公众人物，我知道这事一定会被一提再提。我们两人相爱了数十年，生下一女，经历父母亡故，都得担起照顾家人的责任，共有一群终身至交，加上信仰相同，一心想为国家尽心尽力——我究竟怎么说才能解释这些？此外，没有人比比尔更了解我，也没有人能像比尔那样让我开怀大笑。即使过了这么多年，他仍旧是我见过最风趣、最有干劲、最富生气的一个人。1971年春，比尔·克林顿和我开始交谈，三十多年后，我们仍无话不谈。"

希拉里的一位好友名叫安·亨利，她曾被希拉里安排布置婚礼的接待工作。安·亨利见证了那富于诗意的婚庆场面，她在一篇文章中写道：

"希拉里的母亲在1975年国际劳动节前来到法耶特镇并在我们家中吃了午饭。比尔和希拉里的婚期订在10月11日。他们商定先在加利福尼亚大街新买的房子里举行家庭婚礼，其后再举行较大规模的庆祝活动。这种大规模非正式的招待会在家中进行最为适宜。

"希拉里委托我做总管。我洗刷窗户，收拾院子，预订食品，这一切都为了结婚宴会。记得面包房还特地制作了一个漂亮的、用冰激凌和浅黄色玫瑰花点缀装饰的三层大蛋糕，上面没有新郎新娘的名字，但有几枝鲜花。我从我妈妈那儿借来一块白色手绣花台布，宴会时仅在招待会的主桌上使用。屋外走廊上放着香槟酒罐，屋檐下挂着花盆和吊兰，为结婚招待会增添光彩，似乎还有一张桌子，上面放着小块熏肉、奶酪、三明治和其他手抓食品供屋里屋外几百名前来庆贺的客人自己享用。整晚上都有人在弹我们的大钢琴，但我记不清是谁了。

"所有客人中有法学院教员、大学领导、当地政府和州政府的要员、政治方面活跃的商人以及他们的配偶，还有法学院的学生。那天是星期六，晚上7点招待会开始，天公作美，温度适宜，清风徐徐吹来，人们进进出出，客人走掉了一批又进来一批，好不热闹。我们之中有谁想到自己正在参加未来总统候选人的婚礼晚会呢？"

CLINTON

第三章 爱情

1975年10月11日,29岁的比尔·克林顿与27岁的希拉里·罗德姆结为夫妇。

CLINTON
第四章
走向政坛

"经过多年的生活体验和了解人类的生存状况,像其他人一样,我做出的决定应该能够体现我的价值观和原则。长期以来,我一直笃信人人机会均等,从今天起,我将尽我所能加快这一进程。长期以来,我一直对某些人的独断专行、滥用职权行为痛心疾首。从今天起,我将尽我所能制止这种行为……"

 竞选阿肯色州司法部长
CLINTON

　　1976年，克林顿宣布参加州司法部长的竞选。那时他和希拉里继续在法耶特镇的阿肯色州立大学教授法律。克林顿在教学方面有特色。他讲授法律和社会学，以及在课堂上剖析民法和刑法。师生们都喜欢他，对他评价很高。

　　位于阿肯色州首府小石城的阿肯色州大学刑事司法系主任查理·切斯顿博士邀请克林顿在1976年春季期讲授阿肯色州刑法典。阿肯色律师协会在1974年和1975年重新改写了州刑法典。克林顿着重讲解了刑法典的主要条文。将一部包罗万象、极其复杂的新法典讲得深入浅出，学生听得津津有味，这部刑法典内容很多，但主要内容有受害者的权利、如何解释规则和精神失常的被告方等等。

　　克林顿在讲这门课时，阿肯色州有25名警官选修了他的课程，他们从各地到州立大学聆听克林顿的课。克林顿的好名声很快被州司法部长吉姆·盖伊·塔克知道了，他会见了克林顿，在与克林顿的谈话中，他感到克林顿不但是个好教授，他还有更令人佩服的领导天才。不久，州司法部长吉姆·盖伊·塔克对克林顿说他将要卸任竞选国会议员，他建议克林顿参加竞选州司法部长。

　　克林顿将吉姆·盖伊·塔克的这一建议告诉了希拉里，又把自己的想法也告诉了希拉里。希拉里表示支持克林顿参加州司法部长的竞选。克林顿的主要竞选对手是乔治·T.杰尼根。

　　1976年4月1日，克林顿正式提出竞选候选人申请。在以后的竞选过程中，克林顿明确表示支持法律方面的几项重大改革，比如阿肯色州个别囚犯由于工作可以离开监狱；通过立法补偿受害者的损失；以及成立监督机构，以便从制度上保障消费者利益和加强反托拉斯措施等等。

　　在竞选的演讲中克林顿还主张补偿受害者的损失，公开抨击政府"只管罪犯的吃、穿、住，而置受害者于不顾。被犯罪分子伤害的无辜公民，医疗费用和财产补偿却无人过问"。

CLINTON

第四章 走向政坛

在竞选过程当中,切斯顿教授找到克林顿,他是热情支持克林顿竞选的人,他对克林顿说:"既然在竞选司法部长,就应当多结交警察朋友。"克林顿听后表示赞成,但他并不认识多少警察,切斯顿教授就特地带领克林顿去拜访警察局总部。

在警察局总部,通过切斯顿教授介绍,克林顿认识了一大批警察,但有的警察非常倔强、傲慢。有一位满脸横肉的警官看了克林顿一眼,克林顿便主动向他进行了自我介绍说:"我叫比尔·克林顿,想要竞选司法部长。"那位警官听后无动于衷,对克林顿想干什么根本不感兴趣。他反问克林顿:"你对死刑持什么态度?"克林顿回答:"对于死刑,我不喜欢,我认为应当谨慎处理这类案子,仅能用于像杀害警察之类的恶性犯罪。"那位警官听了克林顿的这话之后,阴沉的脸才变得轻松起来,他高兴地握住克林顿的手,然后带他在总部各部门走了一圈,对他的同事们一一介绍这位未来的州司法部长克林顿。

在竞选大会上,克林顿对众选民们说,政治是崇高的事业。"我坚持自己的信条,政治是光荣而重要的工作。"他说:"没有优秀的政治家,就没有我们向往和需要的社会。"克林顿的演讲赢得了广大选民的心,许多人都纷纷投克林顿一票。

1976年11月,克林顿以55%的选票击败了民主党初选中的两名对手,其中就有乔治·T.杰尼根。由于共和党人没有申请参加竞选,克林顿在大选时没有了对手,因此不战而胜,一帆风顺地登上了州司法部长的位子。

克林顿30岁时当上了州司法部长,他上任之后经常教育周围的工作人员,让大家明白,我们的使命是为人民服务。这种思想在不断得到加强,州司法部形成了一个很有效率的团队,他们工作有干劲,而且充满热情。和克林顿一起工作的一位州司法部的工作人员,后来回忆起克林顿当州司法部长期间的一件小事,他在一篇文章中写道:

"有件事让我终生难忘。那是一个星期五的下午,州政府其他有关官员早已下班回家,而我还在埋头工作,昏沉沉的脑袋快要裂开了,我的桌子上放着大堆材料,就连对桌椅子上坐的人都看不见了。当我正要大发牢骚时,克林顿突然走了进来,他坐在我对面的一把椅子上,左右躲开我桌子上一大堆的辩护状和调查报告的遮挡,向我点头微笑,同时递给我一块

口香糖,他小声地问我:'乔,工作好吗?'

'这话是什么意思?'我大声问道。

'我问你工作是不是愉快。'克林顿认真地答道:'因为,如果工作不高兴,你最好放下手里的这项工作,去干别的。如果你觉得这是工作,而不是乐趣时,那就换其他工作干。'

克林顿的一番话使我马上醒悟,工作是一种快乐,只有这样才出效率。他是我遇到的思维最敏捷的人。他能迅速地判断、深刻地分析形势,并能找到解决任何棘手问题的办法。他的分析能力极强,遇到问题不仅能集中精力立刻找到问题的答案,还能看到问题的其他方面,就是说看到问题的全貌。他作为州司法部长的确令人服帖。"

克林顿在担任阿肯色州司法部长的2年期间,他的成绩显著,主要是以保护消费者,致力公共事业而著称。他推崇严厉的道德准则,用于约束那些不奉公守法的官员;针对那些别有用心的说客还订了严格的汇报制度。他在竞选时为阿肯色州人民承诺的诺言都一一实现了,比如,为缓解监狱拥挤状况,扩大监狱的规模。1977年8月,《阿肯色报》发表了社论赞扬克林顿,称他是:"阿肯色州消费者的坚强卫士,但更为重要的……是维护个人权利反对专横政府的勇敢斗士。"

在克林顿涉足政坛第一次成功之后,克林顿又瞄准了下一个更诱人的政治目标。当时国会有一位参议员去世,参议员位子有个空缺,而阿肯色州的州长已届满,克林顿在这两者之间必须选择一个。

2 成为美国第二位最年轻的州长
CLINTON

1978年,克林顿经过深思熟虑,最终决定参加阿肯色州州长竞选。他的理由是只有在州长的位置上,他才能推行他的改革方案。他说:"我相信作为州长更能给阿肯色州人民造福。"

这时期克林顿与希拉里住在希尔克雷斯郊区一座大山脚下,这里环境优美,是有名的自由职业者居住区。他们住在一幢红色的小楼里,附近有些开古玩店的铺子,他们夫妇经常请人吃饭,参加小石城文化和政治圈的活动。亲戚和朋友都称赞他们会处理各种问题的技巧，克林顿和希拉里各有各的事业，他们分担家务，相互尊重对方的时间安排。他们为自己拥有这座小红楼而高兴，这里是他们安居乐业的第一个地方。他们用许多艺术品装饰他们的房子，享受着美好的生活。

克林顿在任州司法部长期间得到了很高的声望。当克林顿告诉希拉里他要竞选州长时，希拉里表示全力支持，因为她最了解克林顿的理想和抱负。当竞选开始之后，希拉里主动担任了克林顿班子的负责人，为竞选出谋划策，帮助克林顿应付竞争对手对克林顿关于控制火器、大麻、死刑和保护妇女权益等方面的观点发起的进攻。这时候，克林顿的竞选对手就攻击希拉里保持娘家姓氏的问题，但在回答记者的这些提问时，克林顿以高超的善辩口才没有让对手占上便宜。

在竞选中，克林顿还强调指出，只有提高全州教育水平才能最终解决阿肯色州的经济问题，并宣称在全美国教师工资最低的州实施这一方案定会遇到行政重重困难。

在州长竞选中，克林顿仍在75个县中的71个县中取胜，最终击败了4名竞争对手，获得了初选选票的59.4%。

在进入大选期间，克林顿面对共和党州主席候选人林恩·洛的强有力的挑战。两人展开辩论，而且非常激烈。

有一家《南方旗帜报》评论克林顿在大选中能否成功时说："他不会失败，除非有重大失误或被当场抓住调戏修女、贪污教会资助孤儿寡妇的款项。"

最终共和党候选人林恩·洛竞选州长失败。克林顿当选为州长。

在当选州长后，克林顿对《乔治敦声报》记者说，由于他支持平等权修正案而丢了10%—15%选票。他认为这件事很重要，决不能不认真对待，要与这种现象做坚决的斗争。决不能就此了事。

1979年1月10日，克林顿在阿肯色州首府小石城的州长官邸宣誓就任阿肯色州第40任州长，接替了他的前任——调任美国参议院的大卫，成为美国历史上第二个最年轻的州长，这一年他32岁。在宣誓就任阿肯色州长时，希拉里手捧圣经站在他身边参加就职典礼。克林顿在就职演说中，保证把阿肯色州领进一个充满成就与美德的新时代。他承诺要解决的问题包括经济发展、平等就业机会、教育改革、医疗照顾、环境保护、给老年人减税、帮助穷人等。

下面是节选的克林顿首任阿肯色州州长就职演讲中的一段精彩演讲：

"经过多年的生活体验和了解人类的生存状况，像其他人一样，我做出的决定应该能够体现我的价值观和原则。长期以来，我一直笃信人人机会均等，从今天起，我将尽我所能加快这一进程。长期以来，我一直对某些人的独断专行、滥用职权行为痛心疾首。从今天起，我将尽我所能制止这种行为。

"长期以来，我一直对政府部门中明显存在的浪费、混乱、无纪律现象悲叹不已。从今天起，我将尽我所能铲除这种现象。

"长期以来，我一直想减轻一些人的生活重负。他们年老体弱、贫困交加，但这并不是他们的过错。从今天起，我将尽我所能帮助他们。

"长期以来，许多独立思考、工作勤奋的人辛辛苦苦但所得无几。这是由于经济不景气，不能提供足够的机会。从今天起，我将尽我所能提高他们的生活水平。

"今天，在这个令人困惑、捉摸不定而难以把握的时代中，我们将重新开创我们的事业。在刚刚过去的日子里，无情的现实给我们上了冷酷的一课：政府的能力是极为有限的，人的能力也是有极限的。我们赖以生存的星球，资源有限、人的知识和智慧也都有限。但是有限的知识和智慧须对付极其错综复杂的难题；须正视人类的金钱欲、权力欲、争执冲突，直到人类毁灭。凡此种种，我们既没法加以控制又不能施加影响。教训一定要记住，但我们决不能因此而束手束脚、畏首畏尾。相反，我们能做、应该做的事，我们就要认真去做，而且做好。我们的民族是一个值得骄傲的民族，是充满希望的民族，是高瞻远瞩、意志坚定的民族。我们的人民有极强的工作能力并且多才多艺。我们长久盼望的经济复苏即将出现。经济增长并不一定毁坏土地，也不必要丢弃先人留给我们的一切。我们州人口稀少、居住分散，人民互相了解、彼此信任。我们有共同的信仰，为共同的利益而奋斗。

"我们有着光荣的过去，我们有机会创造一个更加丰富多彩、更加壮丽的辉煌的将来；我们有机会更充分地发挥自己的才能，实现自身的价值。我们决不能坐失良机。

"要做的事情还有很多。

"长期以来,在教育方面,我们对学生投资很少,教师的薪水过低,这种局面一定要改变。但是,切记,仅仅靠金钱并不能提高教育质量,金钱只不过是我们推行教育改革方案的一个必需部分。这项方案包括对教师和学生进行评估,合理发放经费,更有效地管理学区,表彰、奖励在幼儿教育和特殊教育方面做出突出贡献的教师,以及有天才、有特长的儿童。"

克林顿还呼吁保护环境,进行廉政建设,提供平等机会、发展经济、减免老年人的纳税额。

既是生活伴侣,又是事业佳偶。克林顿与妻子希拉里在一起。

当上了州长之后,克林顿和希拉里搬到了小石城的州长官邸,这是一幢乔治王朝风格的三屋红砖楼房,它的四周环境优雅,占地两公顷半的私人花园中心有一条环形林荫道,路上还有一个喷泉。州长官邸的工作人员包括一名厨娘,两个仆人,一名私人秘书兼管家,作为阿肯色州第一夫人希拉里,对这里的环境非常满意。

CLINTON

3 全新的施政方略
CLINTON

这位美国最年轻的州长，上任之后开始逐步施行他全新的施政方略。克林顿在州第72届会议上制订了一系列法案，但重点在于教育改革，他试图使教育排名在50个州中第50位的阿肯色州的名次向前移几位。有资料显示克林顿是如何在2年州长任期内施行他的政治方略的：

尽管克林顿大力支持增加对教育的投资，但他明确表示他并不相信将钱扔进学校就能保证教育高质量。为提高教育质量，他制订了一整套方案来检查教学大纲的执行情况，衡量各公立学校所取得的成绩。但是，大量增加公立学校的投资还是产生了明显的效果。克林顿预算的40.5%用来增加初级和中等学校的投资，为每位教师加薪1 200美元，预算还包含为支付不断上涨的平常开销而增加的专款。

P·F. 约翰斯顿在"比尔·克林顿的阿肯色州政策"中写道："1979～1980年，大量事实证明克林顿成功地推行了教育改革，落实了他的教育政策。在1979～1980年度的预算中，克林顿要求较均匀地对各个学区发放州政府援助款。政府将在两年内对各公立学校发放近9亿元的政府援助款，这其中包括由克林顿提议，议会通过而增加的为数8 000万美元的款项。那时就怎样发放这笔巨款曾有过激烈争论。最终采取折中办法，以每个学生为基点在两年中发放半数的新增加款额，这种方法对人口不断增加的学区颇为有利。另外一半将用来拉平高收入区和低收入区之间的差距。这样一来，最穷的学校所得到的援助款可达到最富裕学校所得金额的5倍。"

克林顿还提出了一个在全州范围内对基础课进行测验的方案。他认为这是检验教师教学水平和检查学生个人能力的重要方式。他的提议得到广泛赞同。第一次测验在1980年4月进行，约有51 000名小学生和中学生参加了水平考试。考试成绩证明教育体系亟待改革。

1979年，在克林顿就职时，阿肯色州仅有极少的几所学校为有天才、有特长的儿童单独开设课程。对此州政府简直没有提出过任何专款。他任职期间，州政府共拨款398 797美元给65个学区，用来发展天才儿童教育。由于克林顿的大力倡导、推动，天才儿童学校得以建立。这是亨德里克斯学院为全州 250 名杰出学生所开设的一种暑期课程，包括英语、数学、自然科学、社会科学、艺术、戏剧、合唱以及器乐等等。学生们在该学院接受高级教育，由阿肯色州教师和特邀教师执教。

克林顿还对教育的其他方面进行重大改革。如，他颁布法令，要求所有教师都必须持有"国家师资考核"的证明，否则一律不准在阿肯色州执教或讲授新课程。克林顿还签发了 1979 年公正解雇条例。这使阿肯色州的地方教育董事会不能不公平地随意解雇教员。他还增加了对交通及教材的投资，让全州的婴幼儿都能够进幼儿园。

克林顿还创立了一个职业教育和培训工作组，专门研究供该州长期使用的教学大纲，并主管求职介绍。以前，阿肯色州的职业教育资金一向匮乏。克林顿相信有必要搞一个行之有效的规则，并在 1980 年 10 月到 1981 年 1 月间给 184 所高级中学提供了用于职业教育的专款。

克林顿还任命唐·罗伯特博士主管全州教育。他在弗吉尼亚州任教育厅长时，就负责全州教学、标准化考试、学校的整顿以及特殊课程，并取得了显著的成就。克林顿说罗伯特在教育方面"所做的一切"都是我们现在应该做的。克林顿和罗伯特一起领导，全州致力于教育改革。他们一改以前由州政府集中管理的做法，将工作的重点放在对地方教育董事会的支持，给他们提供较好的服务。

1990 年，亚历山大博士对阿肯色州的教育重新进行评估时，他在报告中写道："该州的教育体系得到了戏剧性的改善。我能够说，到今天，和田纳西、亚拉巴马以及佐治亚等州比较起来，我更愿意让我的孩子在阿肯色州的学校就读。因为州长、议会和学校教职员工的共同努力，阿肯色州的教育在过去的十二三年中取得了长足进步，他们进步的速度如此之快让我惊讶不已。"

克林顿许诺增加对全州公路的投资，在此以前，州政府曾委托交通部门对全州进行了一次调查。其结论是 1.3 万公里的公路需要不同程度的修缮，才能满足全州居民的需要。有些公路已失修达 15 年之久，路面损坏极其严重。克林顿和他的议员们被困于一种报界称之为"定输无疑"的地步。他们面临两种选择：要么让那些毁坏的公路面貌依旧，要么增加税收，用这项收入支付修路费用。从政治角度来看，这使得克林顿进退维

CLINTON

谷，因为任何一种选择都将不会得人心。

那时，克林顿压力极大。公路交通厅的厅长们以及几十个县的官员都要求增加公路基金。克林顿既不愿提高税收，又不愿减少对公立学校、社会保健服务、服务性行业以及其他重要项目的投资，因此他提出一条创造性建议，根据现有税收情况，每年增加 4 500 万元的公路维修费用。他同意增加用户费用，即注册登记费和所有权转让费。他还支持提高对轮胎和汽油的税收。那时阿肯色州的汽车收费是以汽车的重量为标准的，克林顿原计划把它改为以车的质量高低作为标准。这样势必给老旧车使用者们节省一大笔开支，因为在阿肯色州注册登记的汽车，约一半已经有至少 5 年的历史，但这一计划遭到有组织的利益集团的反对。无奈，克林顿只能恢复旧的收费办法。这就意味着那些价格低廉、体积笨重的旧车车主们将因为税收的增加而缴纳许多税款；而那些与旧车相比较新的、价格昂贵的小汽车却比较轻，因而，这些车主们反而能得到更多的好处。

在克林顿执政期间，阿肯色州交通运输部共收入了 5 390 万美元，其中的 4 160 万元被用来补足联邦政府所提供的 25 600 万元公路基金。在此期间，大约有 1 130 个公路建设和维修项目开工。

最后，注册登记费竟然翻了一番。这激怒了阿肯色州人，特别是那些买笨重旧车的穷人以及收入十分有限的退休老人。其原因很明显，他们将支付更高的所有权转让费。克林顿后来回忆说："我很明白，这笔钱不但能让我们的城市在相当长的时期内建成最完善的公路体系，有助于原有公路的养护，还肯定能够促进本州各个项目的早日完工。在这个意义上说，这一改革获得巨大成功。但从另一方面说，又是一局败棋，由于人民反对这种集资方式。我认为所有权转让税上涨太快，旧车辆驾驶执照税也增加过多。"

克林顿竞选州长就是为了实现某些政治目标。一旦上任，他便开始不遗余力为此进行奋斗，但他所推行的重大变革遭到了公众的反对。这使他锐气受挫，灰心丧气。他不得不参加一次又一次大辩论，因汽车注册费用涨价所引起的风波只不过是其中之一。戴维·马修斯自从 1973 年便与克林顿相识。他描述了那时克林顿急于改变阿肯色州面貌的迫切愿望：

"这位年轻州长的政府班子确实才华横溢、年轻有为，具有极强的改革意识，并且都是外州人。克林顿的支持者们相信他的班子知道怎样做对阿肯色州最有利，为公众的最大利益而推进改革的进行是其政治目标。因此，他学会了冷峻的处世之道。这使他有智慧、有勇气面对任何特殊利益集团，但这并没有能确保他一直立于不败之地。他的许多项改革遭到地位牢固的特殊利益集团的反对，这是原因之一。其二，他的一班人不能给他的某些动议赢得广泛的支持。多年以后，克林顿对研究员、作家黛安娜·布莱尔谈起过其用人的原则。在《阿肯色州政治与政府：人民当家做主吗？》一文中，她写道：'他清楚地觉察到，要组织一个高效率的班子，最重要的是被挑选人不仅能够擅长政府工作，而且还能善于待人。'

"一次又一次，克林顿丝毫不含糊、不回避地与强大的特殊利益集团进行较量。他将阿肯色州工业发展委员会改名为经济发展部，使该部门工作的重点从工业的复苏转移到小型企业的发展之上。这使得美国商会大失所望。其保护自然资源的主张也同样遇到反对。为使自然资源保护主义者和维护采运作业权利的人握手言和，他就大规模砍伐森林召开听证会。很自然，这又惹恼了阿肯色州的木材工业经营者。

"克林顿对阿肯色州卫生保健制度的改革也濒临困境。执政初期，他曾组织过一个全州范围的调查。稍后，他任命罗伯特·杨博士为州卫生部长。杨博士曾担任西弗吉尼亚州的一所乡村卫生院院长，主管业务。他在医疗制度改革方面推进过一些开创性的尝试并取得成功。对杨博士的任命意味着克林顿致力于解决农村卫生保健问题，并将改组管理不善的卫生部门。

"克林顿和杨博士推荐了4个农村卫生院，希望能把医疗服务送到缺医少药的贫困地区。克林顿政府还做出巨大努力聘请大夫到医疗条件极差的地区工作。联邦卫生教育福利部对这个举动大加赞赏，称之为'模范计划'，并说，假如任何一州想对其卫生保健制度进行改革，我们都百分之一百地支持。并非人人都能做出这种决定，这样做需要勇气。

"但是，克林顿的改革遭到卫生界的反对，他们不愿意兼职医生周期性地道农村行医，尽管阿肯色州许多农村地区很难聘请到专职医生。杨博士试图作为政治上的盟友同卫生界接触，以谋求他们的支持。然而，他不但没能成功，还使自己成为他们的对手，因此失去了赢得医生和将受益于此项改革的农村地区政治支持的基础。就像在其他方面一样，克林顿在卫生方面所进行的改革再次搁浅。原因不外乎两种：其一，遇到强大的政治阻力；其二，他的同僚不但没能谋取到选民们至为关键的支持，反而引发了他们的对立情绪。"

克林顿在任期内还任命夫人希拉里为由44名成员组成的阿肯色州农村卫生指导委员会的主席，由希拉里负责指导发展为农村地区居民服务的医疗保健计划。农村卫生指导委员会重视照顾穷人的利益，为农村的医疗保健诊所建立了一套网络，结果却引起医生们的不满，并使医生与社会工作者在责任界限问题上发生冲突。

再次竞选州长失败
CLINTON

对于卓有成就的克林顿州长来说，2年的州长任期即将届满，他将继续竞选下一届州长，就在这时他的可爱的女儿降生了。克林顿在一篇回忆文章中说："女儿出生的那一夜是我一生记忆里最为美好、最为难忘的一夜。我仍然记得在女儿出生后几分钟里我的所思所想……这种感觉我以前从没有过。"他根据当时一首流行的歌曲《切尔西的早晨》，为女儿起名叫切尔西。

克林顿没有时间照顾刚出生的女儿，他必须投入新一轮的州长竞选中，照顾女儿的事情就由希拉里全部承担起来。

在1980年，民主党预选中克林顿仅有一个竞争对手——77岁的火鸡饲养场老板罗·史瓦西罗斯。这个人曾多次参加州长竞选。但都失败了。这次，他在演讲中以汽车牌照这一重大争议不休的问题向克林顿开火。在预选时，出人意料的是，史瓦西罗斯的选票竟高达31%，这一现象令人费解。

克林顿在大选中的竞争对手是弗兰克·怀特，他是一位老民主党人，在克林顿任职期间改组阿肯色州工业发展委员会以前，他曾是该委员会的主席。他刚刚宣布参加竞选便改为效忠共和党。即使如此，他也很难竞争过现任州长克林顿。但由于另一件戏剧性的事件使克林顿面临着竞选危机，事情的经过是这样的，下面是有关克林顿竞选下届州长的有关资料。

当时，古巴政府允许人民离开自己的国家，这时有大批古巴难民拥向美国。1980年5月7日,卡特政府通知克林顿,大约2万名来美国寻求政治庇护的古巴难民及另外10万古巴人将要在阿肯色州西北部查菲堡做中途短暂停留。谣传说这个"自由舰队"中还有古巴的刑事罪犯和精神病人。

克林顿公开支持卡特这个决定。他说:"我深知我们州全体公民对为寻求自由而背井离乡的古巴人抱着同情和支持的态度。不论总统压给阿肯色州什么样的重担,我都将尽我所能,尽职尽责地帮助这些难民在我们国家安居。"克林顿的话明显不过地表明了联邦政府在这一问题上对阿肯色州的侵扰。另外,卡特总统没有拿出任何人力、任何物力,也没有派联邦警察来帮助安置这些难民。克林顿必须动用阿肯色州微薄的财力、物力、人力来安顿这一切。

最初,查菲堡还算安宁。难民营为塞巴斯蒂安县提供了2 200万元以帮助难民找工作或做生意。但到5月下旬,难民营人口急剧膨胀起来,难民营内部以及外界的气氛开始紧张。县治安官看到居民为保护自己纷纷涌向枪支店铺抢购武器。

1980年5月26日,也就是预选的前一天,近300名古巴人推倒栅栏从一个没有看守的门逃了出去,消失在该县的各个角落。联邦政府驻查菲堡的官员却没有采取任何措施来阻止那些逃跑的古巴人离开军事基地。对此,克林顿怒不可遏。

他立刻采取了有力的行动。预选日的清早,他命令处于现役状态的国民警卫队保卫查菲堡附近的居民。他驱车前去查菲堡视察情况,要求联邦紧急救援管理局"强化基地保安措施"以保障当地人民的安全。基地指挥官德拉蒙德上将对克林顿说,根据联邦法律,他的军队无权让古巴人在基地滞留。这与克林顿和白宫达成的协议有出入。卡特政府官员曾经向克林顿保证,已采取相应的安全措施,五角大楼已传令不准古巴人离开查菲堡,他们必须遵守法律秩序。5月28日,星期二,克林顿州长和卡特总统进行电话磋商。克林顿说:"这些古巴人太无法无天了。军方说他们无权将古巴人滞留在基地。"卡特说,另外一个能安置他们的地方就是宾夕法尼亚州,却又以那里气候恶劣为由不同意将这些古巴人迁往那里定居。

星期三,五角大楼电话通知克林顿,新增加的150名联邦警察即将被派到查菲堡。但在他们到达以前的这段时间里,克林顿采取了必要的防范措施,他又增加了20名国民警卫队员,作为对治安部队的补充。

克林顿还命令州警察局长在交通要道布置一支治安部队昼夜值班，并和地方治安官进行密切合作。在短短的几天内，州治安部队和地方警察在没能取得联邦警察任何帮助的情况下，将在逃的古巴人全部抓获。

6月1日晚，查菲堡的古巴人发起了一场骚乱。媒体将此地称为"战争地带"。骚乱首先在基地内发生，但很快便蔓延到基地以外的地区，大约1 000名愤怒的难民占据了唯一可进出的大门，却没有遇到联邦警察的任何阻拦。大约200名古巴人上了22号公路向史密斯堡附近的小镇巴克林方向跑去。克林顿马上命令国民警卫队和州警察局行动起来平息骚乱。

巴克林的人们处在一片恐慌之中。大约500名愤怒的巴克林居民守卫在边界线上，古巴人距他们只有100码之遥。32名州警察插入两阵营之间用警棍和枪支制止住了200名古巴人的进攻。有62人受了枪伤，其中包括5名古巴人。

联邦政府和州政府的关系跌入低谷。州长要求联邦当局命令联邦军队禁止古巴人离开基地。在离开骚乱现场时，他打电话给白宫，警告那里的官员，"你们听着，你们有两种选择：到这里来，今晚，不！现在就将一切处理妥当。不然的话，我将会下令国民警卫队行动起来，封死这块地方，没有我的命令任何人不得出入。"

当晚，卡特助手尤金·埃顿伯格乘军用飞机前往阿肯色州和克林顿会晤。午夜，克林顿驱车带他去了巴克林，他们看到用手枪和来福枪武装起来的居民在院子里临时集结。巡视之后，克林顿和埃顿伯格在凌晨4：30举行了记者招待会，对他们将采取的行动进行解释。

6月2日，白宫终于满足克林顿的要求，颁发书面命令，授权给联邦警察："他们有权力阻止古巴人离开基地。"新闻媒介不禁欣喜若狂。1980年6月12日的《温泉城新闻》赞扬克林顿在解决这场危机中所起的作用。报道说："因为克林顿的顽强坚持，吉米·卡特最终停止照料他的玫瑰花，开始关心因为他的仁慈和热诚欢迎政策而面临生命危险的人民。为此，全体阿肯色州人都应该对克林顿表示感谢。"

白宫默认了这一切，但为时不长。卡特总统在8月份又下令将其余一万名难民送到查菲堡。和当地居民磋商后，克林顿拒绝了总统的这一"请求"。但是白宫坚持成命，驳回了他的意见。通过谈判，克林顿又成功地和联邦政府共同制订了一项新的安全计划。尽管公众强烈抗议，克林顿坚决反对，难民还是如潮水一般涌入阿肯色州。

就在这个时候，怀特向克林顿挑战，他在竞选演讲中向选民许诺，他当选州长后，将减少税收，降低汽车牌照费。他抨击克林顿的增税措施已给阿肯色州人民带来了"巨大的创痛"。他说，克林顿太年轻，思想太自由，野心太大了。他指控克林顿把东部的自由主义思想带到南部来管理他的州政府，把阿肯色州作为通往联邦政府办公室的一个台阶。怀特特别利用古巴难民危机问题攻击克林顿，在阿肯色州选民中进行煽动，以便把克林顿赶下台，由他取而代之。

怀特还买下电视政治竞选广告，播放古巴难民在难民中心静坐示威、四处逃亡以及在小石城街头到处奔跑的镜头，进一步在阿肯色民众中进行煽动。

当希拉里与克林顿以及他们的一些朋友在州长家里看到这一电视广告及其解说词时，简直惊呆了。克林顿不可置信地问希拉里与朋友："人民真的相信这些东西吗？"

有个朋友回答说："他们真的相信。"

希拉里这时从座位上跳起来说："瞧，人们相信他们看到与听到的。比尔，你不能只坐在这里无动于衷地接受它。"

这时，又有媒体报道说，克林顿州长为减轻监狱的压力，曾要求州假释委员会给一些非暴力攻击而犯罪判刑的囚犯减刑，使一些罪犯逍遥法外。媒体认为，克林顿要对该州一些最具暴力的罪犯的减刑负责。克林顿的好朋友斯特蕾看到这则消息后，感到十分吃惊。她特意跑来告诉克林顿说："根本没有这么回事，这完全是捏造的。"她要求克林顿出来澄清事实。希拉里听到这个情况后，大声对克林顿说："比尔，人民真的相信他们在报上看到的东西，除非你站出来纠正它，否则，人民都会认为它是真的。如果它是假的，是捏造的谎言，你就应该去揭穿它。"

克林顿当时在政治上不成熟，看问题比较简单，他认为每个人都很聪明很善良。因此，他听不进希拉里要他出来澄清事实的意见。他的答复是，人民是聪明的，他们知道事实；或者说，人民有自己的头脑，他们知道我并没有做这件事。

从某些方面来说，克林顿是个感情丰富，急躁自信的人。他有理想与热情，但容易动摇；他为人随和，善于与人相处，但有时心肠软弱，难于

CLINTON

第四章 走向政坛

坚持原则；他有时看问题比较简单，往往表现得粗心大意。希拉里曾多次告诉他，如果你要从事政治，并希望有效地与政治反对者进行较量，就必须有自己的立场与原则，毫不留情地揭穿对方的谎言，针锋相对地还击对手的攻击，这是从事政治活动的基本常识与要求。可是，克林顿由于思想幼稚与性格软弱，每当遇到坚固的反对者时，他就难以坚持原则，捍卫自己的观点。与对手进行针锋相对的较量，这不是克林顿的强项，但这是希拉里的强项。

这一年，由于希拉里刚生孩子，她需要大量时间待在家里照顾幼儿，她不可能像以前那样有许多时间协助克林顿竞选。以前，有精明能干的希拉里在一旁督阵助选，出谋划策，克林顿的竞选运动缜密有序，颇有声色，出现问题也能及时纠正。这一次，由于希拉里未能全力投入，对克林顿的竞选连任是一大损失。同时，由于希拉里独立的个性与锋芒毕露的女强人作风，特别是她婚后多年未随夫姓，在阿肯色州选民中产生负面影响，并成为克林顿竞选连任的政治麻烦。有些人写信到州长官邸问克林顿："你的太太爱你吗？""你的婚姻有什么问题吗？"有8%的选民说，他们今年不投克林顿的票，唯一的原因是他们不喜欢希拉里继续保持她娘家的姓。

在大选前夕，《阿肯色州民主党人报》的编辑斯塔尔在报上撰文说希拉里是克林顿真正的"脊梁骨"，并形容克林顿是个没有主见、没有骨头的机会主义者。这篇文章既抨击了希拉里，又嘲笑了克林顿。斯塔尔的无情攻击，如同在克林顿的背后狠狠地捅了一刀，对克林顿的竞选连任努力是致命的一击。

1980年大选之夜，34岁的比尔·克林顿承认输给了弗兰克·怀特。第二次参加竞选，克林顿在总数84万张选票中，以35 000票之差败北，这极深地刺痛了他的心，他流下了伤心的眼泪。

克林顿在大选失败后的第二天上午，在向全体议员出席的州参众两院告别致辞时，希拉里站在他身边，怀里抱着女儿切尔西。克林顿说："我和希拉里都为我们昨晚的失败流了泪，然而，我们非常感激你们曾经给了我们为阿肯色州效力的机会……我在本州一个普通工人的家庭中长大，在公立学校完成学业，当上司法部长继而又成为州长，我最终圆了我的少年梦，可以为阿肯色人做些有益的工作。"

听到儿子表达对阿肯色州人的感谢之情，克林顿的母亲弗吉妮亚十分感动。她说："成功时极易表现得非常潇洒，克林顿接受失败的方式使我最为他感到骄傲。走出州长官邸的大厅，面对院子里如潮似海的人们，他再三感谢他们给了他为阿肯色州效力的机会。这是我一生中最为自豪的时刻，他是个了不起的失败者。"

1981年1月克林顿和希拉里迁出了州长官邸。离开州长职位的克林顿，在小石城一家著名的律师事务所找到一份律师工作。经历了失败的打击后，有半年时间，克林顿完全变成了另一个人，他显得很消沉，他变得不那么爱交际，久久地陷入了反躬自问之中。到1981年下半年，克林顿开始走遍阿肯色州各地，人们猜测他是否准备重返政坛呢？

5 东山再起
CLINTON

1980年，克林顿和希拉里随同小石城浸礼会的牧师沃利·奥斯卡·沃特组织的团体去以色列进行宗教朝圣。这次活动对克林顿的影响非常大，主要是燃起了他东山再起的信念。他们参观了以色列的耶路撒冷旧城、哭墙、马萨达和加利利。这次旅行使克林顿更加坚定了支持以色列人民的立场。以色列对美国犹太人以及全世界犹太人产生了深远的影响。

在对以色列的观点方面，沃特牧师对克林顿影响很深。克林顿后来在一篇回忆文章中说道："从我开始知道以色列问题时起，我就坚定地站在以色列一边。这或许和我受的宗教教育有关，在沃特牧师逝世前的最后几年之中，我受他的影响特别深……他是以色列的朋友，甚至在以色列国创建以前，他就开始对以色列进行访问。他临终时对我说，'希望有一天你能够有机会竞选总统，但假如你辜负以色列的期望，上帝绝不会饶恕你……你一定不能让以色列失望。'"

克林顿从以色列回国之后，曾有意竞选民主党全国委员会主席，但后来改变了想法，他在小石城继续做他的律师，他明确宣称，他在待机而动重返政坛，克林顿在律师的职位上工作了近3年。

在这期间怀特当州长。怀特毕业于美国海军学院，他会做生意，而且做生意成功率很高。他心里明白，他能选上州长，完全是偶然的机会，对于如何领导州政府，怎样为阿肯色州人民谋幸福，怀特没有多少主意。在竞选期间，他曾许下诺言，他上台后要像管理私营公司那样管理州政府，但实际上怀特当上州长后，把许多事情搞得一团糟。

据有关资料显示，克林顿东山再起与他的夫人希拉里的倾力协助有关，资料如下：

阿肯色州媒体瞧不起说话粗鲁的怀特，对他办事简单草率的作风时有抨击。有的记者在背后称他为"愚蠢的州长"，认为他水平太差，是个草包。尽管以前克林顿的行政管理作风显得幼稚，但他本人在媒体面前却表现得风度翩翩，颇具魅力。一些记者也比较喜欢他自由派的观点，许多人都将怀特上台后的作风与他的作风进行比较，都认为他比怀特强。有些媒体开始怀念并介绍克林顿的情况。当他外出时，有些选民纷纷上前来和他打招呼，说他们过去没有投他的票，现在感到很遗憾和抱歉。克林顿则向他们表示，他很理解他们，他很抱歉过去没有好好听取他们的意见。这时，克林顿感到人民并没有忘记他，心中涌起一股暖意。他开始认真总结经验教训，反省自己，并努力从消沉中振作起来。他的政治生涯出现转机。

克林顿是个天生的草根性的政治人物，他出身贫寒，从政没有任何政治背景与政治势力基础，在经济上更没有大财团做靠山。他只有理想与热情，智慧与雄心，他的基础与靠山在于人民，他的力量与资本也在于人民的信任与支持，他只有在获得人民的信任与支持时，才会在政治上获得成功；他只有与人民在一起时，才会展现魅力与活力。与民众脱节，失去人民的信任与支持，也就没有他的政治生命。

聪慧的希拉里从她丈夫竞选连任失败中深刻地认识到这一点，因此，她极力鼓励克林顿走出去与人民接触联系。与人们握手寒暄，点头微笑，联系沟通，这是克林顿的优势与长处，是他从政的政治资本。希拉里多次说："我的丈夫热爱人民。""他喜欢被人民包围，他从人民中学到许多东西。"

1981年春天，当克林顿仍表现得意志消沉的时候，希拉里抓住一个机会，鼓励他采取了第一个东山再起的行动。那一年的4月，小石城的文艺工作者正在准备他们一年一度的讽刺剧表演，这个讽刺剧通常要请一个名人作为"神秘的特邀演员",来表演滑稽可笑的独幕讽刺剧,最后在表演结束时露出他的真面目。当年,讽刺剧表演的题目叫做《古巴人与汽车牌照》,剧情意在讽刺克林顿担任州长时的错误。主持这一活动的人别出心裁地邀请克林顿为今年的"神秘特邀演员",来客串表演这个讽刺他自己的独幕剧。这一邀请理所当然地遭到他的拒绝。

敏锐的希拉里得知这一情况后,马上意识到这是她丈夫东山再起的一个机会,因此,她竭力劝说克林顿接受邀请去参加表演。她说,你应该上台去逗他们发笑,你逗得他们发笑时,你就会知道他们会再次喜欢你。你不能失去这个机会。希拉里认为,她的丈夫只有在公众中经常露面,与人们多接触,才能恢复信心与活力。

克林顿这次听取了妻子的建议,改变初衷,表示愿意接受这一演出邀请。而上台表演,正是他擅长的拿手好戏。还在阿肯色州温泉城读高中时,他就经常在巡回演出中模仿著名摇滚歌星埃维斯的演唱,其表演模仿得惟妙惟肖,曾获得小埃维斯之美称。

在登台演出那天,克林顿扮演一个被古巴难民劫持的飞行员,头戴一个旧式的皮制的飞行员头盔,将整个脸部都掩盖起来,使观众认不出他是谁。他一人独自地在台上不出声地表演,做出各种滑稽可笑的动作,在表演将结束时,他突然取下头盔,表演一段独白,调侃自己与现任州长怀特,逗得坐在观众席前排的怀特州长与全体观众捧腹大笑。人们喜爱他的表演,对他报以热烈的长时间的掌声。克林顿的魅力又复活了。

自此以后,克林顿的信心又恢复了,脸上又展现出新的笑容,他的从政热情与活力也再度发挥出来。他开始自信潇洒地出现在公众面前,并前往阿肯色州各地发表演说,向选民表示道歉,请大家原谅他过去的失误。在新的一届州长竞选开始后,在希拉里的鼓励支持下,克林顿决定再度出马竞选州长,重返阿肯色州政治舞台。他在电视上发表了30秒钟的竞选广告演说,向阿肯色州人民宣布,他愿意再一次竞选州长。他告诉人民,他已从以前的错误中得到了教训,他希望人民再给他一次为他们服务的机会。

有人指出,当克林顿在上次竞选连任失败时,希拉里就在酝酿她丈夫的复出。就在克林顿竞选连任遭到挫败后不久,希拉里创伤未平,就主动打电话给阿肯色州舆论界一位著名的政治评论家——他曾经多次在报上著

CLINTON

第四章 走向政坛

文攻击克林顿夫妇，特别是希拉里本人。她告诉这位评论家，她愿意当面跟他解释澄清一些问题，消除误会，使双方之间能达成更好的关系。这位政治评论家后来说，当他与希拉里见面直接交谈后，他马上知道这是一个非凡的女人。他认识到能娶这个女人做妻子的男人也一定是错不了的。自此以后，这位政治评论家对他们夫妇表现得比较友好。希拉里的这一外交手腕，为克林顿未来的复出消除了一个障碍。

克林顿投入新一轮州长竞选后，首先战胜了民主党内的竞争对手，获得了与现任州长怀特再度较量的机会。他告诉人们，他这次的竞选主题是"工作机会、教育改革和改善公共事业管理"。他指控怀特在州长任内提高了公共事业费用却未给人民提供良好的服务，他还引用媒体对怀特的批评，对其实行的方针政策进行抨击。他还根据希拉里的建议提出"不倾听人民的意见就不能领导人民"的口号。克林顿的这次竞选，采取主动进攻的姿态，逼得企图竞选连任的怀特州长难以招架。

自从有了女儿切尔西以后，希拉里的事情更多，时间更紧。她既是母亲，又是妻子，还是职业律师。在抚养心爱的女儿的同时，她这次全力以赴投入了克林顿的竞选活动，誓必协助丈夫竞选成功。她不仅帮助丈夫组织策划，还常常陪同他四处发表竞选演说，要求广大选民今年投她丈夫一票。

然而，当希拉里一参与克林顿的竞选，一接触阿肯色州选民，她就发现，她的名字问题又成为竞选中的热门话题，她似乎又成为她丈夫竞选的一个障碍。因为她随丈夫每到一地演说，以希拉里·罗德姆的名字介绍自己时，听众的反应都很冷淡。特别是有一次，罗斯法律事务所迁移新址后举行招待会时，希拉里在招待会上受到一名委托人粗暴无礼的对待。当时，她见到一位接受邀请与会的委托人，就热情地上前去迎接招呼，对他说："喂，你好！我是希拉里·罗德姆。"同时伸出手去要跟他握手，谁知那位委托人竟指着她身上佩戴的姓名标志说："那不是你的名字！那不是你的名字！"这件事给希拉里以很大的刺激，也使她意识到，她本人的姓名问题，在这次竞选中，将再次成为她丈夫的政治包袱。

为了迎合阿肯色州选民的要求，保证丈夫这次竞选成功，希拉里经过再三考虑，决定不再坚持自己娘家的姓，而改随丈夫的姓。1982年2月，在一次正式的竞选新闻发布会上，希拉里怀抱刚满两岁的女儿切尔西，向记者们宣布，在这次竞选中，她将以比尔·克林顿太太的名义协助丈夫竞选。她表示，实际上，"自从我们结婚那一天起，我就一直是比尔·克林顿太太"，但她同时宣称，她并没有在法律形式上改变她的名字，她仍将以希拉里·罗德姆的名义选举投票。

希拉里在向新闻界解释她为什么决定改名跟随丈夫姓时说：我的姓名问题成为他的支持者日益关切的问题。他们开车来看我，或打电话给我，全都谈这个问题。他们告诉我，我们真的希望你认真考虑这个问题。因此，"在反复考虑这个问题并征求许多人的意见后，我改名成为希拉里·罗德姆·克林顿"。

希拉里特别指出，她的丈夫从未要求她更改姓名。她说："我有一次开玩笑说，在阿肯色州，只有一个男人不要求我改名，他就是我的丈夫。他说：'这是你的决定，你做你自己想干的事。'于是，我这么做了。"她表示，改随丈夫的姓，对她来说并不是什么大问题，她能够坦然处理。

希拉里接受克林顿的姓，改名为希拉里·克林顿后，这事顿时成为阿肯色州一大新闻，在舆论界与政界产生巨大反响。著名的《华盛顿邮报》特别报道这件事说："希拉里·罗德姆不仅放弃了她的法律业务活动来全力帮助她的丈夫竞选，她还停止使用她娘家的姓。从此以后，她将以比尔·克林顿太太著称。"

《阿肯色纪事报》的一篇评论文章说，希拉里改姓，对克林顿而言是一项最大的政治资产。该文说："克林顿夫人在政治家的妻子中肯定是一位最优秀的演讲人，她也许是唯一能让听众充分接受她个人优点的一个人，而不仅仅是作为某个人的妻子。她是伊利诺斯州人，也许她比传统的南方州长大的夫人更活跃更直率些。她现在改随她丈夫的姓意味着她正在软化她的形象，这显然获得了成功。她已成为一个在传统的南方风格中善于握手交际的竞选人。"

希拉里的改姓与助选，为克林顿的竞选活动带来极大的帮助与好处。有人说希拉里改姓完全是一个政治决定。

希拉里的一些朋友对她由于政治原因而放弃自己的独立性改随克林顿的姓，感到既惋惜又伤心。她的好友克丽丝·罗杰斯说："当她结婚时就慎重决定婚后将继续保持娘家的姓。对她来说这是十分重要的，因为她已经以这个姓为她的专业生涯建立了某种特征。要她放弃原来的姓是不容易的，我觉得这好像放弃了她自己的某一部分。"

对希拉里抱有很大希望，认为她有远大政治前途的贝西·莱特女士在得知她改姓后说："我的心都碎了。我的喉咙在哽咽。"莱特认为，希拉里改姓后，她个人的事业发展就只能从属克林顿的政治生涯，她为了她丈夫的理想而牺牲了个人的政治前途。

希拉里改姓后，又通过自我调整，把深色的金发染成浅色的金发，同时又摘掉厚厚的近视眼镜，换成隐形眼镜，说话时故意学美国南方人把母音拉长，以崭新的政治形象出现在阿肯色州人民面前，阿肯色州选民很快就接受了她的改变。

希拉里开始发现，她每到一地协助丈夫开展竞选演说时，都受到当地群众的热烈欢迎。希拉里向阿肯色州选民清晰而具体地解释她丈夫的竞选纲领，她的演说观点明确，条理清楚，语调激昂，富有感情色彩，给听众留下深刻的印象。她在演说中能单刀直入地抓住问题的实质，用通俗的语言把它阐述清楚，使听众能够理解她所讲问题的意义，知道她正在把他们引向何处。人们信任她，并开始喜欢她。她很快为克林顿的竞选活动赢得广泛的支持，其作用远远超过一个政治助手所希望达到的成绩。

在这次关键的竞选中，希拉里不仅直接走到前台向阿肯色州选民宣传说明她丈夫的竞选纲领与施政计划，要求广大选民今年站在他们这一边，投她丈夫一票。在幕后，她还扮演一个政治智囊的角色，成为克林顿竞选策略与活动的主要设计者与组织者。

在大学时代，希拉里就是一个非常卓越的组织者与领袖人物。在这次竞选运动中，她再次充分展现了她的领导能力与组织才华。她帮助克林顿组织了一个精明强干的竞选班子，由贝西·莱特女士负责。莱特头脑冷静，办事果断，经验丰富。以她为首的克林顿竞选班子，给阿肯色州新闻界留下了深刻的印象。该州新闻媒体称它是"顽强献身，工作努力，十分有效率的竞选团伙"。

希拉里看问题非常敏锐，善于发现竞选中出现的问题，并要求迅速解决出现的每一个问题，使竞选活动能朝着正确而成功的方向发展。当年曾在莱特负责的这个竞选班子中工作过的伍迪·巴斯特说："当她发现与竞选有关的问题时，当她看到人们工作没有效率时，或者当她发现情况不对劲时，她总是会及时提出来让比尔注意，并确信他正在积极努力地予以解决。"

希拉里办事认真，坚持原则。当她发现某个工作人员出现过失时，她会很诚恳很认真地指出来，希望能够予以改进。相反，克林顿却拿不下情面对工作人员进行批评，他也不善于批评别人。作为一个政治家，这是他的弱点，希拉里在这方面弥补了他的不足。

当克林顿的竞选活动开展得有声有色，并得到越来越多选民支持时，他的竞争对手、现任州长怀特的竞选活动最初也搞得轰轰烈烈。一开始，怀特就邀请共和党籍的副总统乔治·布什为他的竞选连任助阵。布什亲自赶赴小石城参加了一次为怀特的竞选募捐的集会，这次集会为怀特筹集到10万美元的竞选经费。在竞选中，怀特一方面继续攻击克林顿，说他以前的错误是抹不掉的；同时，以一个传统家庭价值观念的捍卫者自居，抨击克林顿是个性格软弱的自由主义者，并指责克林顿夫妇根本不遵守传统的家庭价值观念。怀特的太太则以传统的州长夫人自居，并攻击希拉里喜欢在外面抛头露面，不是一个好的家庭主妇，更不会成为一个好的州长夫人。

克林顿对怀特的攻击进行了针锋相对的反击，同时听取希拉里的意见，剪短了蓄了多年的长发，以新的形象出现在公众的面前。阿肯色州选民很欣赏他的这一改变。

1982年11月，在最后的大选中，克林顿以压倒优势击败对手，终于把怀特拉下州长宝座，雪洗了上次竞选败在他手下的耻辱。

经过两年痛苦的沉寂与反思，克林顿在希拉里的支持与协助下，以崭新的政治形象东山再起，重新回到阿肯色州政治舞台。克林顿成为阿肯色州历史上在竞选连任失败后重返州长官邸的第一位州长。这次东山再起，为他的政治前途乃至希拉里的事业，展现了更加光明的未来。

6 五连任州长
CLINTON

1983年1月，克林顿和希拉里重返州长官邸，重执州印。应邀来参加克林顿二次州长就职庆祝大会的人川流不息。其中有克林顿和希拉里两个家族的全体成员。克林顿在就职演讲中重点强调了加强阿肯色州的教育问题。他还提出创立"企业区"以促进不发达地区的经济增长，创建阿肯色州科学技术的发展机构以鼓励高级工人发挥技能和提高工业增长速度，并对酒后开车进行严厉惩罚等等。

1982年，再次当选阿肯色州州长的克林顿与妻子庆贺竞选胜利。

克林顿任命夫人希拉里主管新的州教育标准委员会工作，负责制定全州教育质量的标准。

在教育标准化委员会建立之前，阿肯色州的学生在语文、数学方面的平均成绩低于全国的平均成绩。州教育标准化委员会就教育的极度重要性发表了一篇题为《危难中的民族》的报告，指出当地学校机构普遍很差。该州371个县没有一个要求学生学完国家要求中学教育应当完成的课程。

希拉里跑遍全州，和学生、教师、家长们进行谈话。她认为教育改革必须从提高学校水平做起。她强调说，教育的改进也是消费者的一种权益，家长有权要求给予他们的子女尽可能好的教育，因为他们为此纳了税。她的努力没有白费，许多人对她的看法表示了支持。

在希拉里的主持下，教育标准化委员会经过近一年的努力，制定了全州公立学校的新标准。委员会的有些要求很容易就被接受下来了，比如禁止缩减幼儿园和小学编制人员。关于增加语文、数学、自然科学、社会科学和美术等课时的建议,也得到了家长们的认同。另有一些建议,比如进行教师能力测试,所得到的反应则相反,教育机构特别是教师们对此持冷淡甚至反对的态度。州教师协会试图通过法律途径否决进行教师能力测试,但是失败了。

那年的州长预算案建议为教育增加1.8亿美元,这笔钱将来自增收间

1983年时的克林顿

接税。增税当然会遭到人们的反对,但增加的税收投到了教育里,老百姓也没有什么好说的。而进行教师能力测试,则和提高教育质量联系在一起,可以使老百姓直接看到增税的效果,因而可以减小增税的阻力。这是希拉里为克林顿考虑到的一个高招。

希拉里协助制定了阿肯色州学龄前儿童教育计划,主要是想鼓励父母教育自己的孩子,这个计划名叫"学龄前儿童家庭教育项目",主要针对的是4~5岁的儿童。希拉里的努力引起了全州所有教育界人士的重视。最终,阿肯色州为了这项学龄前儿童家庭教育项目破天荒地举行了全州会议。

学龄前儿童家庭教育项目最早在以色列由犹太妇女国家委员会发起,它旨在帮助年轻的母亲提高教养孩子的能力及掌握促进孩子学习发展的实用技巧。今天,阿肯色州该教育项目在全美国规模最大,约有2 400多位母亲参加。

该项目结果喜人,对一个学区进行的首次测试证明孩子们通过参加16

个月的学习能取得相当于平均 33 个月的学习效果。此外，对参加该教育项目的幼儿园孩子所进行城市成就测验表明，其成绩也远远超出预料。

在教育领域中的另一项成就是创建一个特殊教育委员会。安·亨利任主任，来自法耶特镇，是克林顿的朋友，也是一位大学教师。

这时期克林顿的领导作风比他担任第一任州长时发生了重大转变。可能是由于克林顿的童年时代的大部分时间花在调解父母争吵方面的原因，他现在喜欢用心平气和的工作方式使一些提案得到通过，他和反对派开始合作，有时整夜打电话给立法委员们，有时手拿笔记本或一杯咖啡，在立法机关大厅里来回走动。

在克林顿的第二届州长任期中，发生了一件对他及其家庭影响很大的事情。1984 年 5 月，克林顿接到阿肯色州州立警察局局长托马斯·古德温打来的电话，告诉他其弟罗杰（同母异父的弟弟）由于贩卖可卡因正受到警方调查。克林顿立刻目瞪口呆。罗杰从 15 岁起就开始吸毒，一天吸毒量高达 4 克。在《阿肯色州报》上克林顿回忆说："假如不是罗杰体力惊人，他早就没命了。"

"我们怎么办呢？"古德温问道。

"应该怎么办就怎么办。"克林顿心情沉重地说。

以后的几个星期是克林顿有生以来最为痛苦的时期。一个只有他和妻子知晓的秘密即将曝光。他们一起查阅了所能找到的几乎所有有关吸毒上瘾的资料。

3 个月以后，罗杰在温泉城被捕。他被监禁以后，克林顿说："这是一个让我和我的家庭都极度悲伤和痛苦的时期。很明显，我的弟弟参与了毒品活动。毒品，这个祸害，已经在全国范围内蔓延，并且令我们国家包括我们州在内的数万家庭深受其害。在这个艰难的时刻，我请求人们给我的弟弟、给我的家庭和我祈祷。我很爱我的弟弟，我会好好地待他。但是我希望在处理他的案件时，与其他案件一视同仁。"

起初，罗杰否认自己吸毒。克林顿对他说："你不知道，如果你不吸毒，我要让你坐 10 年牢，由于你为了钱将可卡因注进了别人的身体。你是我的弟弟，我爱你，但在很长的一段时间内我希望你离得我们远远的。"

11 月份，罗杰改变了原来坚持无罪的口供，承认了两起有关毒品的指控。在第一起指控中他被判处缓刑 3 年；但对于第二起指控，他被判处 2

年监禁。

对罗杰的审判结束之后,克林顿对新闻媒介说:"我尊重法庭的判决,如今我们全家都在尽一切力量帮助弟弟戒毒。我期望这一案件所带来的轰动能劝阻年轻人不要吸毒。加强公众对于我们州乃至我们国家毒品泛滥问题的认识。今天我更有责任尽我所能与非法的毒品活动进行斗争,防止这种个人的悲剧和吸毒所带来的痛苦在其他家庭重演。"

尽管罗杰吸毒成瘾一事曝光,作为一名成功的州长克林顿在阿肯色州依然受到普遍好评。他满怀信心地参加了1984年的再次竞选,并将施政重心放在了促进经济增长和发展教育上。在民主党预选提名中获胜之后,克林顿遇到了他的共和党对手、一位承包商伍德·弗里曼。一方面前国务卿亨利·基辛格给弗里曼出面竞选;另一方面,外事专家们也对弗里曼杰出的声誉大加评论。但克林顿在1984年民主党全国会议上的发言赢得了与会者的诸多好评,他说:"我期望基辛格先生对阿肯色州需要什么这一问题告诉我们他所明了的一切,也期望我的对手,那个承包商,将这个问题告诉基辛格先生。"

并不是幽默,批评家抨击克林顿对阿肯色州经济的增长没能予以足够的重视。而伍德·弗里曼却已经许诺不再提高税收,并像弗兰克·怀特那样,保证会像管理公司那样来管理阿肯色州。对此,克林顿马上做出反应,他发布了其1985年的立法草案:一个包括职业培训和新建工业发展基金在内的经济增长计划。而且他还宣布他将发动一个全国性的运动,为阿肯色州吸引旅游业和新的商业活动。

但是,1984年作为民主党员参加竞选会碰到全国范围的挑战。该党提名老资格的北方自由主义者沃尔特·蒙代尔来和声望很高的里根总统进行竞争。因此很多阿肯色州的民主党员或是公然直接支持里根,或是干脆对民主党的被提名者敬而远之。这时克林顿则声称,虽然他"无论继承还是信仰"都是一位民主党员,但如果他认为有必要,他将会毫不犹豫地批评民主党。

同时,克林顿尽量不利用职权上的优势对其产生的重大影响时,更是这样。他说:"我将以不知名人士的身份参加竞选,我喜欢这样,并有所准备。"最后克林顿以63%的选票在选举中轻取桂冠,第三次当选州长。

1月份克林顿在就任州长之后显得更为信心十足。在第三次就职演讲中，他许诺将努力增加就业岗位，并一如既往地致力于发展教育。他做出的近40亿美元的阿肯色州投资计划包括两部分：一是阿肯色州发展金融机构将会发行免税债券对新工程项目给予财政资助；二是鼓励阿肯色州的三个养老基金会把其至少5%的财产投资于州内。该议案简直为立法机关一致通过。此外，克林顿还使其他几项法案获得通过——即审判应在起诉后9个月内举行，并通过了立法，以保障犯罪受害者的权利。

1985年召开的会议产生了阿肯色州第一条限制堕胎的法律，规定堕胎仅局限在受孕在3个月之内，而没有提及在此之前曾终止过怀孕的情况。该法案是由克林顿以前法学院的学生、那时担任州参议员的卢瑟·哈发起的。该项法律禁止在受孕25周以后堕胎，禁止对能在子宫以外存活的胎儿进行堕胎。克林顿签署了该项法律，声明它符合最高法院的旨意。但法案没有提及受孕25周之前的堕胎。所以在那些条件下，堕胎仍旧合法。

1986年6月，克林顿作为全国州长协会的副主席参加了福利改革。该小组拟定了一系列改革方案，比如将接受福利者转化为劳动力，鼓励形成牢固的、有责任感的家庭组织，及为青少年提供更好的医疗保健等。在该计划的新闻发布会上，克林顿说，福利计划应该是一项就业计划。克林顿运用类似原则还给阿肯色州制定出另一项方案。截至1991年，该项方案平均每个月帮助200多人从福利行列转入劳动大军。

当年8月，克林顿当选为全国州长协会主席。在其就职演说中，他提醒其他州长要切记其所肩负的使命，真正让美国更具有竞争力，要将那些在堕落的人们身上失去了的潜能充分挖掘出来。

在1986年州长竞选中，克林顿是唯一把教育放在首要地位的候选人。其他候选人则简直完全忽视了教育，而将注意力集中于经济发展方面。在最初的投票中，尽管克林顿受到76岁的奥沃尔·福布斯的回击，但他依然获得了60.5%的选票。

当年5月，在64%的选民的支持下，克林顿第4次出任阿肯色州州长。这次选举意义重大，原因之一在于这是100多年来州长任期第一次达到4年，而不再是仅仅2年。1984年，选民通过一项宪法修正案，将州长任期由2年延长到4年。克林顿成为这项修正案的第一个受益人。

1986年11月，克林顿第4次连任州长，次年2月，石油价格大幅度下跌。

克林顿在阿肯色州连续几任的工作表现与成绩，引起其他州政治领袖人物的重视与注意。1986年他被任命为美国州长协会主席，并担任该协会关于社会福利改革委员会的合作主席时，他开始被认为是全国政治舞台上一颗正在升起的明星，有人开始猜测他将在1988年参加总统竞选。

1987年2月，克林顿到爱荷华州出席全美国州长协会举办的经济发展讨论会。同月，又到亚利桑那州参加教育讨论会，并在会上发表演讲。以后，他又去密西根，参加全美国州长协会的另一次会议。在这次会议上，民主党员、明尼苏达州州长鲁迪·柏皮称他是"美国最优秀的州长"。

这时小石城的新闻界开始注意并跟踪克林顿州长在外的讲话，分析他是否在为1988年的总统大选做准备。这年春天，阿肯色州民主党中出现一片支持克林顿竞选总统的呼声。阿肯色州民主党委员会还通过一项决议，鼓励克林顿角逐总统提名人。这时候，克林顿也明确向记者表示，他很愿意参加总统竞选。

到了1987年5月，当决定参加1988年总统竞选的科罗拉多州的民主党总统竞选人盖利·哈特由于桃色丑闻被新闻界揭露而宣布放弃竞选后，这时许多支持克林顿的人都劝他参加角逐总统。

这时，克林顿却突然改变主意，不愿再提竞选总统这回事，他对记者说：如果他角逐总统，他弟弟吸毒贩毒的事就会旧事重提，他难以应付。但斯塔尔说："当克林顿第一任州长下台后，或者肯定地说，当他第一次竞选连任失败后，他涉足了与别的女人的婚外情，当1987年克林顿考虑竞选总统时，由于盖利·哈特桃色绯闻被揭露出来，他意识到，他将被问到同样的问题，而且会被击垮。"

1990年，克林顿第四届州长任期将满，他是否会再竞选连任第五任州长，阿肯色州新闻界与选民都很关心这个问题。因为，阿肯色州选民已在怀疑他将会在1992年出马竞选总统。如果他继续竞选连任州长，又在1992年竞选总统，就不能干完4年州长的任期。克林顿表示，他将竞选第五任州长，尽管"竞选的火焰已不再燃烧我"，他告诉阿肯色州选民，"我只是不愿意停止我正在做的工作"。

对克林顿的这一决定，除了希拉里，许多人包括他的母亲、朋友与助理都不知情。新闻界对他模棱两可的讲话议论纷纷，认为他的话似乎是说他要竞选连任，但又并不真的愿意竞选，他到底是什么意思？

CLINTON

有消息说，克林顿准备在1992年竞选总统，因此，他不打算竞选第五任州长。但是，他的太太希拉里要他继续竞选连任州长。而且希拉里为此还与克林顿的幕僚长贝西·莱特女士发生争执。希拉里主张她丈夫应竞选连任，但莱特表示反对。也就在这一年，莱特以太累了为由辞去克林顿州长办公室主任的职位。

1990年，新一轮州长竞选开始后，在希拉里的鼓励支持下，克林顿宣布参加竞选连任下届州长。在竞选中，他的一些政治对手对他展开了猛烈攻击。有一次，当克林顿因公去华盛顿出差时，在民主党初选中向他挑战的麦可雷召开新闻记者会，对他进行尖锐的批评，并指责他没有给予适当的回答。麦可雷说，克林顿主张推行教育改革以来，该州教师的工资水平在全国仍排在最后一位，该州的环境污染问题日益严重，克林顿没有回答他在下一届州长任期时，是否打算竞选联邦政府更高的职位。麦可雷在这次新闻记者会上还手指一幅将克林顿画成裸体、他的衣服散乱地堆在脚边，旁边题有"不穿衣裳的皇帝"字眼的漫画说：我提出这些问题，但由于州长现在不在这里，我将给他机会予以回答。麦可雷并表示："因为州长不愿与我进行辩论，所以我们做出我们的回答。"

当麦可雷召开这次记者会时，希拉里碰巧也在场。她听到麦可雷对她丈夫的批评指责后，感到怒不可遏。她当即站出来予以驳斥说："汤姆，你真的想要一个答复吗？当你知道比尔正在华盛顿为州里的工作而奔忙时，你真的想要他给你一个回答吗？我看这完全是一个故作姿态的表演。"

麦可雷则宣称，克林顿州长曾拒绝与他一对一地展开辩论。

希拉里听了这句话更加生气，她毫不客气地反驳道："汤姆，是谁在上一次已经安排好的辩论中没有露面？给我说清楚。"麦可雷辩称说，两周前是有一个5人参加的辩论安排，但我搞不清楚，所以错过了。

这时，希拉里拿出一份准备好的4页纸的书面报告材料，当众列举克林顿主政阿肯色州以来，在教育改革、经济发展、治理环境污染等方面的成绩。由于这份报告是由麦可雷负责的洛克菲勒基金会中的专家学者研究分析的结果，麦可雷本人也曾赞同这一报告，因此，它十分具有说服力。

希拉里列举完这份研究报告中所论述的阿肯色州在各方面进步的成就后，十分尖锐地对麦可雷说："汤姆，我引用了你曾经赞同的这份研究报告中的数字，因为我的确对你作为一个候选人而感到失望，我还实在对你这个人感到非常失望。"

这时麦可雷又抨击在克林顿的主政下，阿肯色州10年的教育工作无多大起色，阿州教师的工资排在全国教师的末位。

希拉里立即据理反驳。她虽不否认这方面还大有工作可做，但接着指出："看在上帝的分上，阿肯色州已站立起来，这是应该自豪的！我们的成就超越了南卡罗来纳州以外的任何一个州，而且我们就要赶上南卡罗来纳州了。"

面对希拉里义正词严的辩驳与指责，麦可雷不得不承认克林顿领导阿肯色州的记录事实上在许多方面是好的。但他又表示："问题不是他是否做过一些好事，最终的问题是，其他人不应该有机会来尝试干干吗？"他认为克林顿在州长的位置上时间太长了，应该让其他人干干，现在正是让其他人来一试身手的时候了。基于这个理由，他也要向克林顿州长挑战。

在新闻记者会上，在与州长夫人面对面的辩驳交锋中，麦可雷始终竭力保持微笑，显出具有涵养的样子。但希拉里却没有一丝笑容，她怒容满面，对麦可雷大发雷霆，毫不留情地指责抨击，搞得曾与克林顿夫妇私交不错的麦可雷狼狈不堪。

希拉里后来说，她当时之所以如此生气，是因为麦可雷在新闻记者会上公然陈列她丈夫裸着身体，用手捂着下体的讽刺漫画。她认为这太过火了，是可忍，孰不可忍也！为了捍卫她丈夫与她本人的尊严，她必须站出来毫不留情地予以反击。

在1990年的州长竞选中，关于克林顿婚外情的传言又甚嚣尘上。在这期间，有一位在两年前被解雇的前阿肯色州政府雇员拉里·尼科斯到法院控告克林顿州长与5位女人有婚外情。其中有一个女人名叫珍妮·弗劳尔斯，她也在州政府工作，并在小石城一家夜总会兼任业余歌手。尼科斯之所以要上告克林顿与别的女人有染，是想借此要挟克林顿与州政府行政当局，以便他重返州政府工作。

阿肯色州新闻界报道了这个案件，并派出记者进一步调查了解有关这方面的情况。但结果是都没有找到克林顿与这些女人有染的证据。而且在上告状中提到的这几位妇女都坚决否认尼科斯说她们与克林顿州长有染的指控。珍妮·弗劳尔斯甚至要控告在新闻中报道她名字的那家广播电视台。她完全否认关于她与克林顿州长有不正常关系的说法。

阿肯色州新闻界在报道这个案件的过程中还发现，尼科斯之所以被州政府解雇，是由于他在工作时间使用州政府的公用电话为尼加拉瓜游击队募款，花了州政府不少电话费。克林顿州长与他没有任何个人恩怨。尼科斯完全是在无理取闹。

1990年秋天，经过近一年的州长角逐，克林顿终于先后战胜了民主党与共和党方面的竞选对手，再次当选州长，开始了他第五任州长的任期。成为美国历史上史无前例的连任第五任州长。这一年克林顿被任命为民主党领导委员会主席，关于克林顿准备参加1992年美国总统竞选的新闻开始传播开来。

CLINTON
第五章
冲刺白宫

1990年,克林顿竞选州长再次获胜,这是他第五任阿肯色州州长。同年,他当选为民主党领导委员会主席,这个职务给他提供了向全国新闻界发表演说的讲坛。克林顿利用这个讲坛,多次抨击布什政府的内外政策,呼吁民主党人打破共和党人对白宫的长期垄断。终于在1991年10月3日,克林顿经过周密思考,正式宣布参加即将到来的1992年美国总统竞选,踏上了问鼎白宫之路。

CLINTON

1 参加总统竞选
CLINTON

  1990年，克林顿竞选州长再次获胜，这是他第五任阿肯色州州长。同年，他当选为民主党领导委员会主席，这个职务给他提供了向全国新闻界发表演说的讲坛。克林顿利用这个讲坛，多次抨击布什政府的内外政策，呼吁民主党人打破共和党人对白宫的长期垄断。终于在1991年10月3日，克林顿经过周密思考，正式宣布参加即将到来的1992年美国总统竞选，踏上了问鼎白宫之路。

  克林顿宣布参加总统竞选，社会上出现了不同的强烈反应。赞同者有之，反对者有之，持怀疑态度的更不乏其人。

  支持者们赞赏他在阿肯色州州长职位上长达近10年的政绩，对他大刀阔斧进行的各项改革，尤其是教育改革拍手叫好，对他的胆识和才干交口称誉，他们说他在阿肯色州议会大厦前的竞选开篇演说是"鼓舞人心的"、"非凡的"。副州长吉姆·盖伊·塔克更是称克林顿"讲得具体明确，达到了总统竞选者所能达到的最大限度"。

  反对者由于克林顿在竞选第五任州长时曾向阿肯色选民承诺任满这个任期，而今时过不到一年，他就宣布参加总统竞选，未免太言而无信抑或背信弃义了。当时，有记者问克林顿："你能不能向我们大家保证，如果再度当选，你绝对不会，肯定不会，再竞选任何其他政治职位，而将一直干到任期届满？"他的回答是："我一定会这样。我将任职四年。"为此，《阿肯色民主报》专栏作家梅雷迪思·奥克利在克林顿发表竞选总统演说当天就著文说"他的诺言是粪土"，称他是一个"普普通通，平平常常，一角钱可以买上一打的政客"。另一位专栏作家约翰·罗伯特·斯塔尔也谴责克林顿"为了盲目地追求实现个人的政治野心"而背弃了"他向阿肯色州人民所做的庄严誓言"。

  怀疑者则认为克林顿"优柔寡断，软弱无力，是条极力想使每个人都喜爱他的变色龙"，根本不是当总统的料，更何况现任总统"乔治·布什巨人般主宰着明年的总统竞选前景"。他们起码不相信克林顿能在这个时候问鼎白宫。在当时情形下，这种看法也不是没有道理。面对因海湾战争胜利而声震寰宇、踌躇满志的在任总统布什，民主党甚至难以推出一个堪与其较量的重量级选手。在克林顿宣布参加竞选之前，民主党内已经有了其他 5 名强有力的竞选者。他们分别是马萨诸塞州国会参议员保罗·桑格斯，衣阿华州国会参议员汤姆·哈金，弗吉尼亚州黑人州长 L. 道格拉斯·怀尔德，内布拉斯加州国会参议员鲍勃·克里和加利福尼亚州欧文市市长拉里·阿格兰。但是他们即使出来竞选，也表现出了一种犹豫观望的踌躇。

克林顿恰恰从中看到了一个千载难逢的大好时机：群龙无首正说明自己有望获胜。尽管在他宣布参加竞选几星期后，加利福尼亚州前州长 G. 杰里·布朗也加入了竞选的队伍。7 名竞选者中除任期不足两年的怀尔德外，自己是全国范围内知名度最低的。然而，克林顿自认为是政绩最好的，更何况他虽然来自偏僻落后的阿肯色，但在过去 13 年中参加过历次竞选，有过 5 次竞选州长获胜的经验。他在漫长的州长任期中积累了丰富的治国经验，在任期内推行税收改革

竞选总统前的克林顿充满了自信

和教育改革卓有成效，被明尼苏达州州长鲁迪·柏皮称作"美国最优秀的州长"。他担任全国州长协会会长，在很长时间里充当着各州州长同白宫之间的中间人，并且成立了一些特别工作组来拟定改进各种社会计划和发展经济的创意。他年轻、英俊、能言善辩，平民出身使他平易近人，善解

CLINTON

人意,言语间不时流露出幽默和真诚,一向是使女人爱慕、令男子称道的公众人物。他有着良好的电视形象,深知如何利用传媒为自己服务。全国新闻媒体都对这位"政坛新秀"抱有很大的兴趣,给予他最多的关注和报道,将他称作"全国舞台上每年都在上升的一颗明星"。

眼见机会降临,克林顿迅速采取行动。他首先组建了一个强有力的竞选班子,任命同样在牛津大学留过学、30刚出头的乔治·斯迪法诺波罗斯为竞选办公室主任。他们招募到部下的都是博学多才、头脑灵活、熟悉民情、公关能力超群的年富力强者,一群怀着战后一代美国人所特有的价值观与人生观的小字辈。他们有着共同的人生理念和治国方略,立志要将他们心中的偶像比尔·克林顿推上总统宝座。

1991年10月3日,克林顿经过周密思考后,正式宣布参加即将到来的1992年美国总统竞选。

1991年10月4日,也就是宣布总统竞选之后的第二天,克林顿接受了全国电视台记者和新闻节目主持人的采访。他在回答关于为什么不在前一天的演讲中谈他当初的"诺言"问题时回答说:这"完全是我同本州人民之间的一次谈话。我在经过同数百人交谈之后确实认为,本州多数人现在会理解、接受并支持我最终做出的决定"。为了减轻人们对他参加总统竞选而不能很好地履行州长职责的担心,他大力赞扬了副州长塔克和其他州政府工作人员的能力,表示相信他们会成为一个妥善管理州事务的"好班子"。电视卫星联播使克林顿当天就频频出现在各州有关总统候选人提名报道的专题节目中，大大提高了他在全国选民中的知名度。

10月5日，星期六，克林顿开始了在全国范围的竞选活动。他在10月底回到阔别已久的母校乔治敦大学，发表了三篇有关重要政策声明的系列演说，向选民全面阐述自己的政治主张。克林顿将这三篇演说称为"新誓约"。

克林顿在10月23日的第一篇政策声明——《职责与重建美国社会的新誓约》中，提出了他所一贯倡导的"改革"措施。针对卡特下台后共和党总统里根和布什执政12年中出现的贪婪成风、"被遗忘的中产阶级"负担过重等社会弊端，克林顿主张用一种全新的观念、思想和方法去唤醒美国人的良知，不惜一切代价让所有希望接受教育的人得到更多的教育机会，解决没完没了的"福利循环"和社会面临的各种问题，促进自由贸易等。克林顿在讲话中对民主党传统的陈腐观念也提出了批评，并且希望他的"新誓约"能在1992年大选中得到人民的批准。

一个月后，克林顿再次来到乔治敦大学，于11月23日发表了他的第二篇政策声明——《变革经济的新誓约》，具体描绘了他对发展美国经济的宏伟蓝图。他在讲话中宣称："我们必须摆脱乔治·布什和罗纳德·里根已经失败了的滴入式经济学实验和政治上的玩忽职守……我们也必须撇开老一套的民主党人理论，不要以为我们只能增加税收，花钱买一条出路来应付我们面临的每一个问题。"克林顿认为，美国的经济革新应该朝"高工资、高速经济增长、多就业机会的经济模式"努力。为此，他提出了结束经济衰退的五点计划和五项长期战略。

12月12日，克林顿第三次专程去乔治敦大学发表他的第三篇政策声明—《保证美国安全的新誓约》。这一次，他谈的是美国的优势及其军事支配地位。他再次谈到要摒弃瓦解中的"旧模式"，构建一种"新模式"，开创全球经济增长的新时代，同时"必须拆除我们观念中将外交同内政分隔的那堵墙"。克林顿还对当时世界局势做了一番比较客观的分析，提出了一些令选民兴奋的观点："美国必须恢复经济实力，以保持其在全球的领导地位。"此外，克林顿还对苏联解体后独联体各国的形势，中东欧、中东的和平进程，犹太人问题等提出了自己的看法。

CLINTON

这三篇政策声明系统地陈述了克林顿的主要政治主张。尽管讲演引起了共和党乃至民主党内其他一些候选人的指责和攻击，如怀尔特就批评克林顿搞工作福利制度的改革是"要撤掉人们的福利"，并将他与曾经是纳粹分子的共和党人戴维·杜克相提并论，但总体说来，克林顿的政策声明投选民所好，令他们感到振奋，同时也为他日后获得党内提名打下了舆论基础。随着这三篇声明的发表，克林顿同他的竞选班子踌躇满志地开始了预选角逐。

然而，克林顿的争取提名的道路绝不像他预期的那么平坦。

还在他发表第一篇政策声明后，对新罕布什尔选民进行的一次民意测验表明，克林顿在民主党候选人中排名第六。这里固然有他在全国知名度不高的老问题，更有困扰他的种种现实问题。

首先困扰克林顿的是任满第五个州长任期的"诺言"，虽然他在宣布参加总统竞选的第二天就通过记者电视采访对这个问题加以解释，并以副州长塔克等的工作能力为担保，保证他参加总统竞选所造成的州长职位空缺决不会对州府工作产生负面影响，依然有人对他最初"将任满州长任期"的诺言耿耿于怀。好在他在阿肯色五次出任州长，虽不敢说深得民心，但也颇有口碑，更何况许多人看好他的才干和政治前途，对此并不加深究。

婚外恋问题是另外一个差点将克林顿打回阿肯色的大问题。"桃色事件"历来是政客们用来攻击对方的有力武器，对于克林顿这样一个风度翩翩、风华正茂的"英俊青年"，尤其如此。1991年底，来自克林顿大本营小石城的一个名叫康妮·汉艺的妇女在爱登花边新闻的《屋檐》杂志发表文章称她和克林顿州长在1984年8月21日有过一段交情，并在文章中绘声绘色地描写了她同克林顿邂逅的全过程。这件事对于声望日益提高、即将进入预选关键时刻的克林顿来说，无疑是当头一棒，使得他不得不暂时放弃谈论"未来美国的蓝图"而全力以赴为自己辩解。所幸康妮的故事太过离奇，难以令人信服，同时又有文章中所涉及的当时在场的克林顿两名助理和一位州议员发表声明予以否认，因此虽然这段艳闻一时引起街谈巷议，很快就不了了之，没有产生太大的影响。后来又出现过类似的几段绯闻，引得电视台的深夜谈话节目主持人频频拿克林顿的生活轶事开玩笑，让他足足尴尬了近四个月之久。克林顿的夫人希拉里也给了他最有力的支持。希拉里不仅向媒体揭露"我们知道她是拿到了钱的"，而且同丈夫手挽手一起出现在电视屏幕上谈论他们的婚姻，坦率地承认在她同克林顿 16

年的夫妻生活中"确实出现过不和,但这不应成为他们进入白宫的障碍"。克林顿总算有惊无险地渡过了这一难关。

让克林顿感到难堪的还有关于他在越战期间逃避兵役的问题。1992年2月6日,《华尔街日报》刊登了一条爆炸性新闻,"揭露"克林顿在1969年越南战争期间有"逃避兵役"的行为。文章称克林顿曾经对当年负责征兵工作的官员奥佩尔·埃丽斯女士说,他的学习成绩太好不应该去当兵,他还说他将想尽一切办法避免服兵役。后来他果然报名参加后备军官训练队以争取延期服役。而在尼克松政府改变征兵办法后,他又退出了训练队,希望通过新采用的"抽签"方法免除服兵役。这条新闻报道给克林顿带来极大的负面影响。更糟的是,他没能对这件事做出很好的解释,居然说自己已经记不起1969年那几个星期所发生的事情,只是坚称自己当时一直在等待征召,但没有接到服兵役的通知书。

除此之外,给克林顿带来麻烦的还有吸食毒品的问题。有人指控他在英国进修期间吸过大麻。面对舆论指控,克林顿不得不承认:"我感到好奇。别人都在吸,我也尝试了一下。"但他进而辩解道:"我并不喜欢它。我没有吸进去,以后再也没有吸过。"吸毒问题固然在竞选关键时刻给克林顿造成一定影响,尤其是他那句"我没有吸进去"的话,遭到很多人嘲笑。但克林顿在回答记者采访时坚称自己"在阿肯色州作为成人从未违反过州的毒品法"。鉴于70年代美国社会的客观情况,很多选民对此没有太在意,总算让克林顿松了一口气。

1992年民主党总统候选人预选依然从新罕布什尔州首府康科德开始。1991年11月,没等提名大会开幕,克林顿就和其他两个对手,道格拉斯·怀尔德和保罗·桑格斯,在晚间电视节目中展开了第一场辩论。在这场辩论中,克林顿同怀尔德唇枪舌剑,但由于战术不当初战失利,却让桑格斯在一旁轻松地既看了笑话又坐收渔翁之利。

第二天,民主党6位候选人一同出席全国代表大会向大会陈述各自的竞选纲领。克林顿排在最后一名发言。这本是一支下下签。果不其然,前五位候选人喋喋不休的演讲将大部分与会代表弄得心不在焉,更有人已经昏昏欲睡。终于轮到克林顿登台了。好在他前一天晚上花了相当长的时间和竞选班子研究同怀尔德辩论失利的原因,以及第二天演讲出奇制胜的策略。他不再在一些细枝末节问题上同其他人纠缠不休,而是开门见山言简

CLINTON

意赅地表述自己的主要政见。紧接着，克林顿将自己带来的一对失业夫妻扶上讲台，让他们现身说法讲述自己在社会底层煎熬的贫困生活。这种出其不意的做法在会场上引起了阵阵骚动和震撼。在随后举行的记者招待会上，克林顿进一步表述了自己的政见。

然而，首战告捷的克林顿仍因缺乏知名度和频频发生的艳闻而处于劣势。他的"新誓约"遭到其他候选人的嘲讽。他们还指责他眼高手低，说他的竞选纲领大而不切实际。但是，克林顿并不气馁。他不断地同自己的竞选班子寻找新的突破点制订新战略。好在新闻媒介对他的兴趣和关注依然很高，各种媒体竞相追踪报道他的活动和他的言论。终于，在12月23日公布的一次新罕布什尔的民意测验中，克林顿得票25%，仅次于得票27%的桑格斯位居第二。圣诞节后进行的另外一次民意测验表明，克林顿依然保持仅落后桑格斯两个百分点的排名。舆论界更看好克林顿，认为他最后会赢得新罕布什尔预选的胜利。果然，临近1月底，克林顿在该州民意测验中得票37%，远远领先于得票24%的桑格斯。但是艳闻缠身的克林顿最终没能创造奇迹，在2月18日新罕布什尔的预选中来自田纳西州的小阿尔伯特·阿诺德·戈尔为他的竞选伙伴。戈尔出生于一个传统的议员世家，他本人也在国会供职16年，正好弥补克林顿本人的种种不足。更重要的是，戈尔和克林顿同样年轻，有着相同的治国方略，并熟悉外交、军备控制和国家安全政策，并在环保方面有一定的建树。戈尔的加入大大增加了克林顿本人的竞选实力。

7月16日，民主党全国代表大会在纽约市召开，正式进行表决。克林顿和戈尔双双当选民主党总统和副总统候选人。克林顿在会议闭幕式上即席发表了《新的誓约》演说。他在演说中宣布："现在该是美国进行变革的时候了。"

2 争雄胜出
CLINTON

几乎就在克林顿脱颖而出赢得民主党总统候选人提名的同时，在任总统乔治·布什也击败了另外两名竞选对手——专栏作家帕特里克·布坎南和前三K党头目杜克,当选为共和党总统候选人。不过,1992年总统竞选不像以往那样在民主、共和两党之间进行。来自得克萨斯州的亿万富翁罗斯·佩罗,作为独立候选人也加入了这一年的总统竞选之争。

无党派人士参加总统竞选并非无先例,但是像佩罗那样"来势汹汹"实属罕见。佩罗不仅资金雄厚,而且利用选民对国家经济现状不满、对两党政治厌恶的"信任危机",再加上他本人从1 000美元起家一跃而成为拥有30亿美元资产的工业巨子的近乎神话故事,使不少选民对他寄予很高的希望,企盼他能给美国社会带来富裕和繁荣。财大气粗的佩罗不负民众厚望,斥资1亿美元同民主、共和两党候选人分庭抗礼。人说"金钱是政治的母乳",佩罗有的是源源不断的"母乳"。他巨资装备自己的竞选办公室,高薪聘请强干的竞选工作人员乃至来自共和、民主两党的高参,通过卫星转播频繁亮相于全国各地的电视屏幕,"面对面"地向选民陈述自己的经历和观点。

佩罗的支持率很快上升,在加利福尼亚州的民意测验中得到36%的支持率,分别超过了得票30%的布什和得票28%的克林顿。在得克萨斯州的一次民意测验中,佩罗也以35%的支持率领先于布什和克林顿。一时间刮起的"佩罗旋风"形成了一种令人瞩目的"佩罗现象",同时也形成了他同布什和克林顿三足鼎立的独特格局。

本来,面对在国际舞台上呼风唤雨的在任总统乔治·布什,年轻的克林顿难有获胜的把握。他唯一有隙可乘的是布什任职后期国民经济大幅下滑,民众怨声载道。虽然共和党总统罗纳德·里根1981年上台之后创造了国民经济持续走强的"繁荣"局面,但很快也带来了高赤字、高债务、高贸易逆差的"三高"弊端。布什就任总统后,曾信誓旦旦地表示要对这些弊端进行彻底医治,但事实证明他开不出治疗这些痼疾的良方。相反,在日趋激烈的国际竞争中,美国经济每况愈下,大批工厂倒闭,银行关门,工人失业。失业率取代毒品和犯罪成为社会面临的最大问题。海湾战争结束还不到半年,布什总统在国内受欢迎的程度就已从战争期间创纪录的91%骤然降到了45%左右。

在这种背景下,美国公众要求变革的呼吁日益强烈,许多人把希望寄托在1992年大选上,因为他们已经对执政12年的共和党失去了信心。有人甚至不希望经历过第二次世界大战的"老兵"继续执政,干脆提出要

CLINTON

"呼唤新面孔"，将"火炬"传递给战后出生的"新一代人"。在战后"婴儿潮"中出生的克林顿和他的竞选伙伴戈尔恰恰以年富力强风华正茂的新形象迎合了选民这种求新求变的愿望。克林顿和民主党人机敏地利用选民的这种心态，从竞选一开始就高举"变革"的旗帜，表示要给美国带来全新的思想、理念和政策。

佩罗的出现一度使胜券难握的克林顿和他的竞选班子感到恼火，但他们很快从中看到了获胜的希望。因为虽然佩罗拉去了不少选票，甚至在几次全国性的民意测验中处于领先地位而将布什和克林顿抛在后面，但他充其量只能造成三名候选人无一人能得到二分之一以上的有效选举人票。如果出现这种局面，将根据宪法由众议院投票裁决，从三人中决选总统。民主党人在众议院占有一定优势，即使克林顿在大选中处于不利地位，他们还可以在众议院中努力将他推上总统宝座。有鉴于此，克林顿们及时调整了竞选战略。他们不再对佩罗穷追不舍地攻击，而是将他作为合作伙伴，造成两位在野候选人联手夹击执政的布什的格局。

佩罗也看清楚了这一点，但他虽然同样高举"变革"旗号，却始终拿不出一套像样的治国方案来。这难免使对他期望值很大的选民久久等待却看不到结果。再加上共和党此时也同样意识到佩罗的存在和克林顿同佩罗联手对布什造成的不利局面，加紧对他发动攻势。一阵又一阵猛攻弄得毕竟不是职业政治家的佩罗难以招架，竞选班子内部矛盾也跟着激化，佩罗不得不在7月16日宣布退出竞选。尽管他在10月初又宣布卷土重来，但是如此进退无度毕竟不符合国家元首应有的风范，致使他的很多支持者倒向了克林顿，使克林顿在民意测验中的支持率迅速上升，一度超过布什22个百分点。

竞选局势的这种戏剧性转变使克林顿和他的民主党同僚信心大增，加紧了活动。还是在获得提名后不久，克林顿和戈尔一起开始了长达数千英里的竞选旅行。他们一行人驱车从纽约出发，历时6天，途经8个州，在沿途各地基层进行游说。克林顿在这些活动中不仅很好地利用他的演讲天赋宣讲自己的竞选纲领，而且还在即兴演讲之余拿出萨克斯管吹奏爵士乐，进一步取悦选民。有的听众甚至随着克林顿的乐曲声欢歌起舞。

而今，在民意测验中领先布什的大好形势下，克林顿们开始精心为10月中旬进行的电视辩论做准备。他自恃电视形象甚佳，面对行将七旬的布什和已经过了花甲之年的佩罗,更感到胜券在握。已经多次尝到电视转播甜头的克林顿,这时更希望在他所擅长的舞台上同布什和佩罗一决高低。

10月11日美国东部时间下午6时整,三位总统候选人的电视辩论在位于密苏里州圣路易斯市的华盛顿大学拉开序幕。

克林顿指责布什政府的"创纪录的财政赤字与失业人口,正在滑坡的学校教育,几百万人缺医少药,街头和社区危机四伏"。

不出克林顿们所料的是布什果然来者不善。他一方面炫耀自己当政三年多来在外交事务中建立的丰功伟绩和一举"解放科威特"的赫赫战功,一方面指责克林顿不具备当国家元首的"素质",对克林顿在竞争民主党总统提名中被揭露的种种"劣迹",尤其对他在越战期间逃避服兵役的问题大动干戈,认为这绝不是作为武装部队总司令的合众国总统所能容忍的品质。然而,布什错误地估计了形势。他的外交成绩有目共睹,无需此时再来滔滔不绝地絮叨。他对任职期间国家经济大滑坡遮遮掩掩,却大谈什

CLINTON

第五章 冲刺白宫

么信任危机，使选民感到虚伪。至于克林顿的婚外恋、吸毒等问题，自从克林顿宣布参加竞选以来，特别是他在民主党预选中脱颖而出同布什总统形成对峙之势以后，大量记者云集到小石城，恨不得把这位阿肯色州州长的所有档案、所作所为都抖搂出来，并且用高倍显微镜再滤上一遍，早已不再是新闻了，这时布什再在老伤疤上撒盐，已经起不了任何作用了。况且，对于逃避服兵役的问题，克林顿早已做了充分的应答准备。他从容地辩解说自己之所以没有服兵役是"上帝的安排"，自己没有"做过任何手脚"，没有任何"有愧于心的事"。他进一步以布什本人的父亲也曾经参加过反战活动的经历予以反击，继而指出当时的反战活动是一种爱国行动。相反，他攻击布什是"不诚实的政客"，因为他在上台时曾经做过"不增税"的承诺，后来却没有兑现——布什自己才是"出尔反尔"的小人。

平民出身的克林顿虽然先天不足后天绯闻缠身，但他意志顽强精力充沛并自诩为"打不倒的小子"。克林顿磕磕碰碰一路走到这里，多次化险为夷回天有术，更何况他现在更有本来不看好他的民主党人的鼎力相助。

克林顿的反诘使布什张口结舌。克林顿随后展开的连珠炮式的反击都切中布什要害，尤其是他举出一系列数字说明布什上台后国家经济走下坡路、人民生活水准下降，使坐在电视屏幕前观看辩论的选民频频点头，独立候选人佩罗也站在克林顿一边时不时旁敲侧击为他助威。

接下来的两场电视辩论中，尽管布什使出了浑身解数对克林顿发动进攻，但是这些抨击都只能说是强弩之末。他对克林顿和佩罗联手对他执政时期经济大幅度滑坡的质询，也始终难以有令人信服的解释。明眼人都可以看出，优势在克林顿这一边。民意测验也显示克林顿得分领先布什12个百分点。

11月3日，投票正式开始。克林顿早早同希拉里和女儿切尔西一同来到阿肯色州的一个投票站，庄严地投下了自己的一票。晚上9点45分，选举结果陆续传来，CNN新闻节目主持人不断公布各选区报来的统计结果。克林顿十分镇静地坐在他的州长官邸观看电视新闻。午夜时分，没等选举结果最后发布，小石城上空突然响起了震耳的鞭炮声和叫喊声，期盼已久的居民纷纷拥向街头欢呼雀跃。原来他们的州长赢得的选举人票已经超过了270张！事先云集小石城的2 000多名来自世界各国和美国各地的记者们旋即开始了紧张的采访和报导工作。选举最后结果是，克林顿在近20年来投票率最高的 1992 年大选中赢得 32 个州的 370 张选举人票，布什仅获得 18 个州 168 张选举人票。佩罗获得 17% 的选民票但选举人票一张未得。就这样，平民出身且知名度不高的阿肯色州州长克林顿战胜了自称"赢得了冷战"的在任总统布什，成为美国历史上第 42 任总统，这一年他才 46 岁，是美国历史上最年轻的总统之一。

当选美国总统的克林顿与副总统戈尔共庆胜利

3 梦圆白宫
CLINTON

对于一个新总统的上任，会引起世人的广泛关注，克林顿在当选总统之后，他的心情是复杂的，他在参加总统竞选的时候提出过"买一送一"的口号，就是说，他们如果选克林顿当总统，他还有希拉里一起共同为大家谋幸福。我们从他的就职之时就看出了这一现实，希拉里在她的自传

CLINTON

第五章 冲刺白宫

《亲历历史》中这样描写了克林顿就职前后的情景：

1993年1月16日，我们很晚才离开小石城。数以千计的朋友和支持者挤进小石城机场的巨大停机棚，参加那场感人的欢送仪式。我怀着激动的心情面对未来，但热情中也透着感伤。比尔向那些祝福我们的群众朗读一首歌的歌词，眼泪几乎夺眶而出："阿肯色州深植我心，直到永远。"在和许多人拥抱和握手之后，我们登上了专机。飞机起飞之后，小石城的灯火在云层下逐渐消失，接下来，我们就要面对未来了。

我们飞到弗吉尼亚州的夏洛茨维尔，然后改乘巴士，循着杰斐逊总统在1801年就职时走过的121英里路线，继续朝华盛顿前进。我觉得以这种方式开始威廉·杰斐逊·克林顿的总统任期，相当合适。

第二天上午，我们与戈尔夫妇会合，走访杰斐逊当年设计的伟大房子"蒙蒂塞洛"。接着我们一起坐上另一辆巴士，就像在竞选期间那样，往北向华盛顿进发。29号公路沿途有成千上万民众挥舞着旗帜或拿着气球向我们欢呼。有些人拿着自制的标语鼓励我们，向我们道贺，或对我们喝倒彩："我们仰仗你们了。""遵守诺言，艾滋病是不等人的。"我最喜欢的，是一个很简单、用手写的标语，上面只写着："慈爱，怜悯。"

天空依然清澈，但当我们到达华盛顿时，温度下降了不少。靠着上帝的眷顾，这位向来不守时的总统当选人竟也准时起来。我们比预定在林肯纪念堂举行的第一场官方活动提前五分钟到达。在纪念堂前的阶梯上将举办一场音乐会，大批群众布满整条林荫大道。哈里·托马森、拉姆·伊曼纽尔以及来自阿肯色州的友人梅尔·弗伦奇是就职庆祝活动的主持人。哈里和拉姆看到我们的时候松了一口气，高兴得抱在一起。

我从来没坐过被防弹玻璃包围的座位，那给人一种奇怪、有点疏离的感觉。不过让我觉得舒心的是，虽然气温骤降，我的脚边却有只小暖炉。流行女歌手黛安娜·罗斯以激动人心的声音演唱《天佑美国》。鲍勃·迪枪向林荫道上万头攒动的群众演奏，一如他在1963年8月，马丁·路德·金在同一个台阶上发表《我有一个梦想》那篇著名演说时所做的表演。我很庆幸在少女时代曾在芝加哥见过金神父演讲，而今我听着自己丈夫在这里赞扬这位曾协助这个国家征服其痛苦历史的人物：

"让我们为21世纪打造一个美国家园，在这个家园里每个人在桌边都有自己的座位，没有一个小孩会被遗弃。在今日和明日的世界里，我们必须携手前进，别无他法。"

当夕阳西下时，比尔、切尔西和我带领着摆动身体、唱着歌的群众跨过纪念桥。

我们到了波托马克河对岸时停了下来，敲响一个复制的自由钟，紧接着，全国各地数以千计的"希望之钟"也同时敲响，拉开了庆祝的序幕，甚至连正在环绕地球的奋进号航天飞机上也在开庆祝会。当烟火照亮了首都的夜空时，我们又徘徊了一会儿。然后我们出席了一个又一个庆祝活动。所有节目同时进行，就好像全挤在一支万花筒里一样。

就职的那个礼拜，家人、幕僚和我们一起住进布莱尔宾馆，传统上这是来访的外国元首和当选总统下榻的地方。布莱尔宾馆内大小事务及工作人员是由瓦伦丁纳女士负责，大家都称呼她"V太太"。她的副手兰迪·鲍姆加登使我们在这个安静、高雅的地方感觉宾至如归。在那喧闹的几天当中，这里成了一个绿洲。布莱尔宾馆以能够满足客人的一切需要闻名。有些来访的外国元首为了确保护卫人员没有携带枪支，要求他们脱个精光；有些则自备厨师，为他们烹调各种食物，从山羊到蛇无所不包。相比之下，我们的工作人员算是听话的了。

比尔在整个星期里发表了许多场演讲，但他仍未完成他一生中最重要的一篇讲稿，也就是他的就职演说。比尔是个卓越的作家和天才演说家，演讲对他来说似乎很简单，但他不断修改，到最后一分钟都还会更改讲稿的内容，很让人紧张。他能够玩味每个句子，我已习惯他这样。但随着就职典礼逼近，连我也开始感到着急。比尔则利用每一个活动之间的间歇来准备稿子。

我丈夫喜欢把每个人叫到身边来一场创造力的喧哗。他的主要演讲稿撰稿人戴维·库斯内特、副内政顾问布鲁斯·里德、联络主任乔治·斯迪法诺普洛斯、戈尔，还有我，都被找去提供意见。他还找了两个老朋友托米·卡普兰和泰勒·布兰奇前来帮忙。卡普兰是精通文字的小说家，也是比尔在乔治敦大学的室友；布兰奇则是获得过普利策奖的作家，曾和我们一起在得州协助麦戈文竞选总统。在这场创造力的喧哗中，比尔接到前乔治敦大学校长、纽约公共图书馆馆长蒂姆·希利神父的来信。希利神父在结束一趟旅行返家后，写信给比尔，结果信没写完便心脏病突发身亡。有人在他的打字机上发现这信，便寄来给比尔。比尔在信里发现一段很好的句子。希利神父说比尔的当选将"催促春天的到来"，重振国家的新观念、

CLINTON

新希望和新能量，如百花绽放。我喜爱他的文字，也喜欢他描述比尔的雄心壮志时所用的比喻。

在那个星期盯着我丈夫是件很有意思的事，他在我眼前真的变成了总统。在整个庆祝活动进行时，比尔不时听取安全部门的简报，以准备肩负起历史性重任。他已机敏到会把注意力从就职演说转移到美国为回应伊拉克总统萨达姆蔑视联合国要求而派飞机轰炸伊拉克这件事上。他也开始关注到波斯尼亚的冲突形势日趋恶化。

在就职前一天，比尔还在推敲他的演说稿。为了让他有时间工作，虽然我也有自己的安排，我仍同意代他参加下午的一些活动。那天下午我还勉强抽空出席我韦尔斯利学院和耶鲁法学院校友们安排的活动。从五月花饭店返回的路上，我乘的车在宾夕法尼亚大道陷入人群和车阵当中无法前进，而我已看见布莱尔宾馆。我因为回来晚了而相当懊恼，索性跳下车走过去。卡普里西亚在布莱尔宾馆透过窗户看见这一幕，她只要提起这件事都还会笑。她看到我穿着高跟鞋和灰色法兰绒礼服在车阵中穿梭，而惊慌失措的特工人员则跟在我后面猛追。

比尔最后终于完成了他的演讲稿，并在天亮前一两个小时排练这篇演说。

我们稍微躺了一会儿，醒来后前往大都会非裔卫理公会教堂参加一场各宗教联合礼拜，以此开始这个特别的日子。做完礼拜我们便前往白宫。布什夫妇在白宫北门迎接我们，他们的两只猎狗米利和蓝杰围绕在他们身边。他们非常好客，令我们很自在。虽然竞选让我们两家人都饱受伤害，但过去几次会面芭芭拉对我都很亲切，选举过后她也曾带着我参观白宫的住宅区部分。我们每年在全国州长协会年度会议上遇见布什，他一直很友善。1989年在白宫的全国州长协会晚宴上，还有同年在夏洛费维尔举行的教育峰会上，我正巧都坐在他身旁。1983年夏季州长会议在缅因州举行时，布什夫妇特地在他们位于缅因州肯纳邦克港的庄园举办海边野餐会招待大家。那时才三岁的切尔西也跟去了。其间切尔西想上洗手间，那时担任副总统的布什曾拉着她的小手，告诉她往哪儿去。

戈尔在白宫和我们会合，同行的还有民主党全国代表大会主席罗恩·布朗夫妇。布朗马上就要接任商务部长职务。琳达及哈里·托马森夫妇也到了。哈里是就职典礼的主持人之一。

CLINTON

第五章 冲刺白宫

布什总统偕夫人领我们到蓝厅喝咖啡,并聊了二十分钟左右,接着我们便动身前往国会。比尔和布什搭乘总统专车,我和芭芭拉则搭乘尾随的另一辆车。当我们的车队经过宾夕法尼亚大道时,两旁的群众向我们欢呼挥手。就在我们准备观看一位总统,也就是芭芭拉的先生,让位给另一位总统时,我很敬佩布什夫人所表现出的气度。

到了国会之后,我们站在国会大厦西侧,俯瞰前方林荫大道直到华盛顿纪念碑和林肯纪念堂,那时的景况令人赞叹。大量人群如潮水般覆盖到纪念碑后方。

在一些固定的节目之后,美国海军陆战队乐队在接近中午时,最后一次向布什奏起《领袖万岁》的曲子,几分钟后他们又向新总统吹奏同一首曲子。我每次听到这个旋律都很振奋,而这次听到是为我丈夫演奏的,令我更加感动。在比尔宣誓就职时,切尔西和我虔诚地捧着那本《圣经》。之后他用双臂搂着切尔西和我,亲了亲我们,轻声说:"我好爱你们。"

比尔的演讲强调为国家牺牲奉献的主题,并呼吁推行他在竞选时所提出的改革方案。他说:"美国没有问题解决不了,只要是做那些正确的事,就能救治美国。"他呼吁美国人为那些国内需要帮助的人做出贡献,并协助全世界需要帮助的人建立民主和自由。

在宣誓典礼后,部分新工作人员立刻赶往白宫开始进行整理,比尔和我则前往国会山与国会议员共进午餐。在就职日当天,除了总统权力移交之外,白宫也换了主人。要到宣誓就任之后,新总统一家才能搬进白宫。中午12点01分,在我们搬进白宫时,布什夫妇的车队也跟着离开。在宣誓典礼到就职游行结束之间的短短几小时内,我们的行李、家具和数百个箱子被迅速卸下。助理们急忙将我们马上要用到的东西准备好,其他的则暂时放进柜子和储藏室。

用完午餐,我们一家三口乘车从国会沿着游行路线前往财政部大楼。在那里的警卫腼腆地向我们祝福之后,我们便从那里出发,沿着宾夕法尼亚大道走到白宫前的观礼台,然后我在一个大暖炉前坐下,观看游行的进行。由于民主党在过去16年内都没有赢过总统大选,因此每个人都想参与这场游行。我们不能也不想拒绝他们。光是阿肯色州就来了六支乐队,整个游行活动持续了三个小时。

到了傍晚,在最后一辆游行花车通过之后,我们第一次以新住户的身份走进白宫。我记得自己满怀惊异环顾这个我曾以游客身份造访过的房子。现在它成了我的家。在我走向白宫，步上北阳台和大厅的阶梯时，我才吃惊地认识到自己现在是第一夫人的事实，我丈夫是美国总统。这是我第一次提醒自己我正在参与的历史。

白宫的永久雇员大约有一百人，他们在大厅等候迎接我们。这些男女成员负责管理白宫并满足其住户的特别需要。白宫拥有自己的工程人员、木匠、水电工、园丁、花匠、管理员、厨师、仆役长和管家，他们不会随着政府更迭而变换。负责监督所有工作的是几名"迎宾员"，白宫至今还用这个古意盎然的19世纪词汇来称呼其管理人员。2000年，我出版第三本著作《请来白宫》，书中除了赞扬这些永久雇员外，也介绍他们每天在幕后所做的不凡工作。

我们在工作人员陪同下上了二楼的私人官邸。我们的行囊尚未拆封，那里看起来空空荡荡。不过我们得准备出门，没时间担心这些。

官邸里最方便的设施之一，就是尼克松夫人在二楼设置的美容厅。切尔西和她的朋友、我母亲、我婆婆以及玛丽亚都挤到这里，像灰姑娘一样等着参加舞会。

比尔想出席当晚11场舞会的每一场，且不是蜻蜓点水式的走走过场。我们要去好好庆祝一下。切尔西和她四个从阿肯色州来的女伴在返回白宫就寝前，和我们一起参加了几场舞会，包括MTV舞会。在华盛顿会议中心举行的阿肯色舞会是最盛大也是最好玩的，在那里我们和家人以及12 000名朋友和支持者聚在一起。本·E. 金拿了一支萨克斯给比尔，人群响起热烈欢呼，并以南方叫唤野猪的声音高呼："苏一伊！"

最开心的莫过于比尔的母亲弗吉妮亚。她至少是三场舞会的灵魂人物，她可能已认识其中一半的人，很快又和剩下的人认识。当晚她交到一位特别的朋友：芭芭拉·史翠珊。她在阿肯色舞会上与芭芭拉结交，后来两人每个星期都通电话。

比尔和我继续参加每一场舞会，当晚会结束时，我们已随着《s, j停止思考明天》的旋律跳了好多支舞，这是我们非正式的竞选歌曲。最后我不得不脱下鞋子让脚休息。我们都很想一直跳下去，但在喜来登饭店举行的中西部舞会上，我趁着乐队开始收拾乐器时，把比尔哄出舞会会场。我们回白宫时，已过了凌晨两点。

CLINTON

第五章 冲刺白宫

回到白宫，走出二楼电梯时，我们难以置信地看着对方：这里现在是我们的家！由于太累，我们来不及研究新环境便倒在了床上。

我们只睡了几小时，就听见急促的敲门声。

咚，咚，咚。

"谁啊？"

咚，咚，咚。

比尔赶紧起床，我则在黑暗中摸索着眼镜，心想在这第一天早上，一定有什么紧急的事，门开了之后，一名身穿礼服的男子端着一个装着早餐的银盘走进房间。原来布什夫妇是这样开始他们的一天：清晨五点半在房间里用早餐。仆役们也习惯这样。但这个可怜的男人听到第42任美国总统所说的第一句话是："嘿！你在这里干吗？"

我保证你不曾看过有人用这么快的速度退出房间。

比尔和我笑了笑，又回到被窝里，希望能多睡点觉。这件事让我认识到白宫和我们，无论是公开或私下，都要做一些重大调整。

克林顿总统任期所代表的世代和政治转变，将影响华盛顿的每个机构。过去24年中有20年是由共和党支配白宫。白宫过去的住户属于我们父母那一代。里根夫妇通常是边吃晚餐边看电视，布什夫妇据说在天亮前起床出去遛狗，然后回房间看报纸，还有看五台电视机所播出的晨间新闻。经过12年时光，做事认真的永久雇员已习惯了这些例行工作和时间顺序。而自1981年卡特总统卸任后，未曾再有儿童常年住在白宫。我想我们家随意的生活状态以及一天24小时随时可以工作的习惯，一定令工作人员感到陌生，就像我们不习惯白宫的礼节一样。

比尔在竞选时强调要"人民第一"，因此在白宫的第一天，我们为表示信守承诺，邀请数千位民众参观我们的新居，其中许多是以抽签方式决定的。他们都有邀请函，不少人天未亮便前来排队，希望能见到我们和戈尔夫妇。可是我们不知道要花多少时间才能向每个人打招呼，因此安排的时间不够。民众从东大门一直排到南门，很多人在外面冒着严寒，他们还没来得及进到外交接待室我们就必须离开，我了解此事后觉得很难过。我们四个人走到外面，向那些失望的民众表示抱歉没能——和他们打招呼，但欢迎他们继续参观白宫。

结束当天下午的一些事项后，比尔和我终于可以换上便服，来参观我们的新居。我们希望与最亲近的朋友和家人一起度过在白宫的最初几天。在二楼有两间客房，分别是女王室和林肯室，在三楼还有另外七间客房。除了切尔西和她来自小石城的朋友外，我们两人的父母：休和多萝西·罗德姆，弗吉妮亚和迪克·凯利，还有我们两人的兄弟：休·罗德姆（和他太太玛丽亚）、托尼·罗德姆及罗杰·克林顿，都来陪伴我们。我们也邀请了四位最好的朋友，黛安娜和吉姆·布莱尔夫妇以及哈里和琳达·托马森夫妇，前来过夜。

在整整一个星期的就职庆祝活动之后，能和认识多年而完全信任的人一起松弛下来是件很好的事。到了晚上，我们决定到西客厅旁的小厨房找东西吃，哈里和比尔翻找橱柜，琳达和我则打开冰箱，结果冰箱里只剩下半瓶伏特加。我们就用这半瓶酒为新总统、国家和未来举杯祝福。

4 蝉联总统
CLINTON

克林顿是在"人民第一"的口号下赢得选民支持而登上总统宝座的。克林顿上任后，便以他和戈尔合著的《人民第一》为施政纲领，开始了"重建美国、实现美国梦"的艰难历程。

振兴美国经济曾是克林顿击败总统竞选对手的杀手锏，也是克林顿上任后施政的首要任务。

克林顿上台一个星期，首先出其不意，挥舞起了贸易大棒。

美国上个世纪80年代以来的高额贸易逆差严重制约了美国经济的发展，到了上个世纪90年代，更严重地制约着美国经济的复苏和发展。1992年12月5日，布什政府宣布对法国及其他欧共体国家出口产品征收惩罚性关税，拉开了美欧、美日贸易战的序幕。1993年1月27日，克林顿政府商务部出其不意，初步决定对19个国家（日本、阿根廷、澳大利亚、奥地利、比利时、巴西、加拿大、芬兰、法国、德国、意大利、墨西哥、荷兰、波兰、罗马尼亚、西班牙、韩国、瑞典和英国）征收钢材倾销税高达109.2%的关税。

19国的许多国家对此立即做出反应，纷纷提出指责、反对和表示将进行报复。27日，欧共体外贸专员布里顿指出，美国的做法是"不合时宜"、"毫无道理且极为过分的"。日本官房长官河野28日对记者说："临时决定会引起混乱，这是令人遗憾的。"2月1日，日本通产省国际贸易政策局局长冈松警告说："如果他们按照超级301条款采取行动，就会招致报复。"

但是美国还是我行我素。2月1日，19个被美国宣布贸易制裁的国家的警告还未发表完，美国政府新的贸易代表坎特突然宣布，若欧洲共同体在3月22日前不取消针对美国电信及发电设备的歧视政策的话，美国将限制政府购买共同体的货品，禁止欧洲公司投标承办美国通讯、地铁等公共开支合同。

美国总统克林顿

被克林顿政府的"贸易大棒"打得晕头转向的欧共体于2月2日立即召开外贸部长会议。辩论如何处理与美国的日益严重的贸易摩擦。同一日，会议发表一项声明，强烈谴责美国的这一贸易保护主义行为，声称欧共体不接受任何贸易制裁恐吓，并保留采取必要报复措施的权利。一场美欧日贸易战，眼见要一触即发。

3月19日，克林顿接待了欧共体执委会主席德洛尔，4月16日又与日本首相宫泽举行了会谈，美欧日贸易战暂时各自收兵，化险为夷。同年4月21日，美国与欧共体举行了贸易谈判并在公共合同达成局部协议，从而从贸易战边缘撤退回来。

在挥舞贸易大棒时，克林顿又埋头制订和实施其经济振兴计划。1993年2月17日，克林顿向国会发表国情咨文，同时建议1993年增加政府开支150亿到200亿美元和减免赋税，以刺激经济加快增长，增加就业。克

CLINTON

林顿的这个举动，马上受到美国人的支持，克林顿初尝了开心的胜果。

2月中旬，克林顿政府即向国会递交了其雄心勃勃的一揽子经济计划和短期刺激经济计划。克林顿提出，到1997年增加节支5 000亿美元，削减赤字1 400亿美元。36天后，克林顿预算案获得众议院通过，称为广泛的预算决议案。众议院同时还通过克林顿36天前提出的163亿美元的就业刺激法案（即短期与支出法案），希望创造克林顿期望的40万个新职位。接着，预算决议案在参议院获得通过。但就业刺激法案由于共和党阻挠而未获通过。

3月，克林顿又动用联邦储备委员会，用美元贬值和强迫日元升值的办法，力图增加对外出口，同时抑制日本的经济复苏，削弱日本经济大国的地位，为美国今后的各项战略目标服务。

克林顿在专注经济振兴的同时，还着手其他内政事务。

1993年4月，克林顿政府果断向宣传世界末日的邪教"大卫支派"教派宣战。"大卫支派"教派领袖考雷什，原名弗农·豪威尔，曾经参加过"第七基督降临节"组织和"洛洛人洛德"宗教组织。考雷什自称是"耶稣基督"，鼓吹性自由和暴力。令警方头痛的是，考雷什购买了大批武器弹药。1993年初，管理走私和军火的美国财政部烟酒和火器局掌握其情况后，决定拘捕教主考雷什，搜查其固守的庄园。1993年2月20日9时30分，烟酒和火器局派100名突击队驱车出动，不料消息走漏，庄园紧闭，教徒持枪严阵以待，双方发生枪战，4名突击队员牺牲，另有16人受伤，搜捕行动以失败告终。联邦调查局接管了此事，并派出450多名军警及数十辆坦克、装甲车和直升机，把邪教庄园团团围住，双方呈现对峙状态。4月12日，克林顿批准司法部的行动计划，并授权司法部长雷诺女士具体实施此计划。4月19日，雷诺女士下令按行动计划采取行动。联邦调查局在最后一次劝降无效后，开始进攻庄园，教徒在进行抵抗后集体自焚而死，邪教庄园也化为一片焦土。

面对美国社会日趋严重的暴力犯罪、吸毒贩毒等社会问题，克林顿制定了全国反犯罪战略计划。为了实施这个计划，他采取了如下措施：在街道上增派10万新警官与犯罪做斗争；帮助那些与犯罪斗争的城市——用社区、吸毒治疗和麻醉品知识教育等明智的方式来帮助它们；制订行之有效的、相互协调的禁毒计划，制止毒品流入学校、街巷和社区。

但是，在美国要实现反犯罪、反吸毒的战略并不是一件容易的事。具有讽刺意味的是，正当克林顿政府实施这一战略时，在纽约世界贸易中心却又发生了大爆炸，导致6人死亡，千余人受伤，直接经济损失达11亿美元，直到3月24日，涉及该案的"核心人物"的主要嫌疑犯才被捕。

艾滋病的猖狂是困扰美国社会的重大问题之一。克林顿在竞选总统时就一再强调：与艾滋病搏斗将是他当政后优先考虑的问题之一。克林顿执政后，在艾滋病的预防和教育、治疗和保健、科研与药物开发等方面采取了一些措施，并在建立新的医疗保健制度上做出了努力。

教育历来是克林顿执政所关注的。他把教育与经济联系起来，认为发展教育是振兴经济的必要前提。1993年4月21日，克林顿上台100天，即由教育部长里查德·赖利和劳工部长罗伯特·赖克公布了改善全国公立学校的计划。该计划将通过一整套广泛的规定，不仅着眼于提高学校与学生的成绩，而且着力培养年轻人在变化无常的经济环境中生存所需的技艺。

克林顿政府在教育改革方面的一揽子方法大大超出了布什政府时期进行教育改革的范围，特别是在职业培训方面。根据克林顿政府的教育改革方法，第一年将向各州拨款3.93亿美元作为教育投资，用于开展为期10年的学校改进计划，其原则包括制定地方学校的州级规范，允许学校在决策方面有更多发言权以及改善教师的培训工作；建立课程规范，以检查学生是否在学习这些课程的全国性考试以及制定学校教学成绩的标准；等等。

克林顿的教育改革可能是进步的，也可能是激进的，但一定不是保守的。在美国教育的历史发展中的政治舞台上，克林顿的教育改革毫无疑问将留下引人注目的一页。对于美国来说，它总比墨守成规要好得多。

环境问题也引起了克林顿的高度重视。克林顿除了把环境保护看做是美国国家安全的首要问题之外，还认为环境保护与"振兴美国经济"有着极大的必然联系。他在竞选时多次大声疾呼，面对日益严重的环境危机，必须在世界范围内与之斗争，并且美国在环境保护和在处理环境危机中必须领导世界，而不是尾随其后。1993年4月21日，在华盛顿特区美国植物园，克林顿总统发表了《重申美国保护全球环境的承诺》的演讲，正式宣布了克林顿政府上台后的环境政策和具体措施。

克林顿指出，美国的环境政策和计划将建立在三个原则上：第一，没有健康的环境就没有健康的经济；第二，我们希望保护国内外的环境；第三，我们必须改变在商界、政府和个体公民之间的敌对。克林顿希望，通过把环境保护政策推广到世界各地，利用美国的环境保护技术；在保护环境需要中则因购买环境保护产品就可以创造出2 000亿美元的环境技术市场，而10年后到21世纪，市场将扩大到3 000亿美元。所以，对美国来说，在自然环境保护中将可以创造出许多新的就业机会和商业机会，从而有助于实现长期国家经济战略。

为此，克林顿总统特别宣布："我们的政府已与企业界和环境保护团体达成了一个既维护美国利益又保护世界的协议。美国有意签署生物差异条约。"克林顿还计划签署一个行政命令，要求生产、加工或使用有毒的化学品的联邦工厂，遵守联邦的"有权知道法律"和定期做出公开报告。克林顿最后还说："我在白宫生活和工作的相当长一段时期里，希望美国人不仅看到一个清洁政府的榜样，还希望美国人看到一个清洁环境的榜样。"

克林顿上台后，在内政方面费力颇多，相比之下，在外交方面则注重较少。但美国同欧洲和日本的关系以及动荡的世界局势，又使克林顿不得不把目光和一部分精力转向外交问题。在对外方针上，克林顿政府较之前届政府有所调整。

在美英关系上，克林顿打破了美英的传统密切关系，对英国有所疏远。

在美俄关系上，为了防止叶利钦的经济改革计划遭到灭顶之灾，克林顿不遗余力地给予困境中的叶利钦以援助。1993年3月15日，克林顿借助一次记者招待会，表示支持俄罗斯总统叶利钦，他说他将尽其所能，调动一切力量支持俄罗斯的改革进程。

4月3日，在加拿大温哥华不列颠哥伦比亚大学，克林顿与叶利钦举行首轮高峰会，会议长达2小时，中心议题是：美国如何最有效地协助俄罗斯经济走上正轨。双方对会谈的进展均表示满意。

4月10日，在日本东京，西方七国外长、财长会议开幕，来自英、美、法、德、加、意、日的外长和财政部长以及欧共体的代表出席了会议。在七国部长会议上，美国建议向俄罗斯提供一项新的40亿美元多边基金以协助俄罗斯企业私营化。美国国务卿克里斯托弗和财政部长本特森建议，美国提供5亿美元作为对俄企业私营化的基金，日、德、意、英、加提供另15亿美元，其余的20亿美元交由世界银行和欧洲重建和发展银行联合资助。4月15日，西方七国部长会议在东京闭幕，七国集团宣布向俄罗斯提供40多亿美元援助，至此，美国和西方对俄罗斯的援助达到了顶峰。

美以关系在克林顿上台后也得到了调整，克林顿改善了布什政府时期的美以关系，给予以色列以支持，实现了他青年时期的梦想，并促成了中东和谈的恢复。

在美中关系上，克林顿政府曾与中国就是否延长美予华最惠国待遇发生了争执，克林顿后来比较明智地同意延长美予华最惠国待遇，但又不恰当地附加一些条件。

克林顿入主白宫后，以"人民第一"为口号，以"重建美国、实现美国梦"的进取精神，注重内政，兼及外交，其间既有成功的喜悦，又有失败的苦涩，可谓得失两半，喜忧相参。

1996年1月23日，克林顿发表了一年一度的总统国情咨文，总结了他执政以来美国所取得的成就：美国经济是30年来发展最健康的。失业率和通货膨胀率为27年来最低，3年来新增加800万个就业机会；美国在世界上的领导地位得到巩固；犯罪率、福利补助、贫困率和少女怀孕率都下降了。克林顿指出，美国在走向一个技术、信息和全球竞争时代的过程中，存在六大挑战，其中主要是：巩固家庭和对抚育孩子负起更大的责任；向美国人民提供适应21世纪所需要的教育机会；帮助每个美国人获得经济保障，提高最低工资水平；为下一代创造一个安全和清洁的环境和继续发挥美国在世界上的领导作用。

克林顿在咨文中一开始就声明："我不是汇报我们的政府的情况，而是在汇报我们的美国社会的情况。"其实，人们心里都明白，克林顿对自己的政治前途充满信心。由于美国的政党政治格局发生了变化，美国在1994年中期选举中，执政的民主党惨遭失败，失去参众两院的多数和11个州长。选民对现状不满，对前途感到不安，要求变革；对政府、国会极不信任，对自称"新民主党人"的克林顿失去信心。占国会两院多数席位的共和党议员更是咄咄逼人，企图在制定政府立法议程的过程中把克林顿

CLINTON

排除在外,使他提前成为"跛鸭"总统。克林顿不吃这一套。尽管他在美国总统的行列里比较年轻,但其政治经验却非常老道,有韧性,有技巧,不怕失败,是一个"打不倒的小子"。他的政治性格善于妥协,灵活性大于原则性。因此,恢复自信的克林顿吹响了竞选连任的号角,由于民主党内无人向他挑战,克林顿稳获民主党总统候选人的提名,为他的竞选连任开了绿灯。

1996年8月26—29日,美国民主党在密歇根湖畔的芝加哥市举行了第42次全国代表大会。成千上万的民主党人涌入芝加哥城,他们已嗅到了胜利的气息,因为他们的候选人大有希望成为战后第一位获得连任的民主党总统候选人。

经过精心策划和突出奇兵的组织安排,民主党大会具有轰动效应。作为主角的克林顿不是匆忙地直奔会场,而是早早就坐上"21世纪东方快车",横穿被称为"多尔根据地"的中北部5州,进行老式的旅行竞选,增加与选民面对面交流的机会。与此同时,副总统戈尔提前两天来到主会场"联合中心"体育馆安营扎寨,民主党大会的节日圣火实际提前两天就点燃了。此后,两人遥相呼应,白天,克林顿沿途喊出各种诱惑选民的倡议和口号;晚上,戈尔在"大本营"主持,出席代表大会的代表们为克林顿叫好加油。最后,克林顿在会议接近尾声时风尘仆仆抵达会场,昂首登台接受提名,许诺要为美国"架设通往21世纪的桥梁;当上万名民主党支持者挥动"'克林顿—戈尔'96"的标语牌和美国国旗,高喊"再干4年"时,会场气氛达到高潮,许多在家中收看电视转播的美国人也不禁热泪盈眶。此次安排的确不同凡响,共和党的势头被压下去了。克林顿再度遥遥领先。

作为现职总统,克林顿加紧利用了政府政策的推行来有针对性地争取某些社会集团的支持。比如,他不断签署法案,最引世人注目的应属旨在美对古巴、伊朗、利比亚的经济封锁和制裁的"赫——伯法"和"达马托法"。本来这两项法案都是由控制国会的共和党强硬保守派代表提出来的,克林顿迫于压力和国内政治斗争的需要,分别于1996年3月和8月签署,使它们成为美国的正式法律。此外,克林顿不断提出新的主张,如提高最低工资、改善饮用水的质量、阻止青少年吸烟、改革社会福利等,真是令人眼花缭乱。

CLINTON

第五章 冲刺白宫

11月5日午夜，美国四大电视网同时打出了比尔·克林顿的名字。投票结果显示，克林顿获得了31个州和哥伦比亚特区的379张选举人票和47 401 185张普选票，多尔获得了19个州的159张选举人票和39 197 469张普选票，佩罗则依然一张选举人票都没有得到。就这样，克林顿如愿继续执掌白宫，不仅成为美国历史上继杰克逊、威尔逊和罗斯福之后第四位连任的民主党总统，而且成为20世纪最后一位美国总统。

在克林顿的第二届总统任期内，他访问了中国。1998年6月25日至7月3日，美国总统克林顿对中国进行国事访问，希拉里作为第一夫人跟随丈夫来到中国。6月25日晚7时20分，克林顿总统的专机抵达西安咸阳国际机场。7时30分，满面笑容的克林顿和夫人希拉里手拉手走下飞机舷梯。西安

1998年7月2日，美国总统克林顿与夫人在广西桂林游览漓江。

以传统的旅游项目仿古迎宾入城仪式迎接远道而来的克林顿夫妇。6月26日，他们参观了被誉为"世界第八大奇迹"的秦始皇兵马俑和陕西历史博物馆。6月28日，克林顿夫妇来到北京崇文门教堂做礼拜近100分钟；参观故宫60多分钟。后来他们一家又游览了长城，接着又访问了上海。6月30日，在上海克林顿访问了图书馆、进电视台直播室、到博物馆、与上海各界人士进行了广泛的接触交流。7月2日，克林顿一行游览了桂林。最后一站访问了香港。

自从克林顿走上政坛，克林顿的麻烦就不断，在克林顿两届总统任期

第五章　冲刺白宫

CLINTON

内有两件关于他私人的麻烦大事震惊了世界。其一就是他在第一届总统任期内的"白水门事件"。其二就是在他春风得意、踌躇满志地决心在第二届总统任期内重铸"美国理想"大业之时，却没料到爆出了惊世骇俗的性丑闻，令这位 20 世纪最后一位美国总统陷入了非常尴尬的境地。克林顿是如何面对这一切的呢？

CLINTON
第六章
"白水门"事件真相

那是克林顿和夫人希拉里刚入主白宫不久,共和党对手就抓住了他们经济问题的"辫子",即所谓的"白水门事件",对总统夫妇穷追不舍。

当克林顿在1992年竞选总统时,1992年3月7日,《纽约时报》首次报道了克林顿与白水公司和麦克道格尔的复杂关系。

1 对手穷追不舍
CLINTON

那是克林顿和夫人希拉里刚入主白宫不久，共和党对手就抓住了他们的经济问题"辫子"，即所谓的"白水门事件"，对总统夫妇穷追不舍。

当克林顿在1992年竞选总统时，1992年3月7日，《纽约时报》首次报道了克林顿与白水公司和麦克道格尔的复杂关系。

一天后，克林顿告诉记者，他和夫人在合办的企业中损失了2.5万多美元。他说："没有不妥之处。"

1992年3月24日，在克林顿的要求下，丹佛会计事务所做了一次分析。结果发现，白水公司受到了麦克道格尔夫妇的操纵，克林顿夫妇没有不妥行为，他们不仅没有在白水房地产开发生意中赢利，而且损失了6.89万美元的投资。

但有观点认为，事情并没有那么简单。

1992年12月，克林顿夫妇把他们在投资中占有的股份卖给了麦克道格尔，据报道，每股以1 000美元的价格售出。

当时，负责清理破产的麦迪逊保证储蓄贷款公司的联邦机构要求对该公司进行调查。但司法部长当时担心此举会被视为布什政府的政治计谋而拒绝调查，此事遂被搁置。

克林顿1993年1月入主白宫后，美国国会中的一些共和党议员及克林顿在阿肯色州的一些前政治对手仍不甘心就此罢休。他们决心把第一夫妇在白水房地产开发项目中及处理其他问题时，是否有不轨甚至违法行为弄个水落石出。

正当他们强烈呼吁联邦当局出面调查此案时，一件突然出现的事帮了他们的大忙。白宫法律副顾问福斯特突然于7月20日晚间在华府一座公园的僻静之处举枪自尽。福斯特是希拉里在阿肯色州罗斯法律事务所的合伙人之一，他曾一手处理与克林顿夫妇有关"白水开发公司"和"麦迪逊担保银行"的诸多业务，了解原阿肯色州第一家庭的许多财务秘密。福斯特突然不明不白地自杀，人们在震惊之余更心生疑团。加之福斯特死后，联邦调查局在采取行动之前,他的办公室早被白宫人员进行了"清理",与此案有关的一些关键性材料和福斯特本人的日记及死前的一张留言条也"不翼而飞"。这些情况披露出来后,美国新闻界与国会共和党人对此当然不甘罢休,终于迫使司法部对此案进行深入调查。

"白水门事件"最初始于1978年,克林顿还未担任阿肯色州州长之前,他与夫人希拉里在阿肯色州跟好友詹姆斯·麦克道格尔及其夫人苏珊合伙贷款20.3万美元购买了220英亩土地,并共同创办了一家以阿肯色州白水河命名的"白水开发公司",从事白水河沿岸一带房地产交易。这一年秋,当时任阿肯色州司法部部长的克林顿当选为阿肯色州州长。

一年以后,克林顿夫妇再将这块地皮卖给他们合伙成立的白水(怀特沃特)房地产开发公司,此时每公顷售价已涨至2 684美元(他们购买时为2 170美元)。

1980年,克林顿担任州长后,白水公司房地产开发项目由希拉里负责经营。麦克道格尔当时在克林顿身边工作,但不久后便离职,并买下了麦迪逊信托银行公司。随后,该公司迅速壮大。

1984年,联邦当局接到举报,麦克道格尔1982年买下的麦迪逊保证储蓄贷款公司从事投机活动并与麦迪逊信托银行公司的资金往来有问题。当局马上要求调查前者。曾为克林顿偿还过5万美元竞选债务的麦克道格尔,遂求助于希拉里就职的罗斯律师事务所。

1985年,希拉里和她的罗斯法律事务所向麦迪逊保证储蓄贷款公司提供了法律帮助,设法获得她丈夫任命的一位州政府管理者的批准,以出售优先股的方式筹集了公司急需的资金。为了证明麦迪逊公司有偿付能力,克林顿夫人递交了小石城弗罗斯特会计事务所的审计报告。

1986年,麦克道格尔向小石城法官戴维·黑尔拥有的一家公司借款30万美元,在克林顿施压的情况下,黑尔才同意提供这笔不合法贷款。

1989年,联邦管理人员为了收回麦迪逊公司倒闭中损失的部分纳税人资金,遂就1985年弗罗斯特会计事务所的审计一事提起诉讼。克林顿夫人的法律事务所同事文森特·福斯特投书政府,要求政府把这项工作交给罗斯法律事务所,果然如愿,管理人员与罗斯事务所签署合同,同意由它受理此案。

1989年3月,政府查封了经营不善的麦迪逊公司,该公司后来关门停止营业，纳税人损失了 4 700 万美元。由于涉嫌麦迪逊公司倒闭一案，麦克道格尔被控犯有欺诈罪，1990 年被判无罪。

人们对克林顿夫妇参与"白水事件"的疑问是，克林顿是否曾利用他当州长的影响，将"麦迪逊担保银行"的基金非法转移到"白水开发公司"做房地产交易，或者是否利用该银行的基金垫付了他在 1984 年竞选州长时所欠的 5 万美元债务。

人们的另一疑问是，克林顿夫妇是否有偷漏所得税之嫌。克氏夫妇虽然声称在"白水开发公司"的买卖中亏损了近 7 万美元，但在 1982 年，他们与合伙人麦克道格尔夫妇炒卖地皮时曾赚进 5.4 万美元。就算是对半分成，克林顿夫妇也应分得 2.7 万美元。然而，在他们 1980 年至 1987 年的纳税单上却没有这笔缴纳联邦的增值税款。

为此，国会中的共和党议员向民主党把持的国会不断施加压力，要求将"白水事件"立案调查。共和党籍参议员格拉姆将"白水事件"与"水门事件"等量齐观。舆论于是把白水事件加了一个"门"字，说它是"白水门事件"。另一名参议员利奇则提出须任命一名独立的特别检察官，专门负责"白水案"的调查。

2 应对以柔克刚

在国会共和党人与舆论界的压力下，1994 年 1 月 5 日，克林顿在出访欧洲的前 3 天，向司法部交出了有关"白水开发公司"房地产投资方面的档案材料。1 月 11 日，宣布批准由司法部任命一名独立检察官负责调查"白水事件"。1 月 20 日，前纽约州的联邦法官菲斯克被司法部任命为独立检察官，专门负责"白水事件"的调查工作。

在身受"白水事件"困扰之际，希拉里出面接受有关新闻媒体采访，以坚定有力的语气支持其丈夫，驳斥流言。

当时有记者问及她本人与"白水事件"的关系，希拉里说："白水事件，一件简单不过的事件，只是我与丈夫投资失败，不知传媒为何对此有这么大兴趣。告诉大家，一切已成过去。"她讲此话时充满信心，似乎

"白水事件"并不是什么大不了的事,而且媒体在这个问题上大做文章,颇为无聊。

美国媒体对希拉里的这种说辞十分不满,认为她是故意敷衍搪塞,企图大事化小,蒙混过关。因此又把主要矛头对着希拉里,揭露她在白水案调查中的遮掩行为。

1994年3月24日出刊的《新闻周刊》,在刊期封面上刊登一大幅克林顿夫妇的漫画,并发表两篇专题文章——一篇是《白水围绕》,另一篇是《希拉里的麻烦》,披露白水案的来由、希拉里与该案关系,以及她在此案调查过程中的作用。

在《希拉里的麻烦》一文中,《新闻周刊》的作者指出:"第一夫人再也不能使她与白水事件保持距离。她已成为独立检察官调查的主要目标。"该文还认为,希拉里在白水案问题上始终不与新闻界合作,拒绝回答记者们关于这个问题的提问,并且或明或暗地阻挠对白水案的调查,反对由司法部提名任命独立检察官等,都让人们怀疑她在企图掩藏些什么。

事实上,希拉里一直认为,所谓"白水案",那是他们夫妇一次正当的房地产投资,并没有违法的行为。如今共和党人利用白水案大做文章,这是她丈夫的政敌惯用的伎俩。所以,对于新闻界大炒白水案,希拉里在感到十分伤心和生气之际,拒绝回答新闻界关于这个问题的提问。

这期间,克林顿被迫连续两次召开白宫正式记者会,回答有关白水案问题。在3月24日召开的记者会上,克林顿坚持他们夫妇当年在白水投资中最多只犯过一些无心小错,对于其他过错一概否认。

当有记者问,他是否认为,对白水案的调查已经破坏了他妻子的信用或他是否考虑削减她在政府中的作用时,克林顿坚决地说,在白水案调查结束时,"她的道德权威将比以前任何时候更强大"。他还指出,人们不应该在没有得到任何不当行为的具体根据时,"就可以在这个国家里提出疑问并侵蚀别人的道德威信"。

尽管克林顿进行了种种解释与说明,但这一事件已给他们夫妇的政治形象造成伤害。据有关民意调查显示,有2/3的民众认为克氏夫妇对白水案有所隐瞒,或是做错一些事,而且克林顿的支持率也从去年年底的58%下降到45%。

全美各地希拉里的支持者为第一夫人本人未挺身出来为自己辩护感到

失望和担忧。一些民主党籍的妇女与许多女权主义者开始组成团体，积极进行保护第一夫人免受白水案牵连的活动。她们当中有人还花5万美元，在《纽约时报》刊登整页广告，为希拉里辩护呼吁，并希望第一夫人公开站出来为自己答辩。

4月22日，希拉里终于打破近半年的沉默，在白宫国宴厅举行了记者会，对目前白水案的种种说法做彻底澄清。

希拉里在记者会上，对有关她及丈夫在白水案中的各种提问，从容不迫地一一加以答复。

希拉里首先否认有任何金钱从已倒闭的"麦迪逊担保银行"转移到"白水开发公司"。

其次，她认为，她把1 000美元的投资通过期货交易变成了10万美元的利润，没有受到任何特殊的照顾与优待。她认为这次投资成功主要是朋友指点有方及自己的运气。

最后希拉里平静而坚定地说："我对我已经做的任何一件事情都感到非常坦然和有信心。"不过她为白宫早些时候处理白水案的方式表示歉意，说她开始时曾抵制询问并反对任命一名独立检察官对白水案进行调查。

记者会上，希拉里另外还表示，对于注意力因白水案而被分散无法专心处理"大问题"，特别是医疗保健改革问题，深感沮丧。

希拉里的这次"答记者问"，给新闻界与全美观众留下深刻印象，也使她的支持者大为振奋。据一项在希拉里举行记者会后进行的民意调查显示，有71%的人认为媒体过分渲染白水案；50%的选民认为政客们花费太多的时间查究克林顿夫妇过去的财务状况；70%的人认为共和党想利用白水案把克林顿总统搞下台。

然而，共和党人并不罢休，他们除继续攻击之外，还出动大批律师，日夜研究，寻找法律依据，企图迫使克林顿下台或至少粉碎他连任的希望。

1994年3月4日，美国联邦调查局向克林顿的6名高级助手——白宫办公厅副主任伊基斯、总统高级顾问林赛、白宫联络主任吉兰、白宫法律顾问努斯鲍姆、克林顿的新闻秘书卡普托和希拉里的新闻秘书威廉斯，以及3名财政部官员发出传票，要求他们就克林顿夫妇是否曾派人"刺探"该局对白水事件进行调查的情况出庭作证。次日，白宫法律顾问、克林顿夫妇的密友伯纳德·努斯鲍姆突然提出辞职。

随后,希拉里与克林顿的密友,曾为"白水开发公司"和"麦迪逊担保银行"提供过业务帮助的财政部副部长哈贝尔,因涉嫌作伪证而被判刑坐监18个月。这是克林顿夫妇朋友中因白水案入狱的第一人,也是克林顿政府中因卷入白水案而判刑的首位最高官员。

白宫引起了骚动,共和党人紧追不舍,又向国会提出就白水案举行听证会的动议。一些民主党议员出于自身需要也纷纷表态同意此动议。参众两院最后表决通过了这一动议。

这年夏天,正当希拉里竭力向国会及全国公众游说推销她的全民医疗改革方案之时,国会众议院与参议院银行委员会开始举行白水案听证会。有29名白宫助理及克林顿政府的官员受到传讯或在国会的听证会上作证。虽然所有接受传讯或听证的人后来都证明并没有干什么错事,但它却对克林顿夫妇道德威信损伤极大。

据当时舆论界发表的民意测验显示,美国公众对克林顿的民意支持率跌落到就任以来的最低点,而认为克林顿夫妇在白水案中有"不道德或违法行为"的竟占62%。更有超过半数的选民认为克林顿夫妇在白水案调查中未说实话,认为他们的道德诚信有问题。

1994年6月,特别检察官罗伯特·菲斯克发表部分报告,断定福斯特的自杀与"白水门事件"没有关系,在白水与麦迪逊事件上,财政部与白宫的接触也没有犯罪行为。事情似乎有了转机。

3 真诚接受调查
CLINTON

但共和党人岂肯罢休。此后推出更加强硬的肯尼斯·斯塔尔接任特别检察官,继续对"白水门事件"的调查。

白宫立即对斯塔尔的任命表示不满。一名白宫助理指出,斯塔尔是一位保守的共和党人。在宣布这项任命之前,他曾与状告克林顿总统性骚扰的前阿肯色州政府雇员葆拉·琼斯的律师有过接触,并正在考虑提出一个条款,以挑战克林顿提出的在任总统应该有民事司法特权的争辩。白宫方

第六章 「白水门」事件真相

面担心,斯塔尔接任独立检察官后,会放手大肆查究白水案,使此案更加复杂,并无休止地拖延下去。

果然,在斯塔尔的大力追查下,"白水门事件"有关的案情接连曝光,先是司法部前副部长哈贝尔接受了特别检察官提出的两项指控——逃税和邮政舞弊行为。12月,斯塔尔对继任克林顿州长的阿肯色州州长吉姆·塔克提起诉讼,控告他从事类似"白水"丑闻的房地产投机生意。

斯塔尔还要求白宫马上交出与白水案有关的所有档案文件,包括希拉里在罗斯法律事务所工作时的法律账务记录。

斯塔尔之所以向白宫索要希拉里在罗斯法律事务所工作时的法律账务记录,是想以此作为突破口,彻底调查了解她当时作为阿肯色州州长夫人,在代表罗斯法律事务所与麦克道格的"麦迪逊担保银行"的业务时,是否有利益冲突和权钱交易,而且在"麦迪逊担保银行"被联邦政府关闭后的善后工作中到底起了些什么作用。

白宫方面的答复是,这些账务记录不知哪里去了,无法找到。

1995年7月18日,已成为国会多数党的共和党,在所控制的国会参议院成立特别调查委员会,由纽约州的共和党国会参议员达马托任主席,开始对白水案与福斯特之死举行听证会。

8月10日,由独立检察官斯塔尔组成的大陪审团认定克林顿夫妇当年在阿肯色州的合伙人麦克道格尔与他的妻子以及现任阿肯色州州长塔克,在当年"麦迪逊担保银行"的贷款业务中犯有银行欺诈罪,麦克道格尔夫妇先后被判刑入狱。克林顿入主白宫后接任州长的塔克被迫辞职,但由于身体状况原因而被判巨额罚款与监管在家。

10月26日,参议院白水案特别调查委员会向卷入此案的49名白宫助理与克林顿政府官员以及相关人士发出传票,要他们到国会接受质询与作证。希拉里本人亦多次被有关联邦机构约谈,要其解释说明有关白水案的一些问题。

1996年1月4日,当白宫突然宣布,希拉里在罗斯法律事务所时的账务记录在不见了两年之后在白宫三楼书房的一张桌子上被发现。希拉里的这些账务记录副本在神秘地失踪了两年后,又突然出现,《纽约时报》的专栏作家威廉姆·赛菲尔在1月8日的《纽约时报》上发表评论文章,对希拉里在罗斯法律事务所工作时账务记录失而复得过程提出种种疑问,并公开指称希拉里是个"天生的撒谎者"。

面对这些咄咄逼人的攻势，克林顿和希拉里使出浑身解数，加以反击，1月11日，克林顿召开记者会，斥责政敌利用"白水门事件"攻击他，称这些指责"与事实毫无关系"。针对赛菲尔的文章，克林顿愤怒地表示，如果不是有美国总统的公务在身，他真想打断这个专栏作家的鼻梁。在美国当代历史上，用如此愤怒的语言斥责作家的总统，杜鲁门是第一个，克林顿是第二个。

希拉里一方面进行辩白，另一方面也做出了适当的反击。1月15日她公开表示，她本人根本不惧怕到参议院白水事件调查委员会作证，她愿意在公众面前为自己辩护，同找麻烦的参议员辩论。纽约的政治评论家莫森认为，美国从未有过第一夫人到参议院调查委员会来为自己声誉宣誓作证，"她这一招可以为自己扳回一些分数"。

1月9日下午，克林顿在白宫新闻发布会上指出，美国民众会根据调查了解事实真相并做出自己的判断。但作为总统，他也有个人感情，他不允许别人对他的夫人进行人身攻击。

为了回答舆论界关于账务记录的种种疑问，希拉里于1月中旬接受《新闻周刊》的采访，对白水案等有关问题进行了说明。1月15日出刊的《新闻周刊》发表了这次访谈的内容。希拉里在这次采访中指出："根据我们所见的证据显示，罗斯法律事务所作为'麦迪逊担保银行'的法人代表总共工作了15个月。在那15个月中，我平均每周为它仅工作一小时，我并不认为，在15个月中每周为其工作一个小时是蛮多的工作。"希拉里并表示，她确实不知道为什么她的那些法律账务记录会突然在白宫三楼的书房中被发现，她也从来没有翻看这些账务记录副本。这些账务记录副本一被白宫助理哈柏女士发现，她即要白宫律师将它们交给独立检察官。

1月22日，独立检察官斯塔尔向希拉里正式发出传票，要她向大陪审团作证，说明账务记录是否故意长期拖延不交给独立检察官。这是美国历史上第一个在位总统的夫人接受传票，这个消息一公布，不仅给白宫造成极大的震动，而且引起全美舆论与公众的关注。

1月26日，希拉里接受传票到联邦大陪审团作证。由于这是美国历史上第一位第一夫人出现在大陪审团面前答复问题，自然引起社会大众的广泛注目。

CLINTON

大陪审团由23位陪审员组成,其任务为调查希拉里过去在罗斯法律事务所任职时的法律记录与账册,是否曾被白宫人员蓄意隐匿以阻挠司法程序,致使调查迟迟没有进展。发问的主角是独立检察官斯塔尔。美国传媒指出,克林顿夫人并不是一个被调查的对象,而只是就有关事实提出说明。尽管贵为第一夫人,希拉里在联邦大陪审团面前,亦和平民一样履行公民的义务,郑重宣誓后开始发言作证。

历时四小时的听证,虽然是在秘密中进行的,对外不公开,律师和新闻记者都不得入场,进行的情况与内容只有在场人员知晓。希拉里对这次万方注目的作证,表现得非常从容镇定。就在作证的头一天,她还到新罕布什尔州为丈夫争取连任发表演说,积极拉票。1月26日,她身穿一件黑色大衣,冒着隆冬的寒风步入陪审团会场之前,十分从容地向新闻界说:"我愿尽一切可能和他们合作,以澄清事实真相。"

1996年1月15日出刊的《新闻周刊》在当期封面上以赫然大字写道:"圣者或是罪人?"显示人们对她两极化的评价。一些分析家认为,其实那笔房地产生意并没有什么了不起,但由于白宫在此案的调查中,有隐瞒事实真相、拖延阻挠国会调查之嫌,这涉及克林顿总统与夫人的诚信问题,就变得相当严重。

这一年是总统大选年。虽然离总统大选投票还有差不多10个月,但各州的初选已拉开序幕。克林顿三年多来的政绩在舆论界毁誉互见,但由于民主党与白宫发动大规模的电视广告攻势,宣传他执政以来的内政外交成绩,使民间对他的印象较佳。如果他与夫人在"诚信"上留有洗不清的阴影,对竞选连任前途十分不利,所以非得全力洗清不可。在这种背景下,希拉里不避责任,不惜以第一夫人之尊亲往联邦大陪审团接受史无前例的听证询问,所争者不仅是自身的清白,也兼及丈夫总统职位的保卫战。

在希拉里到联邦大陪审团作证之后,她的丈夫克林顿也应独立检察官的要求,分别在4月28日和7月7日,以现场录像的方式私下为白水案作证。这两次私下作证的录像带没有向新闻界与公众公开,只在调查陪审庭上播放。

4 有惊无险渡过
CLINTON

1996年6月18日,参议院白水案特别调查委员会宣布完成对白水案的调查,其结果并没有发现总统夫妇在该案中有什么不法行为。另外,早在去年8月,众议院银行委员会由共和党众议员利奇主持的对白水案的调查,其结果亦显示克林顿夫妇在白水案中没有任何违法行为。但国会中的共和党议员与民主党议员,对克林顿夫妇的道德诚信问题有完全不同的看法与结论。

11月5日,在总统大选中,克林顿竞选连任成功。但斯塔尔对白水案的调查仍未终止。为此,克林顿在1992年竞选中的政治顾问卡维尔于11月24日宣布,他将发动一场要求罢免斯塔尔的运动,他抨击斯塔尔是一个与共和党右翼相勾结的党派工具。

1997年2月17日,斯塔尔突然宣布他准备在半年内辞去独立检察官一职,去加州一所大学的法学院任教。但几天后,他又改变了主意,说他将全力完成对白水案的调查。

4月22日,美国地区法院宣布再延长白水案大陪审团的调查,为期6个月,至当年11月7日结束。

实际上,最后两个月对白水案的调查已成为一场没有任何结果,没有人关心的闹剧。

CLINTON

第六章 「白水門」事件真相

CLINTON
第七章
绯闻

"白水门案"尚未了结时,克林顿又有了新的麻烦,其实这个麻烦是在克林顿未当总统之前就种下了祸根。当克林顿在任三年总统,他的政绩斐然,正准备竞选连任下届总统之时,却发生了一件令克林顿头痛的事件。这就是琼斯的"性骚扰"指控。这件事被媒体披露之后,对于事业如日中天的克林顿来说,他的支持率开始下降。

CLINTON

1 性丑闻曝光
CLINTON

"白水门案"尚未了结时,克林顿又有了新的麻烦,其实这个麻烦是在克林顿未当总统之前就种下了祸根。当克林顿在任三年总统,他的政绩斐然,正准备竞选连任下届总统之时,却发生了一件令克林顿头痛的事件。这就是琼斯的"性骚扰"指控。这件事被媒体披露之后,对于事业如日中天的克林顿来说,他的支持率开始下降。

说起琼斯案,是一桩过去的旧账,当时克林顿在阿肯色州当州长。据有关资料记载,克林顿性丑闻爆发前后主要是由琼斯案所牵出来的,其过程如下:

葆拉·琼斯是阿肯色州的一位少妇,芳龄27岁,自称是克林顿州长下属雇员。1991年5月8日,一家公司赞助举办了年度质量管理会,她被抽调去帮忙。在那里,她第一次见到州长。克林顿在会上讲了话,尔后去与会者中间,当天下午,州警丹尼·福格森走近她,说州长想见她,并把写有房间号码的纸条塞给了她。琼斯按纸条提供的房间找到了克林顿。他向她提出了性要求,但她拒绝了。

两年多来,琼斯对此事一直守口如瓶。但1993年的《旁观者》杂志刊登两名警察指控克林顿指使他们找女人一事时,却提到琼斯与克林顿约会一事。琼斯要求《旁观者》杂志撤回那篇文章,并要求总统道歉以挽回她的面子,否则她将诉诸法律。

开始,总统和杂志社都没有理会琼斯。因此,她于1994年年初,向一家地方法院告了一状,指控前州长克林顿在3年前曾对她进行过"性骚扰"。她要向克林顿总统索赔70万美元。

克林顿对此当即予以否认,并指斥对方是个"政治工具"。希拉里再次义无反顾地坚决支持自己的丈夫。所以,琼斯面对的不是普通的一对夫妇,而是权力至高无上的总统和第一夫人。

1997年1月13日,克林顿最不愿意看见的事终于发生了:最高法院宣布受理琼斯案。这个决定犹如一颗重磅炸弹,把多少天来都不安静的白宫搅得天翻地覆。但这对法官来说，他们也不得不面临行使权力所带来的许多困惑：法官可以传唤总统出庭受审吗？在律师开始盘问证人的阶段，总统是否得回答一些尴尬的问题呢？

在经过两个半月的辩论之后，最高法院就克林顿请求豁免权一事做出了裁决。7位法官一致同意，克林顿总统应该出庭接受调查。这一判决如晴天霹雳，打得克林顿措手不及。他可以拥有很多特权，可他在法律面前却无可奈何。

此时，克林顿的律师们在坚持否认"性骚扰"、总统不会道歉的前提下，想以"破财免灾"的方法来影响此案，但未能达到目的。接着，他们又对总统夫妇的形象做了设计。面对沸沸扬扬的琼斯案，克林顿和希拉里来到维京群岛海滩翩翩起舞，通过新闻媒体大肆向全国发表他们的亲热照片。照片上，裸着上身的总统，亲昵地揽着穿得很性感的爱妻，两人情意绵绵地对视着，决无丝毫发生过不快的迹象。这一招虽然在美国民众中产生了一定的影响，但对法律没有多大作用。

琼斯对克林顿的诉讼最有力的两个佐证，便是她自称看到了总统"可辨认的生理特征"，以及好几名挺身而出愿为其作证的克林顿的"老情人"。克林顿的"性骚扰"案虽然还有庭外和解的机会，但可能性已微乎其微。而且，舆论的炒作使琼斯的索赔价码已由70万美元提高到200万美元，还要克林顿正式道歉。无论从法律程序还是从事实上，克林顿都必须自己出庭作证了。

1998年1月17日上午开庭。琼斯和她的丈夫在6名律师的陪同下，提前来到纽约大道1440号。20分钟之后，克林顿乘坐专车到达。本来，克林顿可以不必出白宫即可接受质询，但为了不让琼斯有大摇大摆的"特写镜头"，才选择了辩护律师的办公室作为质询地点。

这是一个历史性的"盘问"，所以法官事先宣布：当事人不得向外界透露任何有关情况，当然更不准记者干扰。克林顿理智地回答了法官的提问，说法仍然是人所共知的"否认指控"。"盘问"直到下午4点25分钟才结束，长达6个小时之多。

琼斯指控的"性骚扰"案一直延续了3个多月，阿肯色州地区联邦法官苏珊·赖特于1998年4月1日宣布，撤销琼斯对克林顿总统提出的"性骚扰"民事诉讼案。这位女法官在一份长达39页的意见书中说，根据阿肯

CLINTON

第七章 绯闻

色法律，原告提出的事实无法支持她提出的指控。这样，克林顿在法律上得到了一次重大的胜利。

莱温斯基卷入到克林顿风流韵事之中

琼斯案因为没有非常过硬的证据，而且克林顿处置得比较及时和得当，所以似乎并无大碍。但是，在琼斯案的审理过程中，却牵出了另一件惊天大案，那就是"莫妮卡门"事件。形势发生了重大逆转。据有关资料显示：

早在1995年11月，克林顿就在白宫和当上白宫实习生仅几个月的莫妮卡·莱温斯基发生了性接触。然而，莱温斯基在1997年12月5日为葆拉·琼斯控告克林顿性骚扰案作证时，否认与克林顿有过性关系，并且为此签了一份声明。同月17日，克林顿被琼斯的律师提问时，也否认与莱温斯基有性关系。但是根据白宫访客记录，克林顿曾在莱温斯基作证之前与她私下会面，要她在出庭时"避重就轻"，同时还通过私人秘书取回先前赠送给莱温斯基的多种礼物。

克林顿的这一行动引起了从1994年就调查"白水门事件"的美国独立检察官肯尼思·斯塔尔的格外关注。1998年初，他将调查深入到总统工作和生活的各个方面，重点放在前白宫实习生莱温斯基身上，并力图查清克林顿的性丑闻案件。

整个事件的发展就像一出情节曲折的戏剧，一环扣一环：

CLINTON

第七章 绯闻

1997年12月，圣诞节前夕的一个夜晚，在电话上，有两名妇女正在谈论性关系及其后果的问题。这两个妇女一个比较年轻，听起来好像有点神经质。另一个年纪比较大，说话声音嘶哑，她口气急切而专横。这两个妇女听起来非常害怕。

她们刚刚被传唤在琼斯状告克林顿的案子中作证。这两名妇女知道，她们也许不得不就这个一直到目前为止还只是内幕新闻的问题发誓作证。

年纪较大的妇女叫琳达·特里普，她正在催促比较年轻的妇女莫妮卡·莱温斯基和盘托出她同那个她们所说的"大人物"和"讨厌鬼"的关系。但是莱温斯基正在拒绝，她说："谁也没有看见他给我的那些东西中的任何一件，谁也没有看见在我们之间发生的任何事情。"

特里普问道："你能肯定在书房里谁也没有看见你吗？"

莱温斯基说："我完全能肯定。"特里普追问道："贝蒂怎么样？"

莱温斯基说："谁也没看见他跟我干那种事。"

特里普还在另一个方面追问莱温斯基："他知道你将会撒谎，你已经告诉他了，不是吗？"

莱温斯基回答说："不，没有。"

特里普说："依我看，在他给你打电话的那个晚上，你已经非常清楚地表明了你的态度。"

莱温斯基说："哎呀，我不知道。"

特里普说："天哪，那么，他会认为你将会说出真相来吗？"

莱温斯基说："不……噢，天哪！"

从这一交谈中可以清楚地知道，这个"大人物"就是克林顿总统（"贝蒂"就是总统的私人助理贝蒂·柯里）。这一交谈是特里普偷偷录

克林顿与莱温斯基在一起

CLINTON

下来的。但是谈话中所说的克林顿跟莱温斯基干的"那种事"到底是什么呢?如果当莱温斯基和克林顿在"书房里"(总统的私人书房就在椭圆形办公室外面)时他们之间"发生了"事情的话,那么到底是什么事情呢?而最重要的是,克林顿到底有没有叫莱温斯基撒谎?

1996年11月6日,克林顿在选举中获胜后凯旋,白宫工作人员聚集在一起热烈欢迎他归来。他刚刚以差额巨大的多数票获得了连任,是自富兰克林·罗斯福以来赢得第二个任期的第一位民主党人。仔细看一看克林顿在欢迎集会上慢慢沿着隔离绳往前走的录像镜头吧。有一个戴着贝雷帽的喜欢卖弄风情的姑娘正在有点儿过于含情脉脉地凝视着总统,总统转而拥抱了她。这个年轻妇女就是莫妮卡·莱温斯基。

莱温斯基生于加利福尼亚州的贝弗利希尔斯。她的父亲是一名治疗癌症的医生,整天忙于他的事业;她的母亲是社交界名人,喜欢把名人的名字挂在嘴边。她生活在一个百万富翁的家庭里。当莱温斯基15岁时,她的父母在关系严重恶化后离了婚。

她是一名平庸的学生,在当地一所社区学院读了两年,后来到俄勒冈州波特兰的刘易斯——克拉克学院就读,那是一所规模不大的文科学院。

白宫实习人员的身份给了莱温斯基一个炫耀自己的机会(这个工作是由民主党银行家沃尔特·凯安排的。此人是莱温斯基家的一个朋友,他给该党捐款30多万美元)。莱温斯基是1995年6月来到白宫的。莱温斯基的上班地点是在老行政大楼底层第98号房间,她在那里分发邮件。但是她的蓝色"硬皮通行证"允许她在白宫走廊里自由走来走去,而且她从不放过在椭圆形办公室外面逗留的机会。

莱温斯基引起了当时的白宫办公厅副主任、希拉里的亲密朋友伊夫林·利伯曼的注意。当莱温斯基穿着一件领口开得很低的白色连衣裙来上班时,利伯曼曾送她回家换衣服,并且还一再责备这位21岁的实习人员把过多的时间花在玫瑰园举行的仪式、招待会、筹资集会和总统可能露面的任何场合的闲逛上。

利伯曼希望莱温斯基远离椭圆形办公室。1996年4月,莱温斯基被调到五角大楼工作。在写给她在白宫的前管理人的一封3页长的信中,莱温斯基对调动她的工作提出了抗议,她的口气是:"你怎么能对我这样呢?"在五角大楼公共事务办公室当助手时,她继续吹嘘她在白宫的关系。有一次，当克林顿在电视上露面时，莱温斯基宣称，总统戴的那条领带是她给他买的。

莱温斯基还吹嘘同国防部的一名中层文职官员和在参谋长联席会议总部工作的一名上校纵情作乐。莱温斯基的大多数同事不理睬她的这种女孩子气的炫耀，或者对此感到迷惑不解。但是有一个人听得很起劲，这个人就是国防部公共事务办公室的一名助手，名叫琳达·特里普。48 岁的特里普不久就开始同莱温斯基建立了亲密的友谊。虽然特里普的年龄比莱温斯基大一倍，但是这两人在性和采购方面谈得很投机。随着时间的推移，这种友谊发展成为一种母女关系。

1994 年 8 月，特里普在国防部找到了一个工资更高的工作。虽然特里普在莱温斯基的办公室的底下一层工作，但是由于她们两人都在白宫工作过并且喜欢在高级官员中间高谈阔论，这两人走到了一起。在五角大楼的休息室里喝咖啡时，特里普扮演了在谈情说爱方面向莱温斯基出谋划策的角色。莱温斯基渴望吐露秘密。她对特里普说，她同一个年岁较大的人有过一种危险的密切关系，她起先没有说出这个人的名字，在特里普的追问下，她承认这个人是克林顿。

莱温斯基说，她 1995 年 11 月在白宫为处理国会事务工作人员举行的聚会上同克林顿调情（莱温斯基在实习期满后在那里工作）。莱温斯基当时穿着一身袒胸露肩的衣服，克林顿表现出超过慈爱的关心。特里普多少有些讨厌，她开始称克林顿为"令人恶心的大人物"。但是，她渴望知道详细情况。在一次交谈（特里普录了音，莱温斯基不知道）中，莱温斯基在谈论她同多少男人睡觉时没有提到总统。特里普问道："你和那个令人恶心的大人物怎么样呢？"

莱温斯基说，她去国防部后到白宫找过克林顿十几次，通常在下午和周末，有一次是在深夜。据莱温斯基说，两人交换小礼物，她送给克林顿一条领带，克林顿送给她一本惠特曼的《草叶集》。莱温斯基对特里普说，她保留着一件克林顿送给她的蓝裙子，上面沾有克林顿的精液。她作为战利品拿给特里普看，她说："我永远不再洗它。"在特里普录下的磁带上，莱温斯基谈到她向她的母亲吐露过她同总统的关系。在 1997 年春，《新闻周刊》的记者迈克尔·伊西科夫首次遇见琳达·特里普。当时，伊西科夫报道琼斯对克林顿总统的起诉案。1997 年 1 月，琼斯的律师之一告诉伊西

CLINTON

第七章 绯闻

科夫说,有人告诉他一则有关克林顿和白宫一名女工作人员之间发生性关系的秘密消息。琼斯的律师小组希望支持他们对克林顿提出的性骚扰案件,渴望寻找能谈谈同克林顿有性关系的其他女人,特别是为总统工作过的女人。伊西科夫在经过进一步报道后获悉,这个女人是白宫的低级助手凯瑟琳·威利。

1997年3月,伊西科夫找到了在五角大楼工作的特里普。特里普非常不愿意谈,但是她同意同这位记者保持联系。接着发生的情况是:5月27日,最高法院以9票对0票裁决,琼斯的案件可继续审理。琼斯的律师马上传唤了凯瑟琳·威利。伊西科夫正为《新闻周刊》进行报道,他又去找特里普,特里普同意将她所见到的记录下来。特里普告诉伊西科夫,她在白宫西楼的电梯里遇到威利。看上去她头发凌乱,衣冠不整。这两个女人到白宫外面的一张户外餐桌旁坐下。

在那里,威利告诉特里普,在椭圆形办公室外僻静的书房里,总统吻她,抚摸她。特里普说,威利当时并没有显得心绪烦乱。

在《新闻周刊》准备在8月第一周出版的杂志上报道这件事时,克林顿的律师罗伯特·贝内特对此进行了严厉的斥责。他说:"琳达·特里普不可信。"

特里普开始感到害怕。她担心她也会在琼斯案件中被传讯。如果她撒谎,不揭露她从莱温斯基那儿听到的话,那么她容易受到作伪证的指控。

另一方面,如果她讲真话,她会遭到贝内特和白宫班子的猛烈抨击,并可能失去国防部年薪8.8万美元的工作。

特里普决定,她需要保护自己。她买了一台录音机,开始秘密录下她同莱温斯基的交谈。

1997年12月中旬,莱温斯基与特里普之间的谈话口气全变了。这两人都被传唤在琼斯状告克林顿的案子中出庭作证。琼斯的律师已经从《新闻周刊》1997年8月有关凯瑟琳·威利的报道中得知了特里普的大名。他们还听说了有关莱温斯基1997年秋季某些时候的绯闻的传闻。

莱温斯基一听说要在琼斯案中作证就惶恐不安。她对特里普说,她给总统打了电话,总统让她不要担心,他会让他的朋友弗农·乔丹出面为她安排。乔丹为莱温斯基找了名律师——受人尊敬的白领犯罪专家弗兰克·卡特。乔丹还亲自陪莱温斯基去卡特的办公室。乔丹在记者招待会上声称，莱温斯基"毫不含糊地"对他说，她与总统没有不正当关系。乔丹接着说："我从来都没有劝说、建议或者暗示她说谎。"

特里普后来对检察官们说，莱温斯基编造了一个不同的故事。据莱温斯基讲，乔丹让她保持缄默。

那天晚上，莱温斯基在与乔丹会面之后，拨通了特里普的电话。录音带上的内容没有确凿地证实乔丹教莱温斯基撒谎，但也没有对此一口否认。

特里普与莱温斯基一度讨论过是否告诉克林顿总统莱温斯基对别人说过他们有性关系。特里普强烈希望莱温斯基这样做。特里普认为，如果克林顿知道纸里包不住火，他就会了结琼斯案，这样就会使特里普和莱温斯基免于出庭作证。有一阵子，莱温斯基似乎接受了扬言要和盘托出的建议，即对克林顿说，如果琼斯的律师盘问她，她打算吐露真相。

莱温斯基说："也许我们该告诉那个令人讨厌的大人物。"但随后她似乎又泄气了。她说："他不会搞定（葆拉·琼斯案）的。他不会承认这事。"特里普说，她不会在庭上撒谎。她不得不说实话，她再次敦促莱温斯基"对那位令人讨厌的大人物说"她已经向特里普吐露了秘密。

莱温斯基恳求地说："我不能。如果我这样做，无疑是在自杀。"然后莱温斯基提到了乔丹，称他为"另一个人"。她说："我今天见到的另一个人问我：'你没告诉过任何人，对不对？'"如果莱温斯基是在一字不错地描述她与乔丹的谈话，那么她的口气表明，乔丹的确知道莱温斯基说过她与总统有某种性关系。但是莱温斯基没提乔丹是让她保持缄默，还是让她撒个弥天大谎。唯一明显提到乔丹的是特里普。

特里普说："也许弗农是对的。这是一张巨大的网，因为出现了（有关莱温斯基与克林顿有染的）流言。"至于克林顿，莱温斯基说，她会说谎，"这样他就不会毁掉前程"。莱温斯基对说谎似乎是驾轻就熟的。她说："我是在谎言中长大的，我只能这样，我这一生都是在撒谎。"但她没说克林顿让她说谎。

特里普与莱温斯基担心，葆拉·琼斯的律师会发现某些能把她们牵连进去的实物证据。特里普曾担心的是，这些律师是否已翻看过克林顿的垃圾桶。

莱温斯基说："但愿不要发生这样的事情！有人录过他和我在一起的镜头。"莱温斯基回忆说，在她的全家获准观看总统为一次广播讲话做录音之后，她曾给总统写过一张表示感谢的便条。

CLINTON

从这次谈话中可以明显看出,莱温斯基与特里普已决定分道扬镳。

1998年1月7日,莱温斯基在宣誓书上签了字。她在这份文件中说,她"无法理解"葆拉·琼斯的律师为什么从她身上打探情况。她说,尽管她见过总统好几次,但"我与总统从未有过性关系,他没有勾引我,他也没有为了与我发生关系而向我提供工作或者其他好处……上述讲话是真实无误的,如系伪证,甘受惩罚"。

5天后,也就是1998年1月12日,特里普拨通了"白水门事件"独立检察官肯尼思·斯塔尔办公室的电话。

在电话里,特里普简单扼要地把她知道的情况一股脑儿全抖了出来:美国总统与一位政府雇员发生婚外情。她已被传唤在葆拉·琼斯案中作证。克林顿和他的朋友弗农·乔丹律师让这位女士说谎。这位女士已在宣誓书上签字否认与总统有不正当关系。长达20小时的录音带可以证明特里普不是无中生有。一小时之内,6名联邦检察官和中央情报局特工已坐在特里普家的客厅里。

次日上午,联邦调查局特工在特里普身上装上窃听器。在午饭期间,特里普重提话头,引导着还蒙在鼓里的莱温斯基把故事重述一遍。当然,特里普身上的窃听器也没闲着。

莱温斯基在提到弗农·乔丹时口气十分厌恶。莱温斯基说:"他说:'别人说什么无关紧要,你只管一口否认。'"她援引乔丹的话说:"只要你说什么都没有发生,那就什么都没发生。你不会坐牢。你也不会蹲监狱。"当检察官们聆听这些录音时,他们都目瞪口呆。他们意识到有人可能进监狱,但不仅是莱温斯基。

翌日,莱温斯基仍然没有意识到她的闺中密友出卖了她,反而越陷越深。下午,莱温斯基出现在特里普在五角大楼的办公室里,并开车把特里普送回家。途中,莱温斯基递给特里普一张可能成为如山铁证的纸。这张纸的顶端有简简单单几个字:"宣誓书要点。"特里普还一字不漏地看了这份共有3页纸的宣誓书全文。

1998年3月28日晚,当特里普把"宣誓书要点"交给斯塔尔的助手时,检察官们知道他们可以向莱温斯基展开强大攻势了。而且,斯塔尔还怀疑这些讲话要点是不是莱温斯基自己起草的。这意味着有人指使她这么干,那么这个人是谁呢?

斯塔尔手中有录音带，他有了确凿证据。是打电话给司法部把这一切公之于众的时候了。

当天晚上，正在观看篮球比赛的司法部副部长小埃里克·霍尔德身上的寻呼机响了。是"白水门事件"副特别检察官杰克·贝内特找他。贝内特说："发生了一件事，可能非同小可。"贝内特次日讲述的事令霍尔德感到震惊和棘手。莱温斯基声称乔丹让她"不认账"尤其令人不安。

这位司法部副部长认为，录音带提供的证据要求进行犯罪调查。但由谁出面调查呢？他们私下考虑请求再派一位特别检察官。霍尔德及其助手考虑让司法部自己调查。但霍尔德知道司法部长珍妮特·雷诺不想让人看到她妨碍斯塔尔的调查。

1998年1月24日，关于克林顿通过打电话对白宫前实习人员24岁的莫妮卡·莱温斯基进行性骚扰的爆炸性新闻曝光。莱温斯基声称克林顿经常在深夜打电话到她家，通过电话对她进行性骚扰，并且最后由于牵涉到其他几个女人而使她在感情上处于崩溃状态。这则消息使克林顿的桃色丑闻进一步深化。莱温斯基说，克林顿送她的礼物中有一件衣服，上面还有总统的精液的痕迹。

斯塔尔的工作人员搜查了莱温斯基的公寓，没收了一台电脑、衣服、金胸针和其他一些物品，那是克林顿在马撒葡萄园岛度假时从黑狗礼品店购买的。

莫妮卡·莱温斯基表示愿意作证，她与美国总统克林顿有过性关系，如果起诉人同意让她免受作伪证的惩罚的话。

不过，这样一种态度使人还看不出莱温斯基将会在克林顿受到的最严重指控方面说些什么话。克林顿受到的最严重指控是：究竟是克林顿还是他的朋友乔丹鼓励莱温斯基在誓言的约束之下就她与克林顿的性关系撒谎。

2 被调查最多的总统
CLINTON

在美国历史上没有总统被传讯的例子，而克林顿却成为第一个被传讯的总统。而且成为美国历史上接受调查最多的总统。1998年7月25日，

CLINTON

第七章 绯闻

克林顿被独立检察官斯塔尔传讯,就白宫前实习生莱温斯基性骚扰案回答有关讯问。

1998年7月28日,性丑闻案件的调查再次出现重大突破,莱温斯基与斯塔尔达成协议,在斯塔尔与她签订豁免协议后,她向斯塔尔提供两件重要证物:一条她与克林顿幽会后保留下来的染有克林顿精液的裙子,以及有克林顿亲笔题字的她与克林顿的合影。随后,美国媒体又曝光了1996年10月拍下的一盒有关克林顿的录像带,录像带清楚地显示:克林顿在为民主党进行筹款时,和莱温斯基当着众人的面公开拥抱,样子极为亲热。

7月底,在克林顿考虑是否接受独立检察官的要求,向大法官作证时,律师问希拉里的意见,她毫不犹豫地表示应该接受。律师说,作证是不能说谎的,难道她不怕克林顿在作证时坦承一些比她所知道的更多的事情?希拉里说,她已经反复地问过克林顿,她不相信还有什么她不知道的事情。

到了8月6日,莱温斯基正式出庭向大陪审团承认与克林顿有染。斯塔尔决定传唤克林顿出庭作证,使他成为美国有史以来第一位接到法庭传票的总统。克林顿此时面临艰难抉择,他必须决定是否和调查委员会合作。克林顿的律师反对他出席听证会,认为他绝对不应该出庭作证,因为一旦到审判阶段,他所说的一切将会对他不利。

权衡再三,克林顿决定坦白从宽。他坦白的第一个对象是希拉里。对于希拉里来说,这是一个残酷的事实。8月15日早上,克林顿像往常一样叫醒希拉里。他告诉希拉里,情况比原先认为的严重,他现在必须在作证时承认他曾与莱温斯基有不正当的亲密行为。他告诉希拉里,他们之间发生的事很短暂而且是零星发生的。他说他没有在1月把全部真相告诉希拉里,是因为他感觉很丢脸而无法启齿,而且是出于爱而不愿意伤害妻子和女儿。

希拉里简直不敢相信这是真的。像大多数妇女刚发现丈夫有外遇时一样,她无法控制自己的感情。她开始大哭大叫,责问克林顿为什么欺骗自己。克林顿的眼眶中也是充满泪水,他站在一边,一遍又一遍地说对不起、对不起,就像一个做错了事的大孩子。

克林顿公开承认婚外情,希拉里面子上过不去。一种说法是,克林顿一直瞒着她,直到作证的前一两天才讲出实情。另一种说法是,希拉里早已心里有数，只是两人谁都不愿主动点破罢了。

不管希拉里当时是怎样想的，短暂的心碎之后，她马上清醒，权衡再三，她还是决定帮助丈夫渡过危机。

8月16日，作证前一天，克林顿夫妇俩上午牵着手上了教堂，晚上还邀请老朋友杰克逊到家里"做客"。这次杰克逊主要是以牧师和朋友的身份去白宫，帮第一家庭化解危机。杰克逊同切尔西单独谈了很长时间。他事后说："在克林顿最困难的时候，希拉里和女儿给他的是爱和支持，而不是去折磨他。许多女人可能会自我'养伤'或独自躲起来，但希拉里却在屋子里帮他策划如何作证。"

8月17日下午五点，克林顿在他私人律师的陪同下走进白宫底层的地图室，在摄影机前回答斯塔尔办公室联邦检察官的盘问。一英里外联邦法庭内23位男女组成的陪审员通过专设的闭路电视观看听取克林顿的作证。

克林顿在作证中对他与前白宫实习生莱温斯基之间关系的说明是，他们之间有不当的亲密关系，但无性交。当联邦检察官问他，莱温斯基对他进行的口交是否算性交时，克林顿认为那不算。他说："我的理解是，性交关系定义包含的是一人与另一人的身体直接接触，目的是激起对方兴奋或是使自己兴奋。我以前相信这样的定义，现在仍然相信。"克林顿并表示，他从未要莱温斯基撒谎，从来没有。

在这次长达4个小时，令他极度难堪与羞辱的作证中，克林顿对联邦检察官一再盘问他与莱温斯基关系的细节深感痛恶一度发火动怒。在大多数情况下，他始终维持如律师般的风度，表现得克制镇静。

1998年8月17日晚，夜色中的白宫灯火通明。10时整，克林顿面色沉重地向全国发表电视讲话，就自己在莱温斯基性丑闻案中误导美国人民而向全国人民道歉，并对所发生的事情负全部责任，同时希望国人能转移注意力，去面对下个世纪的挑战和机遇。

克林顿的全国电视讲话事关其执政地位。在白宫地图室发表的约5分钟的讲话中，克林顿说：

晚上好。今天下午，我在这间房子，坐在这张椅子，向独立检察官和大陪审团做了证。

我诚实地回答了他们的问题，包括有关我的私生活的问题——美国公民谁也不愿回答的问题。尽管如此，我必须对我的所有行为，包括处理公

第七章 绯闻

务的行为和私人的行为,负完全的责任。正是因为这个原因,我今天晚上向你们发表讲话。

正如你们所知道的,在1月作证时,我被问及有关我与莱温斯基关系的问题。虽然我的回答从法律上讲是准确的,但是我没有主动提供情况。

确实,我与莱温斯基小姐有过不适当的关系。实际上,这是错误的。这是我判断的严重失误,个人失检,对此由我一个人负全部责任。

但是我今天曾对大陪审团说,现在我对你们说,我从来没有要求任何人撒谎、隐瞒或者销毁证据,或者采取其他任何非法行动。

我知道我在这个问题上的公开讲话以及沉默给人造成错误的印象。我给人造成错觉,其中包括我的妻子。我对此深感懊悔。

我只能对你们说,我这样做是许多因素促成的。首先是想保护自己不因我自己的行为而处于尴尬的地位。

我也非常想保护我的家人。这些问题在被党派斗争激发起来的诉讼案中提出来(此案后来撤销了)这个事实也是考虑的一个因素。

另外,我对独立检察官从20年前的私人商业交易开始的调查非常不安。我要补充说明的是,一个独立的联邦机构两年前宣布没有发现任何证明我或者我妻子有任何不法行为的证据。

独立检察官的调查后来涉及我的工作人员和朋友,然后深入到我的私生活。现在,调查工作本身正受到调查。

这持续了太长时间,代价太大,也伤害了太多无辜的人。

现在,事情在我、我最爱的两个——我的妻子和我们的女儿——和上帝之间。我必须把事情纠正过来,不管这需要做什么,我都会去做。

对我个人而言,没有比这更重要的了。但这是私人的事,我打算使我的家庭重新过上正常的家庭生活。这是我们的事,与别人无关。

总统也有私生活。现在应停止试图毁掉一个人的行动,停止窥探私生活,把我们的国家生活继续下去。

这件事情困扰我们国家太久了,我愿意承担我在这一切中应承担的责任。这是我所能做的一切。

现在是向前迈进的时候了——实际上早就该向前迈进了。我们有重要的工作要做——要抓住真正的机会,解决真正的问题,面对真正的安全事务。

所以今晚，我要求你们别再注意过去 7 个月出现的情况，改变全国的话题，把注意力重新集中到美国下个世纪所有的挑战和希望上来。

谢谢收看。晚安。

克林顿"主动"向全国发表了电视讲话，他本想"坦白从宽"，使绯闻案的调查画上句号，可反倒惹出了一连串新麻烦，以致有人怀疑他下令袭击苏丹和阿富汗"恐怖分子"是别有动机。6 760 万美国人收看了讲话，但多达 44% 的人表示失望。

在克林顿承认与莱温斯基有染之后，美国各地的报纸当天都对他提出严厉批评。

《休斯敦纪事报》说，克林顿总统发表的电视讲话"使用了许多法律词语"，因此使全国人民不知道他所说的话是否可信。

《洛杉矶时报》说："美国人有权对这一任的总统感到失望……他充其量是个名声受损害的总统。"

《西雅图邮报》说，克林顿的电视讲话"令人失望"。它说："克林顿避重就轻的认罪并没有使问题了结。"

《纽约时报》说，克林顿"失去了一个消除全国的疑虑和在公众面前恢复其名声的十分重要的机会"。

《纽约邮报》称这篇讲话是"总统历来发表的最令人难以想象的讲话……从头到尾一派胡言"。

《纽约每日新闻》说："克林顿总统使全国感到沮丧。他昨天在电视上严肃的忏悔和 7 个月前的矢口否认形成明显的对照。"

《旧金山纪事报》说："美国人现在知道真相了。克林顿总统欺骗了他们。"

《芝加哥太阳时报》说："总统不是承担责任以结束有关桃色新闻的谣传，而是靠撒谎来掩盖真相。"

但总的来说，民意是支持克林顿的。越来越多的美国人认为，既然比尔·克林顿总统已经承认他与莱温斯基有染，现在应结束对他的调查。他们不希望他辞职或受到弹劾。

在有线新闻电视公司、《今日美国报》和盖洛普民意测验所联合进行的一项民意测验中，有 65% 的被调查者不希望克林顿辞职或受到弹劾；在《哥伦比亚广播公司新闻》和《纽约时报》联合进行的一项民意测验中，

CLINTON

持这一观点的人占 63%，所有这些调查都是在克林顿对全国发表讲话之后进行的。对总统工作的支持率仍稳定维持在 60% 以上。

经历了晴天霹雳之后，希拉里决定赶紧离开华盛顿，外出度假。切尔西想回到马萨诸塞州的葡萄园岛，那里有她的很多朋友。于是一家三口第二天下午就动身起程了。小狗巴迪也随他们一起出发了，它是克林顿最爱的宠物，在丑闻曝光后，也只有这条忠实的小狗才肯陪伴克林顿。

被"白水案"、"琼斯案"、"莱温斯基案"搅得心力交瘁的克林顿夫妇

住进葡萄园岛后，夫妻俩一个睡楼上，一个睡楼下。希拉里感到深深的悲哀、失望和无法抑制的愤怒。她只好每天读书，沿着海滩散步，以排遣郁闷的心情。克林顿不断地解释和道歉，希拉里却心乱如麻。对婚姻、

对未来，她想了很多。

全国的媒体都盯紧了这个小岛。一开始希拉里不愿意出门，但好朋友沃尔特和他的妻子贝希对他们进行了劝解。沃尔特说，再好的婚姻也会遭遇困难的时刻，人无完人。希拉里接受了沃尔特的劝慰，次日，他们一起去坐帆船。宽广的大海使希拉里的心情多少有些好转。

到了8月底，家庭气氛已经缓和了不少。尽管伤心欲绝，对克林顿感到失望，但希拉里已经想明白了，婚姻可以退居其次，为了权力，她必须帮助克林顿捍卫他的总统地位。

3 《斯塔尔报告》公布
CLINTON

众所周知的《斯塔尔报告》把克林顿的性丑闻公之于众，引来一片哗然。有媒体说，这份要命的《斯塔尔报告》像一部大爆艳情的春宫小说。其中以大量翔实的资料描述了白宫前见习生和克林顿之间10回性接触的详细经过。其中就"性交"以及与"性交"有关的字眼出现了581次。

这件事情发生在1998年9月9日，独立检察官斯塔尔向美国国会递交了关于克林顿性丑闻案的调查报告；该报告一共445页，包括25页的引言，280页关于克林顿丑闻经过及其企图掩盖其丑闻的行动，和140页可能对他进行弹劾的基础论述。此报告指控克林顿犯有作伪证、妨碍司法，以及滥用职权等罪行，这一报告一出笼，在美国政坛犹如投下一枚重磅炸弹。由共和党人控制的众议院司法委员会于接到报告的两天后，即1998年9月11日决定在互联网上公开该报告，将调查总统的"黄色"细节布白天下，下面是有关资料显示：

报告书引用莱温斯基案大陪审团的大批资料，勾勒一个一举成名的姑娘和一个有权有势的男人之间的暧昧关系。

莱温斯基说她对两人的关系动了真情，甚至考虑到克林顿离开白宫后两人是否会比翼双飞的问题。

报告书引述她的话说："他说……希望能有更多时间陪我，因此我说，你也许会在3年内有更多时间……我想我们合得来，总之关系不错就是了。"

不过，克林顿就1997年2月那次的欢好对大陪审团的供证，满口歉意："我事后非常懊恼，但感到高兴的是，我与莱温斯基小姐发生不恰当的接触已经事过境迁，快一年了。我保证绝对不会重演。"

那次接触是非同小可的，因为一个证据就是在那次留了下来：莱温斯基穿过的一件蓝裙子上的一个精液污迹。报告说，那个污迹所包含的脱氧核糖核酸（DNA）与克林顿的吻合。

报告书说，两人都知道必须保密，不能走漏风声，虽然克林顿从来没有教她撒谎，但莱温斯基明白，总有办法可以避免透露全部内情。

报告书说，让他们两人见面的途径五花八门：莱温斯基会在白宫的一个门厅"撞见"克林顿；他会打电话召见她，乘机就干那事；她会亲自送文件或比萨饼到椭圆形办公室，留下幽会。

照报告书所言，除了肉体接触，两人也通过电话谈情说爱，其中一次克林顿竟然打瞌睡。

他们最后一次翻云覆雨是在1997年3月24日，但莱温斯基继续追求总统，申请白宫或纽约的新职位。

莱温斯基写给克林顿但没寄的一封信说明两人情断缘了。

她在信中说："我确信在选举后的那个周末，你会打电话邀请我探望你，并热情地吻我，告诉我，迫不及待等我回来。你问过我想到哪里工作……有几个星期了，你音讯全无，你的电话后来也没了。"

莱温斯基在1997年写了一封电子邮件给一个朋友透露："我就是不晓得出了什么差错，发生了什么事情？他怎样可以这样对待我？他和我来往那么久，现在却断了，我们何时才能重逢？"

报告认为克林顿在隐瞒绯闻时，曾发假誓、阻碍司法、影响证人和滥用总统职权，并列出可能弹劾克林顿的11项依据。

斯塔尔认为克林顿两度发假誓：在1月17日就葆拉·琼斯起诉他性骚扰的口供书，以及8月17日向联邦大陪审团供证时。

报告书指责克林顿：

一、阻碍司法：向莱温斯基讨回多份礼物；避免琼斯的律师发出传票；还要求朋友协助莱温斯基寻职。

二、滥用职权：利用其总统职权，妨碍大陪审团调查。

三、影响证人：对助手撒谎以左右证人，知道他们会向大陪审团提供假证。

1998年9月21日，美国众议院司法委员会公布了克林顿在白宫地图室向大陪审团作证的录像带。各大电视网都在同一时间里向美国和世界进行广播。

在录像中，克林顿首先向大陪审团宣读了事先准备好的陈述。他说："我和莱温斯基在1996年年初多次单独相处以及在1997年年初某次单独相处时，我有过错误的行为。"

他说："这些相处没有构成性交。根据我在1998年1月17日的证词中对性关系定义的理解，这些相处没有构成性关系。"

克林顿说："但在这些相处中，确实发生过不适当的亲密接触。在我的坚持下，这些不适当的接触于1997年年初结束。我还偶尔和莱温斯基小姐进行过电话交谈，其中有不适当的性挑逗玩笑。"

他说："我感到遗憾的是，以友谊开始的关系后来却包括了这种行为，我对自己的行动承担全部责任。"

克林顿说："我将尽可能地向大陪审团提供其他任何情况，但鉴于这些隐私会影响到我的家庭、我本人以及其他人，同时为了维护我所担任职务的尊严，因此，关于这些问题的具体情况，我只能说这些。"

司法委员会在公布录像供证的同时，还公开了关于克林顿和莱温斯基之间长期关系的详细资料，总共280页。

这些材料包括莱温斯基对陪审团的供证、接受谈话的内容和书面证词。

材料中还包括莱温斯基储存在电脑里的信件，内容都涉及她和克林顿的关系。

这些材料中有克林顿和莱温斯基在白宫拍摄的照片，其中一幅是两人在白宫新闻发布室里的合影，另一幅是克林顿与高级助手谈话的照片，莱温斯基在一旁注视。

在公布的莱温斯基供证里，莱温斯基说，她把克林顿总统只当作一个"小男孩"，而不是国家领导人，她从来都没有想到自己会爱上他。

莱温斯基在重述自己和克林顿在椭圆形办公室附近幽会时，好几次都表现得很尴尬。她说："我能藏在桌子底下吗？"

CLINTON

莱温斯基说："我只想说，没有人要求我撒谎，我从来没有因保持沉默而从别人那里获得提供工作的许诺。"

斯塔尔在调查报告中已经叙述了其中的很多行为，但9月21日公布的文件中有克林顿和莱温斯基两人就此事所做的全部供证。

这些文件回答了一些疑问，如莱温斯基为什么把那条带有精液痕迹的裙子保管起来。答案是，她以前的朋友特里普建议她这么做。

关于莱温斯基和克林顿为什么从来没有发生过性交的问题，她说："他不想这样做。总统说，对他这个年龄的人来说，那样做会导致很多后果，如果我到了他这样的年纪，也会理解这一点的。但我对此事感到不满。"

莱温斯基在供证中说："我觉得他的心灵很美好。我只是想，他是个令人无法置信的人，当我看着他的时候，我觉得他是个小男孩。我再也顾不得什么是现实。"

克林顿也把莱温斯基形容为"一个好女孩"。他还说："她是个很好的年轻女人，心肠好，脑子灵。"

克林顿对大陪审团说，他之所以和她保持联系，是因为他知道她会把事情说出去。他说："我知道，一旦停止联系，她就会马上对别人谈起此事。她一定会这么做，她会情不自禁，这符合她的心理状态。"

莱温斯基谈到她在1995年8月9日第一次见到克林顿时的情形说："我从来没有想过要爱上总统。爱上他之后，我感到很惊讶。"

莱温斯基说克林顿是只"夜鹰"，有时候在凌晨2点打电话给她。她说："我们无话不说。"

她给克林顿寄卡片、信件和字条，并把同克林顿见面和说话的日期都记录下来。

莱温斯基说，在她蓝色的裙子留下污迹的当天，"我对他说，我真的在乎他。他对我说，他不想对我太着迷，也不想我对他这样。我们在那个时候拥抱了"。

莱温斯基承认，她在特里普面前开始说假话，这些话被特里普录下来，最后引发了斯塔尔的调查行动。

她对斯塔尔办公室说，克林顿那次在电视上否认他们之间的关系时，用"那个女人"来称呼她，这伤害了她的感情。

她说，她对年初以来所发生的事情负有责任，为了不伤害克林顿，她曾做过努力。

在给克林顿的信件和字条中，莱温斯基倾注了对克林顿的爱，同时也担心被克林顿甩掉。她在一封信里说："我全心全意地爱你，我希望永远和你在一起。"

在很多信函中，莱温斯基没有打上正确的标点符号，但她的感情仍然表露无遗。她说："今晚看到你，我很难过，因为你再次拒绝了我，我很气愤。我所需要的就是让房间里所有其他人都完全消失，让你拥抱我。"

莱温斯基还在其他信件和字条中要求克林顿重视她。在一封以"亲爱的俊男"开头的信中，她说："不要这样对待我，我有一种被抛弃、被利用和微不足道的感觉。"

她说："我现在就需要你，不是作为总统，而是作为一个男人。我求你做我的朋友。"

美国多位刑事律师和前检察官对众议院司法委员会公布录像和报告的决定大为不满，认为这是不公平和没有正当理由的。美国刑事辩护律师协会主席法兹内说："它将美国的司法制度搞得天翻地覆。有关证据是在检察官单方面主持下秘密搜集到的，但却公之于世。在正常的情况下，没有人会被抹黑到这个样子。"法兹内指出，最新情况再次显示独立检察官斯塔尔对克林顿展开的刑事调查根本不是正常的法律案件。更严重的是，斯塔尔所进行的调查，其政治意义远超过法律意义。

但共和党人说，美国人民必须看到作证的详情，以确定克林顿是否曾经作伪证。斯塔尔认为，作伪证是一种可被弹劾的罪行。佐治亚州共和党众议员巴尔说："人们必须了解事情的来龙去脉，知道每一个细节。鉴于总统本身的行为，有必要公开供证录像带和其他细节。"

在克林顿作证录像播出的当天，白宫谴责了众院司法委员会的做法。白宫发言人麦柯里说，整个录像的内容表明，克林顿总统承认了与莱温斯基有"婚外的不恰当关系"。众院司法委员会公开总统作证的录像和其他资料的做法，是对大陪审团保密惯例的"史无前例的破坏"。麦柯里还说，美国人民现在已经了解了总统的证词，总统的行为不足以遭到弹劾应该是众所周知的了。

许多美国人在看过该录像后也都表示，检察官对总统的提问不过是有关他与莱温斯基关系的细节,"毫无新意"。有一些法律专家也认为,该作证录像中并不具备弹劾总统的根据,由共和党人控制的国会利用白宫绯闻案一再向克林顿发难,主要是想羞辱总统,抓住他的"把柄",以制约其处理内政外交的权力。

一项民意测验显示,大多数美国民众对公开总统作证录像和斯塔尔报告的细节"毫无兴趣";60%的美国人认为克林顿应完成总统任职,不应被弹劾或自动辞职。

美国宪法赋予众议院弹劾专权,也赋予参议院审议所有弹劾的专权。宪法说,如果总统受审,美国大法官将在参议院负责主审,并且现场需要有三分之二参议员赞成,才能将总统定罪。

美国宪法第二条款第四节这么说:"美国总统、副总统和所有公务员若因叛国罪、贪污或其他重罪与不正当行为而被弹劾,并被判罪名成立,他们须遭革职。"

根据宪法,国会须确定有关信息是否构成"叛国、贪污或其他重罪与不正当行为",如果是,就可启动弹劾程序。

克林顿的窘境在美国历史上是有先例的。美国历史上有好几位国家元首——包括德高望重的托马斯·杰斐逊在内——都在担任国家最高职务期间同司法当局进行过较量。但是,克林顿是首位因涉及自身的刑事问题在联邦大陪审团面前作证的在任美国总统。在司法纠纷方面,最著名的是理查德·尼克松的案子及不光彩的"水门"丑闻。面对遭到弹劾的威胁,尼克松因在潜入民主党总部搞窃听的事件中参与了掩盖活动而于1974年8月辞去总统职务。

1868年5月,安德鲁·约翰逊总统在有关他是否有权解除他的陆军部长的职务的问题上同参议院发生争执之后险些被赶下台。

1980年,卡特总统就他的家族生意中可能有金钱方面的不轨行为的问题宣誓作证。证词的文稿送到亚特兰大的一个大陪审团那里,陪审团宣布卡特和他的家人无罪。

面临弹劾的克林顿多次就绯闻向公众恳求宽恕。9月9日,克林顿于上午邀请国会众议院民主党领袖到白宫紧急秘密会晤,对白宫性丑闻带来的麻烦表示道歉,并恳求他们原谅。当天中午,克林顿到佛罗里达参加一场民主党的募款餐会,利用这个机会第一次为他与莱温斯基的不正当关系问题全国人民公开道歉。克林顿说,他让他的家人与全国人民失望,他正力图弥补过错,并绝不让类似的情况再次发生。

克林顿诚恳地表示:"这段日子是我生命中最艰难困苦的时刻。但对我与我的家人而言,它可能会成为最宝贵的。对于所造成的伤害,除我自己以外,我不能责怪任何人。我决心挽回全国人民对我的信任。"克林顿怀着沉重的心情,以缓慢的语调说:"在我们共同进行的这段政治行程中,我恳求你们谅解与宽恕。我希望这将是和解与让伤口愈合的时刻。"

10日上午,在斯塔尔的报告送交国会之前,克林顿在副总统戈尔的陪同下,匆匆赶到国会山,与国会参议院民主党领袖进行会晤。克林顿在这次会晤中一方面向民主党领袖们表示当众议院审阅斯塔尔的报告时,不会再有令人"惊讶的东西"。参议院民主党领袖戴绍会后向记者们表示说:"我想,我可以说,我们大家都接受了他的道歉。"

傍晚,克林顿又在白宫紧急召开为时一小时的政府内阁会议,情绪激动地向与会的内阁部长们表示道歉,并希望大家以国事为重,专心处理政务,不要受他个人绯闻的影响。本来,克林顿政府的部长们对他长期隐瞒事实真相欺骗他们感到十分不满,但在克林顿诚恳地向他们道歉后气都消了。能源部长理查森会后告诉记者说:"这是一次非常特别的会议,令人情感震动。总统给我们全体一个强有力的信息,就是我们应该致力推动国事。"理查森说,他在会上发言表示支持总统,"我支持他,他很痛苦。他道歉完后,我们就讨论其他事务。"

当天晚上,在民主党的一次筹款会上,希拉里自她丈夫8月中旬向大陪审团作证以来第一次打破沉默,发表谈话,支持她丈夫。在克林顿发表演说前,希拉里表现她一贯实事求是的作风,以沉稳坚定的口气,诉说她丈夫执政5年多来的政绩贡献。她说:"由于他日复一日的对我们国家和对我们每一个人的贡献,使我深以为荣。我要向各位介绍我的丈夫和我们的总统——比尔·克林顿。"

希拉里的这一席看似平淡的话,使克林顿深受感动,忍不住当场以手拭泪。在发表演说前,他拥抱了希拉里。百感交集的克林顿告诉听众说:"我很少会说不出话来。我希望你们能了解我的感受,对我们、对我本人以及对我的国家的这份感受。"

弹劾
CLINTON

斯塔尔在长达445页的调查报告中声称有11项理由可能构成弹劾克林顿的依据。报告指控克林顿在试图掩盖他和莱温斯基的关系中有制造伪证、对证人施加影响、妨碍司法及滥用职权的行为。斯塔尔的报告还包括克林顿和莱温斯基关系的细节。斯塔尔的报告称，克林顿在长达7个月的时间里，"欺骗了美国人民和国会"。

由克林顿的私人律师肯德尔和白宫律师拉夫起草的反驳报告70多页。报告逐一反驳了斯塔尔对克林顿的指控，认为斯塔尔的报告不能构成弹劾的依据。克林顿没有制造伪证，也没有妨碍司法，没有任何可以构成弹劾依据的行为。

从法律角度看，弹劾总统的理由必须站得住脚。而这些理由是否可能构成弹劾依据，得首先由众院司法委员会审核。如果滥用权力这一条理由得不到足够的证据支持，那么没有人能说得准是否克林顿的行为已经构成了被弹劾的依据。

斯塔尔决心要把莱温斯基案查个水落石出。为此，他把法律允许的调查范围扩大到了极限。为迫使总统的贴身保镖和在白宫的心腹人物到大陪审团宣誓作证，他不惜把官司打到最高法院，为验证莱温斯基衣裙上粘有克林顿的精液，他迫使总统交出了DNA试样。整个白宫被他搅得人心惶惶。

1998年10月5日，美国众议院司法委员会两党成员经过一整天激烈辩论后，采取一项历史性步骤，严格根据各自政党的路线进行了投票，结果通过了对克林顿总统展开弹劾调查的议案。

当共和党一名主要议员列举15项"实质性和可信的"弹劾理由时，一些议员的表情很忧郁，有些则明显表现出党派意识。

唱名表决的结果是：21票赞成，16票反对。司法委员会中所有共和党议员都投赞成票，民主党议员全部反对。

司法委员会举行表决的地点正好是国会在25年前就尼克松总统的命运进行辩论的会议室。委员会主席海德在会议开始时说："我们的责任是要继续调查呢,还是就此置之不理?"

该委员会民主党资深成员、来自密歇根州的众议员科尼尔斯反击说:"这不是讨论'水门事件',这只是一段婚外情。"

民主党议员曾两次试图压缩弹劾调查的范围和期限,并争辩说,即使针对克林顿总统的某些指责被证明属实,那也不足以构成弹劾的理由。

在这两次尝试中,民主党提出的动议都被拒绝,其中包括限制克林顿与莱温斯基关系的调查,同时在11月25日之前结束调查。

根据共和党所坚持通过的规则,国会除了要调查独立检察官斯塔尔搜集的证据之外,还要调查其他问题。司法委员会有权向证人发出传票,而且还有权举行听证会。

共和党首席调查员席佩斯在司法委员会上做了长达一个小时的汇报。他在斯塔尔报告的基础上增加了克林顿的几项罪证,并认为克林顿有可能参与了隐瞒真相的大阴谋。

他还谈到了莱温斯基的诚实,因为她对一些关键细节的供证有别于克林顿的供证。席佩斯说:"我们认为,莱温斯基的供证既是实质性的,又是可信的。"

司法委员会民主党主要成员洛厄尔说,共和党成员把斯塔尔报告中的11项罪证再详细分成15项,其中根本没有任何新的重要罪证。

10月8日美国国会众议院决定,它将对克林顿总统展开弹劾调查。这一行动意味着,本来就身陷困境的克林顿被迫面临新的危机。

共和党控制下的众议院在进行了情绪化和慷慨激昂的辩论之后,以258对176票的表决结果通过了展开弹劾调查的决议案。这种调查将不受任何限制,其范围也将从性丑闻事件一直扩展到其他任何方面。

这是美国史上第三次弹劾调查行动,也是1974年"水门事件"以来的第一次。在投票表决时,31名民主党议员支持共和党提出的这一草案,而共和党议员中没有一人背离本党路线。

来自伊利诺伊州的共和党议员、众议院司法委员会主席海德将负责调查工作。他说:"这是一件繁重、痛苦和肮脏的职责,但我们必须要做,否则我们就背叛了选民的信任。"

在投票结束之后,克林顿总统呼吁国会尽早完成调查,"因为这个问题使美国人民耗费了太多时间"。

CLINTON

克林顿说:"我希望我们现在能够以公平、符合宪法和速战速决的方式来进行有关程序。"

当被询问他的心情时,克林顿说:"以我个人而言,我感觉很好。我已经接受了,这件事是我无法控制的。"

克林顿在同其经济顾问开会讨论预算案谈判之前告诉记者:"我唯一能做的是为美国人民服务。我相信美国人民。他们在过去220年里,几乎不曾判断错误。"

他也说:"我治理国家的方法是为国家的需求而努力,希望这能够恢复人民对我的信任。"

克林顿指出:"现在最重要的是,在接下来几天里跨越党的界线,完成我们必须做的工作。"

他说:"除此之外,我没有别的话要说。我无法操纵此事,它掌握在上帝的手里。我真的无能为力。"

在司法委员会共和党议员提出的四项弹劾条款中,克林顿受到17项指控。

四项弹劾条款中的指控如下:

一、提供伪证。在调查克林顿与白宫前见习生莱温斯基是否有不正当关系的过程中,独立检察官斯塔尔于8月17日召集大陪审团举行听证会,克林顿向大陪审团作假证。

二、提供伪证。在葆拉·琼斯指控克林顿的性骚扰案中,克林顿面对琼斯的律师否认他与莱温斯基有不正当关系。

三、妨碍司法程序。克林顿涉嫌唆使莱温斯基就他们之间的关系进行撒谎,并且影响其他证人的证词,包括他的秘书库尔利。

四、滥用职权。克林顿就自己和莱温斯基的关系对美国人民、他的内阁、白宫助手和国会撒谎,并且"以轻浮和堕落的方式"行使特权。

12月19日,美国众议院举行全体会议,就弹劾克林顿总统的条款展开历史性大辩论。民主党和共和党两党议员唇枪舌剑,各执一词,激烈交锋。

会议一开始,民主党就提出一项动议,反对众议院在美军对伊拉克空袭之际对弹劾条款进行辩论。众议院民主党领袖格普哈特说,众议院的辩论是"在错误的时机、以错误的方式"进行的,应该推迟。但这一要求遭到共和党领袖拒绝。

民主党又提出以"谴责"取代"弹劾"的动议进行辩论表决。然而共和党认为，这不符合宪法的规定。

众议院司法委员会主席海德认为，克林顿"辜负了人民的信任"，应该遭到弹劾。他强调："我们不能对统治者有一套法律，对被统治者有另一套法律。"

民主党人说，克林顿的行为虽然可鄙，但还不涉及宪法所指的重罪而应受到弹劾。

但共和党人说，克林顿的行为特别是他在联邦大陪审团与葆拉·琼斯性骚扰案中作伪证，应受到严厉惩罚。

最终，众议院以简单多数通过了弹劾总统克林顿的两条理由——在与其有关的绯闻案中"作伪证"和"妨碍司法"。克林顿从而成为美国历史上第二位遭弹劾的总统。

另外两条弹劾理由——"作伪证"和"滥用职权"被否决。

弹劾是指对政府官员进行抨击并揭发其罪状。按照美国法律，克林顿被众院弹劾后，参院将在美国首席大法官主持下对其进行审判，但需有三分之二的多数票才能定罪和免职。

众院表决后，克林顿总统表示不会辞职，他希望找到一个妥协办法来避免下台。

关键时候，希拉里再次站出来对弹劾表态，呼吁结束政党仇视。

希拉里表示，她对丈夫的工作表现感到自豪，并呼吁结束这起具有政党仇视的案件。

希拉里在白宫外说："大部分的美国人和我本人一样，对总统的工作表现感到满意与自豪。"

副总统戈尔也形容自己对共和党员处理弹劾程序的手法"抗拒到底"。他警告，共和党员将在政治上付出代价。

戈尔告诉美国城市电台网络："这是绝对错误的。他们以为没有人会记得吗，那他们就错了。"

当被要求就弹劾程序发表意见时，希拉里表示，解决国家当前的问题比她丈夫目前面临的危机来得迫切。

希拉里说："在这个佳节里，当我们庆祝圣诞节，以及回教斋戒月的

CLINTON

时候,美国人民应该进行反省与和解,让我们的国家团结一致。"她说:"我们应该结束分裂,因为团结就是力量。"

1999年2月12日,美国参议院最终裁决:众议院针对克林顿的两项弹劾罪名均不成立。克林顿将继续担任总统,弹劾审讯就此结束。

在参议院持续近一个小时的表决中,众议院提出的两项弹劾条款均未获得51票简单多数的支持,与罢免总统所需67张赞成票的目标更是相距甚远。

参议院在表决"妨碍司法"的指控时,共和党5名议员跨越政党路线,站到民主党一边,从而以50票赞成和50票反对的结果否决了这一弹劾条款。

在表决"克林顿作伪证"条款时,共和党另5名议员也加入了民主党阵营,最后以55票反对和45票赞成的结果否决了第二项弹劾条款。

在参议院结束表决之后,首席法官伦奎斯特宣布克林顿无罪。

1999年2月12日,美国总统克林顿在白宫玫瑰园就参议院未能将其定罪和罢免一事,发表了声明。

CLINTON

这一表决结果对众议院共和党人是一个沉重的打击,同时,它也使长达13个月的政治混乱局面最终得以平息。

在表决结束之后美国总统克林顿在白宫玫瑰园发表了一项声明。以下是克林顿声明的全文:

"现在参议院已经履行了它的宪法职责,结束了这个(弹劾)程序。我想再次向美国人民说明,对自己引发这些事件的所作所为和因此而给国会和美国人民增加的沉重负担,我是如此深深地感到抱歉。

我对在过去一年里数以百万计的美国人民给我的支持和祈祷表示十分感谢和惭愧。现在,我要求所有美国人,我也希望所有美国人,不管是在华盛顿还是在我们国土的哪个角落,重新把全部精力投入到为我们国家服务和共同建设未来的工作中去。现在应该是而且也必须是美国和解和从头再来的时候了。非常感谢。"

1999年2月13日,刚刚从弹劾案中脱身的美国总统克林顿将恢复正常工作。他的第一件工作可能是做出是否派遣美军参加科索沃维和行动。白宫透露,克林顿的周六广播讲话将主要谈科索沃局势。克林顿还将于本周日和下周一对墨西哥进行访问。其间,他将和墨总统塞迪略讨论贩卖毒品以及移民等问题。

克林顿希望尽快恢复正常工作,其他与弹劾案有关的人员也被要求尽快恢复正常工作与生活。

前白宫实习生莫妮卡·莱温斯基在接受美国广播公司的电视采访时向美国第一夫人希拉里·克林顿及克林顿夫妇的爱女切尔西表示道歉。

莱温斯基说:"我对曾经发生的一切以及她们所遭受的痛苦深感抱歉。"她还谴责特里普滥用自己对她的信任竟然将她俩之间有关克林顿绯闻的谈话偷偷录音,然后去讨好独立检察官斯塔尔。

美国总统克林顿也通过律师代表他本人向莱温斯基就因弹劾调查中给莱温斯基带来的"麻烦"进行了道歉。

美国白宫绯闻案的女主角莫妮卡·莱温斯基的自传《莫妮卡的故事》将公开发行。

莱温斯基因总统绯闻案要支付的律师费、咨询费等各种花销却超过了七位数。为了赚钱弥补亏空,她选择了出书这条路。她为自己的书精心谋划:以黛安娜为参照,将自己制造成一名受害者,以博得众人的同情。至于代笔者，安德鲁·莫顿自然成为最合适的人选。莫顿因替黛妃写了自传《黛安娜的真实故事》而名噪一时。

"亚马逊公司"是世界最大的网络书商，在"最畅销书排行榜上"，《莫妮卡的故事》已名列前茅，位居第五。但"亚马逊公司"拒绝透露具体的销售额。《莫妮卡的故事》的出版商圣马丁出版公司已将首次印刷的45万册图书发往各地的图书零售商。

至于自己的将来，莱温斯基表示："首先，我必须找一份工作。然后寻一名男子去结婚。我也很想生几个孩子。"当被问及"一名男子"会不会是克林顿时，她对《星期日镜报》说，如果克林顿愿意，她没意见；但《新闻周刊》记者问她此问题时，她却神情有点紧张，没做任何回答。

5 不辞职的理由
CLINTON

美国参议院于1999年2月12日分别以45票赞成、55票反对和50票赞成、50票反对的表决结果，否决了对克林顿总统的两项弹劾条款，从而使克林顿成为美国历史上虽遭众议院弹劾但未遭参议院定罪和罢免的第二位总统。至此，参院为期36天对克林顿弹劾案的审理宣告结束。一年多来闹得沸沸扬扬的白宫绯闻风波也终于得到平息。

美参议院从1999年1月7日开始审理众议院1998年通过的对克林顿的两项弹劾条款，即指控克林顿在与白宫前实习生莱温斯基的关系问题上"作伪证和妨碍司法"。在整个审理过程中，以众院委派的公诉人和共和党参议员为一方，以白宫辩护律师和民主党参议员为另一方进行了长达20多天的陈述、辩护和辩论。控方坚持认为，克林顿在绯闻案中的行为"触犯"了法律，应对他定罪并将其罢免。而辩方则强调说，克林顿虽"不道德"，但对他的指控够不上宪法规定的对总统的罢免标准。舆论认为，对弹劾案的审理看似司法问题，但实际上是共和、民主两党之间的一场大较量，参院审理变成了两党争斗的舞台。

分析家们认为，克林顿免遭参院定罪和罢免，主要有以下几方面的原因：首先，共和党实力不足。按照宪法规定，参院如要将总统定罪和罢免，至少需要获得参院 2/3 的议员赞同，即 67 票。从目前参院席位的分配来看，共和党 55 席，民主党占 45 席，即使共和党议员全部投赞成票，也还差 12 票，况且共有 15 名共和党议员在两项表决中倒戈，投了反对票。而民主党却是"铁板一块"，没有一名参议员加入共和党阵营。

其次，公众反对罢免克林顿。近几年来，美国经济状况一直较好。美国经济增长率达 3.9%，失业率降到二战以来的最低点，工资增长为通货膨胀的 2 倍，30 多年来首次实现政府预算平衡。虽然不少人对克林顿的品德颇有微词，但绝大多数人认为，经济形势不错是克林顿的最大功绩。因此，公众对他的执政支持率一直保持在 65% 以上。

第三，共和党没有赢得人心。公众对党派斗争非常厌烦，特别是对共和党借克林顿绯闻案大做文章极为不满。据《纽约时报》和哥伦比亚广播公司进行的民意调查，一年前，支持共和党和反对共和党的民众比例分别为 46% 和 32%，而目前则为 38% 和 55%。共和党的声望跌至 14 年来的最低点。

在 1992 年克林顿竞选获胜之前，民主党已连续 12 年无缘入主白宫，并已在 6 次总统竞选中输掉了 5 次。这使民主党处于某种危机之中。当时美国的蓝领阶层和城市中产阶级对民主党在犯罪、社会福利、外交政策和价值观等问题上的过分自由主义立场深感不满，因而纷纷抛弃民主党。如何使民主党走出传统路子的死胡同，在总统竞选中重新获得竞争力，是民主党面临的大课题。

克林顿在 1992 年提出的竞选纲领使得中间道路派和传统主义派都认为他是自己阵营中的一员，因而都支持他出马竞逐总统。虽然在他第一任的头两年内，党内中间派对他的医疗保健规划和增税主张不满，认为他的政策立场在向左转；而在后两年中，党内自由派对他接受平衡预算主张和福利改革政策不满，认为他右倾。但在第一任结束时，他基本上使民主党凝聚成为一个共同对共和党作战的同盟。

然而，与其说斯塔尔这个关键人物的作用证明了克林顿政治命运的偶然性，倒不如说恰恰是证明了它的必然性。

这场弹劾斗争有着深刻的背景。共和党控制的国会把所有调查材料一股脑儿地往外抛，让美国总统在全世界出丑，把两党斗争的手法降到了空前庸俗的水平，反映出美国保守势力不惜一切手段要把克林顿拉下马的深

CLINTON

仇大恨。

公众对这件事的反应也显示,这不仅仅是一场关于弹劾标准和要不要把总统撵下台的法律之争,也不仅仅是共和党与民主党的党派之争,同时也是自1960年代开始的关于美国基本价值观的辩论的继续。

美国的三权分立体制相互制约,使美国成为近代以来政治连续性较长的国家,但三权之间也是斗争不断,19世纪中叶的内战期间,以削弱司法和国会权力为代价,加强了联邦政府的权力;罗斯福新政时期,又以减弱司法和国会权力为代价,加强了总统的权力;而水门危机是周而复始的三权争风的又一个战役。

美国总统的权力依形势的变化而经历消长变化,当国家处在战争或经济危机中时,公众希望有一个强势总统,因而便有内战时期的林肯,大移民和工业化时期的老罗斯福和威尔逊,大萧条时期的富兰克林·罗斯福等。当形势稳定,公众对强势总统的期盼减低,国会的权力趋势膨胀,于是出现若干弱势总统,历史上,曾发生国会弹劾约翰逊行动;在罗斯福和威尔逊之后,接连出了哈丁、柯立芝和胡佛等几位无所作为的总统。

这一年多来,对媒体肆无忌惮地报道总统的性丑闻,公众虽然感到厌烦,但电视台的收视率却一直很高;高等法院也数度裁决支持斯塔尔深挖总统婚外情。分析家认为,这是因为冷战结束,一超独强,经济连年繁荣,美国人踌躇满志,视一切为理所当然,不大在乎总统的作用了,如果美国现在处在内忧外患之中,法院可能就会责令将此案搁置,待克林顿卸任之后再行计较。

美国200年的历史表明,当总统一职的权力被削弱时,与它作对的那些部门的权力就上升。

有观察家认为,如果国会以在男女关系上撒谎为由弹劾总统,那将开启一个先例,未来国会想要把总统赶出白宫可能更加容易,如果政客为了打垮自己的政敌,可以置公职人物的隐私权于不顾,那还有多少能人敢出来竞选?

这种为党派利益而置全民福祉于不顾的所谓民主,如果听任其为所欲为,将使美国陷入泥淖。

一些媒体分析:

一般认为,在这次政治较量中共和党失分较多。"保克林顿"和"倒克林顿"是两党斗争的目标，其态势是共和党攻，民主党守。结果进攻者没占着便宜，反而吃了亏：克林顿没被扳倒，自己一方反倒损失了众院议长金里奇和当选院长利文斯顿两员大将，共和党在民众中的支持率明显下降。这可能对共和党试图赢得2000年大选不利。民主党将在2000年夺回众院多数党地位的说法，已开始在华盛顿的政界流传。

对表决结果，民主党没有表现得喜出望外，共和党也没有显露出沮丧失望。因为双方都明白，实际上各自都为此付出了政治代价。在表决前后，双方已经在进行或明或暗的努力，以修补自己的政治形象。共和党有3个证人没到参院现场作证，没有传唤更多的证人，这主要是慑于公众越来越不满的压力。民主党明知克林顿不可能被弹劾，许多议员却不顾共和党的反对，坚持要在国会通过一个对克林顿措辞严厉的斥责案。被否决后，仍执意起草一份斥责声明，征集议员签名，把它放进国会档案，以"立此存照"。民主党这种做法看似反常，其实用心良苦，是为了表明自己不徇私护短，借以抚慰党心和笼络民意，挽回一些面子和影响。共和党当然知其用意，哪肯帮着它卸下这个政治包袱。民主党的斥责提议没被参院通过是毫不足怪的。

世界上的事都有两面性。持续一年的两党斗争，让人们开了眼界，对美国的政治和社会长了见识，其中三点值得一提。第一，经济是决定政治斗争胜负的决定性因素。一年来，克林顿在政治风暴中有惊无险，主要得益于他上任以来美国经济状况好，老百姓普遍受益。因此，尽管他私德欠佳，大多数美国人还是不希望他下台。第二，美国的党派斗争不断加码，已到了老百姓难以容忍的地步。为了党派利益，可以不择手段，并且打着"公正"、"民主"和"法制"的旗号。第三，民意不可违，这是从大处说，从长远看，实际上在美国民意左右不了政治。克林顿在民众中的支持率一直高于60%，但共和党把持的参众两院对他照"弹"不误。人们有理由发问，如果共和党在参院拥有2/3的多数，克林顿还不早被罢免了。

围绕绯闻案的两党争斗，使美国人民心目中原以为"崇高神圣"的东西受到损害。总统作为国家的代表，位高权重，理应是民众榜样。绯闻案表明，根本不是那么回事。共和党和民主党在弹劾总统问题上背道而驰，但都声称是根据宪法行事，"维护宪法尊严"。在这里，宪法成了他们搞党派斗争的一张牌。国会作为国家的立法机构，本来是议论朝纲国政的地

CLINTON

方,但是一年来,国会变成热衷于大谈绯闻和进行党派斗争的场所。因此,《华盛顿邮报》的评论认为,"美国人对于国家机构的信任度降到了危险的地步,对于已经成为华盛顿行为规范的党派斗争感到愤怒。这个国家的政治领导者——总统和国会,面临重建信任的艰巨任务"。应该说,这番话是相当有见地的。

围绕绯闻案的两党争斗,使美国人民产生了自越南战争和水门事件以来最广泛的分歧。两党尖锐对立,党同伐异,无疑在民众中造成思想混乱、歧见加深和政治隔阂。这种裂痕短期内难以弥合。一位社会学家对此深表悲观:"我认为这是另一场越战和另一桩水门丑闻。在未来几年内,它将政治堕落,民众分化。"

围绕绯闻案的两党争斗,使人们对美国式的民主提出了质疑。譬如,独立检察官权力过大,不受制约,为所欲为,老百姓对此相当不满。美国律师协会建议取消独立检察官制度,司法部提出要对独立检察官斯塔尔在绯闻案中的违纪行为进行调查。又如,这一年多,美国新闻媒体对绯闻案恣意爆炒,推波助澜,引起受众的很大反感。据当地一家报纸报道,在最近的一次民意调查中,社会学者们对一些政治、社会现象大加抨击,他们"把美国民主的画面描绘得非常暗淡"。

一家媒体曾披露克林顿不辞职的25条理由以供参考,全文如下:

前国会议员本·琼斯在国会的报纸上发表了一封给比尔·克林顿的公开信,要求总统体面辞职。现在要求克林顿辞职的人中包括一些认为总统向美国人民说了谎的民主党人。

遗憾的是克林顿没有辞职,下面是他不辞职的25条理由:

1. 他对自己愚弄希拉里使她处于尴尬境地确实并不在乎,我们最后发现莱温斯基案是整个大阴谋的一部分。

2. 他对自己给女儿切尔西造成的羞辱确实并不在乎。

3. 他对许多相信他,并在电视上为他辩护的人难堪并不在乎。

4. 他对民主党及其领导人更不在乎。民主党领导人非常担心这一切对1998年选举的影响,而克林顿为的只是他自己。

5. 如果他辞职,就不能一直成为人们注意的中心,而他很看重这一点。

6. 如果他辞职,他就失去了唯一的政治基础。只要克林顿在台上,这批人会继续支持他。

7. 如果他辞职，谁来付他的辩护费？他还需筹集400万美元，而这个数字还在继续上升。

8. 如果他不当总统了，他以后怎么交女朋友？

9. 只要他待在椭圆形办公室，他大概不会再面临葆拉·琼斯那一类的案子。如果他离职，那很可能还会出现别的案子。

10. 谁会雇一个名誉扫地的前总统？当然，他可以写一两本书，他年纪才50出头。

11. 如果他以辞职的形式离开白宫，他就不能对我们说他如何道德、如何超群出众。他看重这一点。

12. 他不会辞职，因为他知道，即使他受到众议院的弹劾，参议院也不会得到给他定罪所需要的2/3的多数。

13. 克林顿将继续任职，因为他知道公众集中注意力时间不长，很容易被分散。只要他咬咬牙坚持下去，六个月后人们差不多会把它忘光。

14. 他将继续任职，因为他知道斯塔尔不大可能起诉一位在职总统。如果他离职，情况就完全不同了。

15. 克林顿不会辞职，因为如果事情在公众中造成强烈反应的话，白宫是最好的躲避场所。

16. 克林顿将继续任职，因为在这个职务上他可以和共和党人采取焦土政策。如果他们要弹劾他，他可以开始传出一些对他们不利的消息，以讹诈的手法使他们不敢乱说乱动。

17. 克林顿不会辞职，因为他现在不能辨明是非。

18. 克林顿将继续任职，因为他不怕最终判决。

19. 克林顿将继续任职，因为除非他坐在总统的位置上，否则他不能对世界的遥远地区进行干预。

20. 克林顿不会辞职，因为不管他干了什么，新闻界不少人仍然会同情他。

21. 克林顿不会辞职，因为戈尔担心出现福特总统宽恕尼克松的后果，不会同意宽恕他。

22. 总统将继续任职，因为有一个人公开原谅他所做的事情。

23. 克林顿不会辞职，因为有一个让他过关的反对党。他们希望他留

CLINTON

任,差不多是明确地对他说,他只要轻描淡写地承认一下错误就行了。

24. 克林顿将继续任职,因为他不当总统就不能做交易,而这些交易有一部分可能会使他离职后得到关照。

25. 最后一个原因:克林顿将继续任职,因为辞职意味着他永远不可能当联合国秘书长。

CLINTON
第八章
总统夫人希拉里

在当今美国政坛女杰中,希拉里·克林顿可谓鹤立鸡群。希拉里现在最大的"卖点",不是她曾贵为美国第一夫人,也不是她现任纽约州参议员的身份,而是她是否会出马角逐总统选举。因为她具备一个政治家应有的气质、手腕、智慧、才能与知名度,拥有向白宫发起进攻的实力。

CLINTON

1 牵手克林顿
CLINTON

　　1947年10月26日,在芝加哥市城北的爱济华德医院有位产妇生下一个8磅8盎司重的女婴。女婴五官端正,皮肤白净,长得十分可爱,这就是希拉里·罗德姆(Hillary Rodham)。希拉里的母亲叫多萝西,虽然是位家庭妇女,但聪明贤惠;父亲叫休·罗德姆,曾在美国海军当教官,现是一家纺织品公司的经理。父母把希拉里当成宝贝,整天守护在她的身边。

　　20世纪40年代末的芝加哥市,随着战后工业的发展和人口的大量迁入,变得越来越拥挤和嘈杂,许多有钱的中产阶级家庭纷纷迁往城市附近的郊区,买地造屋,重筑新巢。

　　希拉里一家也加入了迁移的潮流,在希拉里三岁时搬到位于芝加哥西北郊的派克瑞吉城,并在派克瑞吉城维斯勒路买下了一栋宽敞的具有乔治亚时代风格的二层楼房。房前植有挺拔的树木和维护得很好的草坪与庭院。

　　希拉里家搬到派克瑞吉城后,家中又添了两个小弟弟——大弟休与小弟托尼。希拉里的父亲像许多家住派克瑞吉城、工作地点在芝加哥市的人一样,常常往返奔波于派克瑞吉城与芝加哥市之间,处理他的生意业务。当时,美国的高速公路已经很发达,两地来回奔波也十分便捷。希拉里的母亲则在家操持家务,相夫教子,以主要精力培养教育孩子。

　　母亲家教很严,很少让年幼的子女看电视,而是教他们玩既动脑筋又带有竞争性的填字游戏与扑克牌。

　　希拉里的父母十分重视子女的教育。希拉里的父母当初之所以要迁移到派克瑞吉城来,一个重要原因就是想给孩子找个好学区,为子女创造一个良好的教育环境。派克瑞吉城的社区环境好,它的公立中小学教育条件也不错,有利于学童的教育与发展。

　　母亲在希拉里很小的时候就向她灌输上学读书的重要性,向她说明上学有很多好处,在学校可以学到许多有用的知识,可以培养自己的兴趣与爱好,并鼓励她热爱学习,认真读书,只有读好书才有出息,只有受到良好的教育，才有成功的未来与前途。

希拉里没有辜负父母的希望。她从小就喜欢上学，在学校学习认真，勤奋用功，各门功课的成绩都是优秀。每次她从学校带着优异的成绩回家时，父母总是鼓励她说："你学得很好，成绩不错，但你可以学得更好。"她的父亲甚至说：你的成绩都不错，是不是你们学校的功课太简单了？他们鼓励她发挥潜力，勇于竞争，不断进取。

希拉里的母亲不但关心希拉里的学业，还注意培养和发挥女儿在其他方面的才能，养成她多方面的兴趣与爱好。在母亲的鼓励下，希拉里课余时间还学习音乐与舞蹈。

希拉里的父母虽然对孩子要求很严格，但从不以家长的权威逼迫子女做这干那，对子女的正常活动与爱好从不加限制与干涉。他们鼓励孩子培养和发展自己的爱好，自己则在一旁指导，提供帮助。这种开明的家庭生活气氛使希拉里从小就可以干她喜欢做的事情，也养成她无拘无束的独立个性。

尽管希拉里小时候家庭经济境况不错，但她的父母却有意培养她勤俭节约的好习惯。希拉里的父亲休·罗德姆在这方面对孩子要求尤其严格，他年轻时经历过美国大萧条时的恐慌日子，吃过很多苦，他经常给子女讲他年轻时所过的艰难日子，要孩子们从小就做些力所能及的家务劳动，如打扫庭院、清除杂草、铲雪、洗车等等。

希拉里的母亲鼓励她从小就学会自己挣零花钱，培养自食其力的能力。她常常对希拉里说，你会长大成人的，你长大以后要自己挣钱养活自己，不能够依靠别人。她上中学时，就在一个日间照料中心当幼儿看护，为那些白天外出工作或办事的父母照看小孩。她还到一家商店做售货员，售卖东西。通过这些校外工作，希拉里不仅挣到了自己的一些零花钱，还培养了自食其力的习惯与能力。

希拉里的少年时代，正处于第二次世界大战后苏联与美国为争霸世界而在军事、科技方面激烈竞争的冷战初期。

苏联发射第一颗人造地球卫星时，希拉里10岁，正在小学读书，当她听到这一消息时，睁大着双眼，又惊奇又兴奋，在她的小脑袋中浮现出许多奇妙的想法，她想当一名科学家，乘火箭或飞船到太空去遨游探险。

希拉里上中学后，这种想法越来越强烈。希拉里这时决心要做一名宇

CLINTON

第八章 总统夫人希拉里

航飞行员。她甚至迫不及待地给美国国家航空和宇宙航行局写信，她在信中详细写明自己的兴趣与专长，并告诉他们，她想当宇航员，希望他们能够接受她的申请，并要求马上接受宇航飞行培训。

少年时代的希拉里，性格开朗，十分活跃。她喜欢参加各种文艺体育活动——唱歌、跳舞、表演节目、溜冰、滑雪。她尤其喜欢参加竞争性很强的体育比赛。虽然她的比赛成绩不是很佳，但却从中受益无穷。这不仅在于她比当时许多不爱活动的女同学在体能上得到更多的锻炼机会，而且在意志力与拼搏精神上也经受了磨炼。她并从中悟出人生的一个真谛：人生就像一个竞技场，有赢有输，有起有伏，"今天你赢了，明天你又输了。你不要为此而斤斤计较，耿耿于怀。而应该振作精神，再接再厉干下去"。这也成了她日后的生活信条。

高中时，曾有人问希拉里的理想与抱负是什么，希拉里回答说："嫁给一位参议员，在乔治城安一个家。"乔治城位于美国首都华盛顿地区，是美国政界名流云集的社区。

这个要嫁个议员的女孩子，后来成了比尔·克林顿总统夫人。他们的传奇故事本书第三章已有完整介绍。

1975年10月11日，这对有情人终于在阿肯色州他们自己的居室喜结良缘。

结婚对这对夫妻来说，只是他们缘分的起步，以后经历州长竞选、尤其是总统竞选，他们那种珠联璧合、同心协力，才真正说明他们是一对缘分夫妻。

民主党的死对头共和党始终认为，没有希拉里的帮助和支持，克林顿问鼎白宫只是黄粱美梦。我们姑且不管这话的可信度有多高，希拉里在克林顿的总统竞选中确实起到了举足轻重的作用。也正因为如此，竞选之时共和党始终把希拉里作为攻击目标，谁知希拉里天生就是个"不信邪"的女强人，她不断改变战略，愈战愈勇，最后终于赢得大众的支持，为克林顿的竞选奠定了成功的基础。

克林顿从1991年10月3日在阿肯色州小石城宣布参加民主党总统候选人竞选，到1992年7月中旬在纽约的民主党全国代表大会上被正式提名为该党的总统候选人，其间经历了8个多月的艰辛选战。

在8个多月紧张激烈的初选之战中，希拉里放弃她原来高薪的全职律师工作，离开她热爱并干出卓越成就的法律事业，全力以赴地投入克林顿的竞选，帮助他拟定和修改讲稿，制订竞选政纲与政策，联袂奔赴各地演说拉票，连对克林顿在电视辩论中的措辞与风度等细节都提出建议。希拉里忘我地投入丈夫的竞选之战，目的很明确，就是要支持与帮助他进入白宫。

在克林顿的初选活动中，希拉里精明干练、能言善辩、敢说敢为的女强人作风表现得淋漓尽致。陪同克林顿前往一些地方竞选时，希拉里通常作为他的介绍人首先发言。在向听众介绍她丈夫的生平经历与竞选主张时，她除了介绍她丈夫，还向选民演说她本人对国内时局以及种种社会问题的看法，意在更好的帮助丈夫。

这时就有一些政治观察家评论说："这不仅仅是一次介绍发言，这是克林顿夫人的一次竞选演说。"甚至有新闻记者问："谁是竞选人？""为什么希拉里不出来竞选总统？"

希拉里生性是一个自尊心很强，十分自重自爱，注重个人隐私的人。右翼党人就利用这一点大做文章，这可谓一箭双雕，既打击克林顿又伤害希拉里，这真是厉害的一招。

在1992年初，当阿肯色州小石城一家夜总会的歌女弗劳尔斯公开指控克林顿州长与她有长达12年的婚外恋情时，希拉里也立即被卷入这一轰动全美的桃色绯闻之中。她不得不亲自出面陪同丈夫上电视反击这一指控，向美国人民说明她与克林顿的爱情与婚姻生活，并对她丈夫表示真诚的爱、理解与支持。

这对希拉里是个严峻的考验。尽管她在表面上力持镇静，反过来还安慰丈夫，替他打气助阵，在私底下，希拉里承认新闻界毫不留情的做法给她以很大的伤害。

希拉里对新闻界不停地报道弗劳尔斯的故事十分不满。她向采访她的《新闻周刊》的记者抱怨说，她与她丈夫是新闻界"双重标准"的受害人。她说："如果比尔与我已经离婚三四年了，他竞选总统就不会有人问他任何问题。因此，依我的观察，许多东西都是毫无意义的。"

希拉里不仅公开抱怨新闻界对他们夫妇实行"双重标准"，还指责新闻界不去揭露布什总统的婚外恋情。在与《浮华世家》的记者的一次访谈中，她根据流传在华盛顿政治圈中的小道消息，说布什总统与国务院某位

CLINTON

第八章 总统夫人希拉里

女雇员之间长期以来就有婚外情，在华盛顿虽然人们都知道，但新闻界却故意不闻不问，只抓住她丈夫不放。

关于布什总统与国务院一位女雇员之间有婚外情的小道消息，在华盛顿的政治圈中确实曾有流传。但新闻界找不出任何证据，没有哪位记者敢公开报道这个谣言。但希拉里却在愤愤不平中毫无顾忌地说了出来。

一些右翼新闻媒体很快就抓住这个问题猛烈轰击希拉里，并纷纷把它作为头条新闻予以报道。有的报纸以显赫的标题说"这是希拉里的复仇"，有的在头条新闻中说"希拉里造成轰动"，有的甚至挖苦说："比尔的太太提供秘密情报。"

敦厚善良、满头银发、一副可亲的老祖母形象的布什总统的夫人芭芭拉·布什这时也出来发布一条公开声明，驳斥她丈夫与别的女人有婚外情的指控。

希拉里意识到自己发火发过了头。她没有其他选择，不得不为此向布什夫妇公开道歉说："这是一个错误。"希拉里为自己的直言不讳付出了惨痛的代价。

3月间，在伊利诺斯州与密歇根州初选前夕，克林顿的竞争对手、前加州州长布朗在与克林顿的一次电视辩论中，指责他涉嫌把阿肯色州政府的生意业务交给妻子希拉里所属的罗斯法律事务所，并说这是以权谋私，搞利益输送，完全是"腐败行为"。布朗不仅攻击了克林顿，同时也把矛头对准他的太太希拉里。

事实上，攻击政治人物给自己的配偶进行利益输送，在美国政治竞选中是司空见惯的事。

但是，向来自信独立的希拉里却不信这个邪。在丈夫担任阿肯色州州长期间，她一方面鼎力支持克林顿的政治事业，一方面自己也努力向"名律师"的道路发展。她作为罗斯法律事务所的主要合伙人和5家企业董事会的董事，不仅在阿肯色州法律界异常活跃，而且在全美法律界都十分引人注目。然而，她事业上的成功却在支持丈夫问鼎白宫的竞选中再一次给她带来麻烦，她同样也逃脱不了被怀疑为利益输送的得利人这种不幸的命运。

与众不同的是，希拉里是个从来不隐瞒自己政治观点的女强人，对于对手的无理攻击，她总是敢于展开针锋相对的反击，公开说出自己的观点和意见。

就在布朗攻击她涉嫌从她担任州长的丈夫那里接受利益输送后不久，希拉里在一次公开演说中情绪激动地说，自己在克林顿当选州长后没有选择"留在家里烤点心与饮茶"。希拉里是想表明，在丈夫担任州政府的公职后，自己不想做一个花瓶，当陪衬者的角色，而是要继续追求自己的职业生涯与事业的发展。

但希拉里万万没有料想到的是，此语一出，立即招致莫大的非议。一些新闻媒体断章取义地报道她这句话，许多家庭妇女认为希拉里的这番话严重地伤害了她们。在这些传统的家庭妇女的心目中，第一夫人的性格应该是温顺随和，而不是像希拉里这样盛气凌人，过分泼辣。一时间，克林顿竞选总部收到如潮水般涌来的抗议信件。有的家庭主妇在抗议信中说：在今年的总统大选中，她们将不投克林顿的票，因为她们待在家里烤点心，她们的女儿也在家烤点心，因为她们害怕他的妻子希拉里。还有的妇女说："我感到她在王位后面玩弄权力"；"我认为她是一个很放肆的女人，她太具野心"；"她对我们没有用处，我们对她也没有用处"。

在整个3月间，希拉里的这句话成为新闻媒体的头条新闻与封面故事。

面对舆论界与公众铺天盖地而来的批评与抗议，希拉里被逼得多次出来解释，拼命澄清对家庭主妇或烤点心做家务事毫无成见，更没有轻视家庭妇女的意思。在接受《浮华世家》杂志记者的采访时，希拉里无奈地说："我不知道怎样解释它……我只是应该在表达我的感情时要更小心谨慎。我并非故意要伤害什么人。""我可以理解，为什么有些人认为我在批评那些与我做出不同选择的妇女——实际上我母亲与我许多亲爱的朋友都做出这种不同的选择。我相信，今后不会再有这种误解情况发生。"

这次风波给希拉里以深刻的教训，并震撼了她的自信心。

希拉里的"烤点心"风波不仅给她带来许多麻烦，而且还给克林顿及其竞选阵营造成巨大困扰，以致克林顿的高级助手与竞选策略顾问纷纷要求独立敢言的希拉里尽量少抛头露面，说话要更加小心谨慎。

克林顿竞选总部的民意测验专家斯坦·格林伯格，竞选策略顾问杰姆士·卡维尔，以及新闻媒体顾问福兰克·格里尔都竭力建议克林顿夫妇重塑他们在竞选中的形象。他们特别要求希拉里在公开场合要放低姿态，尽量表现得更温和、更纯朴、更可爱些。

CLINTON

第八章 总统夫人希拉里

希拉里本来就是个善于总结经验教训的人，在克林顿的竞选策士提出进言后，她立即采纳他们的建议，适时地调整自己，努力改善自己在公众中的形象。

从4月下旬开始，希拉里在公开场合尽量采取低姿态。在陪同克林顿奔赴各地竞选时，她不再急匆匆地走在他的前面，而是与他携手并肩地走在一起。在向选民介绍她的丈夫时，她力求简短扼要。当克林顿在前台发表竞选演说时，她在一旁用含情脉脉的目光深情地注视着他。她还频繁上电视大谈养育独生女儿切尔西的"妈妈经"，讲她对孩子教育的重视，以树立克林顿贤内助的形象。

更重要的是，希拉里也开始向历届第一夫人看齐，刻意回避政治性浓厚的问题，尽量淡化自己在丈夫政治决定中的影响，把关心的焦点转向儿童与教育问题。

在一次采访中，希拉里表示说，假若她丈夫问鼎白宫成功，她将来在白宫不会有任何特殊的影响，她将只做一些不拿薪水的工作。她并发誓说，我不会参加总统召开的内阁会议，"我过去在阿肯色州从未参加州内阁会议，以后也不会参加白宫的内阁会议"。

4月间，在与阿肯色州一所高中的学生座谈时，有一个学生问她，如果克林顿州长当选为美国总统，她在克林顿的新政府中将会扮演什么角色？希拉里这时以一种很柔和的语气回答说，她将成为"白宫里代表儿童说话的声音"。

5月30日，希拉里应邀回到母校卫斯理学院，在应届毕业生典礼上发表演说。

在演说中，希拉里很巧妙地拿她与深得人望的布什夫人相提并论。她说："我们两人都是承担为人之妻责任的妇女，我们都非常关心我们的家庭，我们都支持我们的丈夫。"她认为，那些选择待在家中操持家务抚养孩子的家庭妇女与那些选择外出工作的职业妇女同样值得人们尊重。她说："你可以选择做一个企业的董事或做一名火箭科学家，你可以竞选公职，你也可以待在家中抚养孩子。人们可以选择任何他们喜欢干的事情。"希拉里最后告诉毕业同学说，她的毕生工作是帮助儿童，为儿童的利益而奋斗。并说，你们未来的生活有许多工作可做，"你们可以通过制定政策也可以通过烤点心来充实你们的生活"。希拉里的演说赢得经久不息的掌声。

希拉里这种"新姿态"又引来新闻媒体的疑问。一些记者追问说："这究竟是不是真正的希拉里？"希拉里聪明地回答说："我的生活是混合了多种兴趣与活动的，这就是我。"

这期间，希拉里认真阅读了英国前首相撒切尔夫人写的自传。撒切尔夫人在世界政坛享有"铁娘子"的美名。在驰骋政坛、日理万机的同时，撒切尔也始终不忘为妇之道，她常常向新闻界表示，她工作之余，嗜好并擅长烹调，能让全家人享受一顿丰美的晚餐，是她最大的快慰。她还多次表示，她从政坛退休后，唯一的梦想，就是家中有一个设备齐全的大厨房，以显示她不仅是一位成功的政治家，也是一位好妻子好母亲。撒切尔夫人在自传中还说，女人到了一定的年龄阶段，应该把头发染淡，以保持一种年轻活泼的形象。

撒切尔夫人身为一国首相，仍十分注重公共形象，这使希拉里受到深刻的启示，她马上决定把自己的头发染淡。她请好莱坞的发型设计专家替她改变发型，把头发剪去三英寸，剪成齐肩的俏丽活泼的发型，同时把头发染成极为漂亮的金发。她又请好莱坞的服装设计师为她设计制作了多套剪裁典雅而色彩明亮的更女性化的套装，以取代先前所穿的比较平淡而中性的职业律师套装。

7月中旬，当民主党全国代表大会在纽约市召开、正式提名克林顿为该党总统候选人时，希拉里身穿柔和的淡黄色丝绸套装，脖上带着金光闪闪的项链，以令人耳目一新的美丽活泼的形象陪同丈夫出现在大会会场，受到人们的热烈欢迎与交口称赞。在大会闭幕的那天晚上，她甚至邀请副总统候选人戈尔的太太蒂波一起翩翩起舞，似乎是要重新拾回她们逝去的青春岁月。

希拉里在努力淡化自己女强人的形象，强调自己是以家庭为重的好妻子好母亲之余，还利用过去令她饱受讥评的"烤点心"问题来做文章。在民主党全国代表大会会场及其所下榻的纽约市华尔道夫旅馆，希拉里向人们广泛散发她烤制的小点心。据称，这些小点心是根据她自己发明的食谱配方烤做的。

在民主党全国代表大会前后，希拉里与克林顿为了向选民显示他们绝不是像共和党人所攻击的反对传统家庭价值的人，不惜推出一样秘密武

CLINTON

器——他们的掌上明珠，独生女儿切尔西。

在克林顿于民主党全国代表大会上发表接受总统候选人提名的那天晚上，希拉里携切尔西公开出现在大会会场的讲台上。切尔西略带羞怯但端庄大方的形象透过电视对民主党全国代表大会的实况转播而印入美国选民心中，她与父母手牵手、肩并肩的画面，形成了一幅家庭和美的天伦图。它无形中粉碎了共和党人攻击希拉里夫妇不重视家庭的说法。

但不论希拉里怎样压低姿态，改善自己在公众中的形象，共和党人都一直把她作为攻击的目标。千方百计地揭她的短处，以打击她来作为击败克林顿的一部分。特别是当克林顿从民主党的初选中脱颖而出，正式成为民主党的总统候选人之后，共和党人更是集中火力来抨击希拉里。因此，共和党一逮到机会就对她大肆攻击一番，把她形容成一个有野心、好干政的女人，一个没有任何感情的政治机器。

8月中旬，共和党在德州的休斯敦召开全国代表大会，正式提名现任总统乔治·布什与副总统丹·奎尔为该党的总统与副总统候选人。以休斯敦的大会为标志，共和党正式拉开了与民主党阵营全面决战的序幕。

在休斯敦大会期间，共和党选择克林顿夫人希拉里为一个主要的攻击目标。最先跳出来攻击希拉里的是共和党的右翼保守分子布肯南。布肯南在共和党内的初选中，曾与布什总统竞争该党总统候选人提名资格，结果被布什击败。现在，在对付民主党的政治对手时，布肯南与布什成为同盟者。

布肯南在大会上的演说中公然无中生有地指责说："希拉里相信什么？""希拉里相信12岁的孩子有权利控告他们的父母。希拉里把婚姻与家庭比作奴隶制度与印第安人保留区的生活。"他最后叫嚣道："希拉里，你到底相信什么，你自己出来讲讲！"

接着，其他一些共和党人也轮番上阵对希拉里进行攻击。有的指责她是堕胎权利的支持者；有的说她是同性恋的同情者；还有的批评她是思想自由激进的左派，一心向上爬的女权主义分子……总而言之，共和党人认为，希拉里的所言所行，都大逆不道，必须全党共讨之。

在一哄而上对希拉里进行讨伐者中，包括副总统奎尔的夫人玛丽莲·奎尔，甚至一向以善良敦厚著称的布什夫人芭芭拉也参与其内。

共和党全国代表大会使反对希拉里的声浪达到高潮。他们似乎认为，只要把希拉里的形象搞臭，就能帮助布什打败克林顿，稳坐白宫宝座。对此，克林顿嘲笑布什说："乔治·布什正在竞选第一夫人。"

共和党如此视希拉里为箭靶，百般攻击，不免引起人们的非议，因为这毕竟是在竞选总统而不是竞选第一夫人。

另外，在1992年的总统竞选中，共和党抛开最紧迫的经济问题不顾，却以"家庭价值观"作为他们的竞选主题，不遗余力地攻击克林顿夫妇不重视家庭价值观，特别攻击希拉里不顾家庭，只顾个人事业发展，一心向上爬，太具政治野心，并声称如果她成为第一夫人，不仅会破坏传统第一夫人的形象，而且还会给美国社会与家庭带来不良后果。然而，共和党这种把希拉里作为攻击靶子的策略，实际上犯了一个严重的错误。

因为自从20世纪60年代以来，美国家庭发生了巨大的变化。越来越多的已婚或未婚的妇女都走出家门，参加工作，追求与男人一样平等的经济与政治权利。特别是许多受过良好高等教育的妇女，在自己的职业岗位上干出了杰出的成就。而且在过去20年中，美国妇女与男人在婚姻关系中的地位与作用也发生了戏剧性的变化，那种男主外、女主内的传统婚姻格局已被打破，广大妇女已不再处于从属于丈夫的地位。而希拉里与克林顿的婚姻关系正反映了美国社会的这种变化。

有人认为，克林顿夫妇代表了一种新型的"平等的伙伴家庭"。民主党的顾问安·刘易斯说："克林顿夫妇代表了丈夫与妻子之间一种新的工作伙伴关系，这是我们以前没有见过的一种夫妻关系模式。"特别是希拉里，作为一位职业妇女与工作母亲，在抚养孩子、协助丈夫的同时，努力追求自己的专业生涯，她的成功已成为美国新一代妇女的榜样。

所以，共和党人这样肆无忌惮地攻击希拉里，实际上是在批评广大已婚的职业妇女与工作母亲。有不少职业妇女与工作母亲对共和党人百般攻击希拉里十分不满。她们认为，这种批评妇女追求自己的职业生涯的做法伤害了她们的感情。特别是共和党内保守的上层，为了批评希拉里·克林顿赞成妇女有选择堕胎的权利，硬是把反对堕胎权利列入该党政纲。这一举措不仅激起广大赞成堕胎权利的女性选民的强烈反对，而且在共和党内部也引起一片抗议声浪。共和党内的女性成员纷纷抨击这一政策。有的妇女写信说："现在，女人成了敌人，希拉里·克林顿成了被攻击的代表。但我们都是希拉里！"

CLINTON

共和党人对希拉里的攻击不仅没有达到丑化她的目的，反而使更多的人对她产生同情与支持，使她成为更加著名的公众人物。这也为克林顿的竞选奠定了成功的基础。

2 甘苦寸心知
CLINTON

希拉里随丈夫进入白宫时，是满怀参与国家大事，造福美国社会与人民的理想与热情的，她要在白宫按她的志向给第一夫人的角色重新定位，要在美国历史上留下她灿烂的一笔。正像罗斯福夫人伊里诺及肯尼迪夫人杰奎琳那样分别留下属于自己的印记一样。

但希拉里又是一个十分注重个人隐私，重视家庭生活的人。她希望在追求事业成功的同时，又能把家庭生活搞好。她既要做一个有成功事业的女性，还要做一个好妻子、好母亲。

白宫是一个国家最高的权力中心，那里有着种种优越的条件，但希拉里希望他们一家人能像在小石城（阿肯色州）时那样，能过上一些普通人的生活，这样全家人才会有更多的时间待在一起，并保证女儿切尔西能过普通人的正常生活。因此，她搬到华盛顿后，就像搬到一个新城市的大多数人一样，自己上街逛店购物，像在阿肯色州小石城那样经常与女儿一起逛商店。

希拉里是一位慈爱的母亲，希拉里为了女儿能放下一切。搬进白宫后没多久，切尔西患感冒，希拉里亲自为她做了她最喜欢吃的炒鸡蛋和苹果酱。有时，切尔西放假不用去学校上课时，希拉里会说："我今天要和女儿一起过。"她和女儿一起重新布置她的房间，一起玩牌，一起听音乐……每天下午切尔西一放学回家，她都要放下手头的工作到她的房间看看她，与她聚一会儿，问问切尔西的学习与活动，晚上有什么家庭作业。希拉里曾对为她丈夫做传的查尔斯·艾伦说："与优质时间相比，我强烈地感到孩子需要日常时间。比尔和我尽最大的努力，我们之间如有一个人外出，另一个得留在家里。在这方面，我们曾经花了许多精力，因为我们感到首先要当好父母，对这点我是非常认真的。我们的确花了很大的工夫来培养孩子的自我意识，并尊重她的兴趣与爱好。"了解希拉里的人都说："希拉里是一位能把事业与家庭处理得井井有条的人。"

她说："我想，人应该把他的每一面都表现出来。妇女在扮演着不同的角色，发挥着不同的作用，她们要求所有角色都受到尊重，不应有任何陈规旧套。"

但是，人们似乎总是很难把她视为一名成功的职业妇女的同时，又把她看作一位好母亲。这使希拉里百思不得其解。

更令希拉里想不到的是，尽管她希望与家人在白宫也能过正常普通的家庭生活，但自她搬进白宫的那一天起，她就成为媒体与公众密切关注与监督的对象，媒体对她的日常生活、一言一行，关切得简直到了无以复加的地步。这使她的个人生活再没有什么隐私可言。

比如，就在她搬进白宫后不久的一天早晨，一名工作人员竟未打任何招呼就进入他们的卧室，这使还在床上的希拉里与丈夫大为震惊。

另外，不论她与丈夫到哪儿，戴着耳机的特勤局工作人员总跟到哪里，虽然这是特勤局工作人员的职责，但她总是感到不习惯。而且她还发现，有些特勤局人员不仅观察、聆听，还喜欢向外界传播小道消息。一些媒体也不遗余力地编造各种有关她的虚假故事。如说她在白宫与克林顿睡不同的床；她的性生活要么根本没有，要么太频繁；他们两个都有婚外恋对象；什么希拉里与克林顿总统又凶狠吵架了，希拉里一气之下，拿起台灯就砸总统，使克林顿马上产生过敏症等等。有些报道甚至出自像《新闻周刊》这样比较受大众欢迎的传媒之手。它们传播出来后又以讹传讹，搞得沸沸扬扬。希拉里对此简直伤透了脑筋，她说："为什么他们要造我的谣？""我怎么了？真奇怪。"

对于这些谣言，白宫发言人一概予以否认。希拉里为了扭转局面，抵制这种恶意中伤人的谣言，只好亲自参与了对传媒的一场攻势。

希拉里有选择地接受了《时代周刊》的采访，并同丈夫一道接受了《美国新闻与世界报道》记者的采访，而将曾毫无根据地报道她在与丈夫的一次吵架中，拿台灯砸克林顿总统的《新闻周刊》的记者拒之门外。

对媒体无中生有、捕风捉影、爱炒新闻的行为，希拉里无可奈何。为此她对媒体采取敬而远之的态度。但尽管她采取种种措施来保护自己，仍摆脱不了传媒界造谣攻击的噩运。

第八章 总统夫人希拉里

而当她受丈夫的重托,负责主持影响每一个美国人生活的全民医疗保健改革的艰巨使命后,传媒更加对她紧盯不放,甚至把她的一言一行都要放到显微镜底下观察。共和党右派人士则将她描绘成喜欢弄权干政的野心家,四处伸手的"大章鱼",或者称她是把丈夫朝左拉的激进派,企图在美国推行社会主义。

因为种种原因,全民医疗保健改革中途流产,而民主党在国会中期选举中又惨败。这使希拉里饱受批评,认为她应负一定的责任。她的心情非常沮丧,充满失落感与挫折感。加之"白水案"的调查无休无止地进行,更让她身心受到极大的创伤。

经过一段时间痛苦的反思,希拉里只好决定调整自己的角色,改善在公众中的形象,即不再直接公开地参与政府的重大政策制定过程,而是转到妇女、儿童与家庭这些对第一夫人比较"安全"的问题上来。她并且开始仿效罗斯福总统夫人伊丽诺·罗斯福,每周定期在报刊上开辟自己的个人专栏,畅论时事与女性在新世纪中的角色定位等等。

希拉里在她的首篇专栏文章中表示:"我希望这个每周一期的专栏,可以谈谈一般人觉得最切身的问题,不管是风趣的、悲伤的、启发的或重大的问题,能为民众开一扇窗,让他们有机会从不同的角度看问题。"

希拉里希望她的这个专栏"像伊丽诺的一样,可以促使我们所有的人,尽量思考生活中的人性面。而且我希望这个专栏有助于拉近我们现实社会中的鸿沟。只有如此,我才能超越刻板的印象与漫画,向我们国家每个人所做的独特贡献表示敬意"。她最后希望"这个园地能就我们面临的问题提供信息、让大家可以使用,以帮助人们决定去做'为所当为'的事情。但最重要的是,这个专栏给我个人以'畅所欲言'的机会,让有兴趣的读者也能加入这项对话"。

希拉里的"畅所欲言"专栏(Talking It Over)在不同的报刊如《洛杉矶时报》、《纽约每日新闻报》等美国及世界百余家报刊上每周一次刊出。她成为美国有史以来第二位顶着专栏作家光环的第一夫人。第一位是美国第32任总统罗斯福的夫人伊丽诺·罗斯福。

希拉里的好友、阿肯色大学政治学教授黛安·布莱尔说:"我的确认为,你将看到的是,这个专栏让她有机会确保她说出她心里想说的话。那不是被动的,也不是'确保我不被误解',而真的是畅所欲言。我想,她一定非常兴奋。"

但希拉里这次全新出击也有风险，白纸黑字，易授人以柄，被伺机攻击她的人拿来大做文章，然而白宫方面认为，这股攻击希拉里的力量只要局限于保守阵营，白宫就不必在意。而克林顿总统1996年竞选连任最重要的还希望借助希拉里的文字力量，重燃民主党选民——尤其是女性选民的向心力。

希拉里在调整策略后，继续为民主党助阵。

8月26日，当全美妇女庆祝妇女争得投票权75周年的时候，希拉里在她的"畅所欲言"专栏发表"妇女投票权，奋斗75年"的专栏文章中，对美国妇女争取选举投票权的奋斗历史进行阐述，号召广大妇女珍惜好不容易争来的民主权利，用选票表达自己的意见，参与国家大事。

希拉里指出："在我们庆祝妇女享有投票权75周年时，到投票站行使这个得来不易权利的美国妇女并不踊跃。今天，在全国性选举中投票的妇女所占比率较30年前低，在非总统选举年，投票率更跌破50%。可悲的是，许多妇女觉得，她们的选票对自己的未来或国家的前途根本无足轻重。"希拉里认为这种观点是错误的。她说："唯有我们自己努力，别人才听得到我们的声音。毕竟，妇女投票权至少是经过75年努力奋斗才取得成功，来之不易。"

希拉里在其专栏文章中还指出："投票是民主社会中最基本的权利，攸关全世界妇女的进步，这也是我们上一代妇女艰苦奋斗争取投票权的原因。妇女终于享有投票权，可谓是社会革命。有了选票，美国妇女可以影响法律的修订，对自己的命运也有了发言权。"

当联合国决定于1995年秋天在中国的北京召开联合国第四次世界妇女大会后，希拉里对这次关系全球妇女未来发展的重要会议表示出浓厚的兴趣，希望能够参加这次全球妇女的盛会。但由于当时中美关系因双方在人权、贸易与中国台湾等问题上的争执而正处于低谷时期，使希拉里试图前往北京与会的希望变得不那么明朗。

面对来自各方面强烈反对的声浪，希拉里仍表示希望能够去北京参加联合国第四次世界妇女大会，与各国妇女讨论她所关心的世界妇女问题。通过种种努力，白宫即于8月25日宣布，克林顿夫人已接受联合国秘书长加利的邀请，将以美国代表团名誉主席的身份率领美国代表团参加即将在

CLINTON

第八章 总统夫人希拉里

北京召开的联合国第四次世界妇女大会。

8月26日,克林顿总统利用全美妇女庆祝美国妇女拥有投票权75周年这一机会,为他的夫人的北京之行进行辩护,并谴责美国国内某些人企图把联合国第四次世界妇女大会形容为一个激进的反家庭的集会。他说,美国国会中许多共和党人士竭力反对美国派代表团与会,尤其反对第一夫人与会,因为他们指责中国仍违犯人权,并认为这次会议可能支持堕胎的立场。克林顿驳斥这种说法是政客煽动人心的言论,而且根本偏离主题。他的夫人率团与会的目的在于从事改善全球妇女命运的努力,美国有责任有义务派团参加这次大会。

希拉里亦在当天庆祝集会的演说中为自己即将开始的北京之行进行辩护。她指出"这次会议关系全球妇女及家庭所关心的最基本问题,例如,充分的健康保险,充分的经济机会及政治权利"。她还举出美国代表团大多数成员的名单,以显示代表团具有两党性与多样性,并不是外界所称的是由一群自由派与激进分子的结合。

9月2日,即希拉里准备动身赴北京参加世妇会的前夕,她又执笔在她每周一期的报刊专栏中发表专题文章。

文章最后她向美国民众解释说明美国人应该关心联合国第四次世界妇女大会。她强调指出:我们有几个必须关心的理由:

"第一,这次会议是个难得的机会,可以教育世界领袖,让他们了解妇女想改善她们自己和家人生活时所面临的挑战。

"其次,这次会议可以让全球妇女发表她们的意见,包括靠每小时4.25美元工资抚养子女的美国妇女。她们无力负担保育婴幼儿费用,或在工作上升迁无望。

"第三,这次聚会还将协助千百万身受暴力之害的妇女,传达她们默默忍受的恐惧,其中包括对妇女的家庭暴力。"

希拉里最后宣称:"妇女的未来,正是这次会议的宗旨。"

这篇专栏文章一见报,希拉里即率美国代表团踏上赴北京的旅程。这是她首次访问中国。

在大会上希拉里发表令全球瞩目的演说。

在演说中,希拉里首先感谢联合国秘书长加利给她机会参加这次全球妇女的盛会,她说:"这是一次真正的妇女庆祝大会——祝妇女作为母亲、妻子、姊妹、女儿、学习者、工作者、公民和领袖对社会生活的各个方面，包括对家庭、工作和社区所做的重大贡献。"

希拉里指出，参加世妇会的代表来自全世界，"尽管我们可能会有不同的声音，但没有什么能够使我们分开。我们拥有一个共同的未来。我们来到这里是要寻求一个共同点以使我们能为全世界的妇女与儿童带来新的尊严——同时，也给家庭带来新的力量与稳定。通过相聚在北京，我们正在让全世界关注与妇女和她们家庭生活最相关的问题：如妇女有机会享有教育、健康、工作、信贷和享有基本的法律与人权，以及拥有充分参与自己国家政治生活的机会"。

希拉里认为："只有当妇女享有健康与教育，她们的家庭才能繁荣。只有当妇女免受暴力之害，她们的家庭才能繁荣。只有当妇女有机会参加工作并获得与男人相同的薪资待遇，她们的家庭才能繁荣。当家庭繁荣时，社区与国家才会繁荣。"

针对共和党控制的国会为平衡预算要砍掉某些儿童福利项目的企图，希拉里与之进行了坚决的抗争。她大声疾呼："美国儿

伉俪情深

童正处在危机之中。我们的儿童有 23% 处在贫困之中、有数百万儿童每日得不到最基本的照顾服务。无以数计的儿童生活在未成年的单亲家庭中。毒品、暴力与虐待等时时在侵蚀我们的孩子并严重影响他们未来的生活。"她严正指出，在美国儿童急需帮助与保护的时候，共和党人却要大砍儿童福利，这无疑是在向儿童宣战。

希拉里宣称："在今后几个月内，当国会处理社会问题时，他们的每一项政策，每一个预算决定都要以是否帮助美国儿童与家庭来检验。我要你们知道，白宫与克林顿政府将与你们一道工作，确保我们的儿童免遭进一步的伤害。"

在克林顿政府与共和党控制的国会发生严重的预算之争期间，希拉里竭力游说并坚决支持她的丈夫在维护儿童与老年人的福利问题上采取坚定的原则立场，要其在寻求达到预算平衡的同时，决不能向儿童福利项目开刀。美国舆论称她是一位不知疲倦的鼓吹者，说她从来都不是一个传统的第一夫人。

确实，希拉里绝不是传统的第一夫人，她有智慧、有才识、有个性、有理想，她立志要帮助她的丈夫实现他们共同的理想。虽然她一步一步走来是那么的艰难，但她的敬业精神一次次使她克服困难取得最后的胜利。

3 推动医保改革
CLINTON

医疗保健制度改革是希拉里作为第一夫人参与政治和政府管理所抓的第一件大事。

1993 年 1 月 25 日，克林顿入主白宫还没有几天，就宣布任命希拉里为全国医疗保健特别工作组组长，主持制定政府的医疗政策和全国医疗改革计划。

克林顿说过，医疗保健问题是他要解决的首要问题。

事实上，弊端丛生的医疗保险制度是消耗美国财富，影响美国人民生活质量的重大社会与经济问题。

为了树立希拉里的威信和形象，克林顿在向记者们解释他的这项任命时指出:"当完成一件复杂的任务时,她具有比跟我在一起工作过的任何人更好的组织与领导能力。"他指出:"我想在未来的几个月内,美国人民将会知道,我们有一个多才多艺的第一夫人,她能够把人们凝聚起来对付复杂而困难的问题,最终达成一致的认识,使任务得以完成。"

克林顿同时任命的总统医疗保健改革专案小组的其他成员,其中包括卫生部长、财政部长、商业部长、国防部长,以及退伍军人部长和白宫预算办公室主任等6名内阁部长级官员。这些成员将全部听命于希拉里的指挥。

在新闻记者会期间,希拉里安静地与她将负责领导的专案小组的成员坐在一起,一言未发。克林顿说,希拉里将不分昼夜地领导医疗保健改革。在百日之内准时拿出医保改革方案交国会审议。她将马上开始工作,而不拿分文报酬。

建立全民医疗保险制度是克林顿在竞选时提出的主要竞选口号之一。克林顿希望所有的美国人都拥有医疗保险,使他们不论住在何地,不论健康状况如何,也不论做何种工作,都有权利获得医疗服务。据美国新闻界报道,若要将目前无保险的3 700万人囊括入受保行列,美国联邦政府将花费天文数字,而政府不可能有此经费,克林顿因而指派他"最亲密的顾问"希拉里来出掌此项任务,解决这一年消耗近万亿美元的社会沉疴。曾在布什政府中负责医疗保健事务的德博拉·斯蒂尔曼说:"这比世界上任何问题都困难,可能波斯尼亚冲突除外。"

事实上,改革医疗保健制度.为所有的美国人提供医疗保健服务,是许多美国政治家的梦想,是一件极其艰难复杂的历史任务,它困扰美国已长达半个多世纪。

虽然希拉里的能力与奉献精神,凡是与她一道工作过的人都充分肯定。但前总统夫人南希·里根的新闻秘书泰特以怀疑的口吻问:"如果克林顿总统的夫人把事情搞砸了,那谁去向总统报告?"

尽管有些人对克林顿的医疗制度改革表示疑问,但白宫助理们却都对此表示乐观。他们认为,克林顿夫人虽然不是一位医疗保健专家,但她是一位善于组织协调的通才,而且她深得克林顿总统的信任与支持。克林顿亦认为,虽然他的夫人在医疗保健领域并非内行,但这恰是她的优势,她思想开放,不讲情面,所处的地位最适于仲裁调解与医疗改革有利害关系的众多相互排挤的利益集团的纷争。各方面的民意测验亦显示，大多数美国人赞成克林顿任命他的夫人希拉里为全国医疗制度改革专案小组的负责人。

为了不辜负丈夫的重托与广大民众的殷切期望，希拉里在接受任命后的翌日即飞往纽约，开始了她的工作。

希拉里深知，医疗保健改革计划能否成功，最终是否能够成为法案，关键在于国会议员们是否理解和支持这个改革计划。因此，与国会议员间的沟通联系，求得他们的理解与支持，是医疗制度改革成败的关键。

带着这一重大使命，希拉里于2月4日走访了国会山。在走访国会山之前，她的助手们已向新闻界广泛散发了她将在国会山活动的详细日程安排，以期引起媒体的关注与重视，从而扩大宣传效果与影响。

在国会山，希拉里首先拜访了民主党籍的参议院多数党领袖米切尔。两人会晤后，希拉里在米切尔的陪同下，出席记者会，回答记者们的提问。

记者会上，希拉里又在米切尔的陪同下，与28位民主党籍的参议员，以及共和党籍的参议员少数党领袖鲍伯·多尔、罗德岛州的参议员约翰·查菲见面。希拉里用5分钟的时间向议员们介绍了她领导的医疗保健改革专案小组的目的，以及她希望与国会领袖们密切合作以完成保健改革的愿望。她讲完后，回答了议员们的一个个提问。

希拉里表示，每一个人都知道我们的医疗制度有很多毛病，她的兴趣在于与国会议员以及领袖们一道工作，克服那些毛病，共同设计出一个"回应美国人民的真正需要，保证他们拥有医疗保险"的法案。

在短短一天紧凑的日程中，希拉里在国会山挨门逐户地拜访会见了30余位国会议员及其领袖。她对保健改革问题的透彻了解，她对美国民众保健问题的关切，以及她与国会议员坦然相处的沟通能力，不仅令新闻界大开眼界，深为赞叹，也给位高权重的国会领袖们留下深刻印象。参议院少数党领袖多尔事后曾说："她令人印象深刻。"俄亥俄州的一位参议员说："她非常机敏。她十分了解她所讨论的问题。能够与总统夫人坐在一起热忱而公开地讨论你所关心的问题，那确实是一种荣幸。"

就在希拉里在国会山拜访国会领袖，为医疗制度改革大搞公共关系时，白宫于当日拒绝了影响力巨大的美国医疗协会（AMA）希望在改革美国医疗保健制度上享有更大发言权的请求。一些保险业和消费者团体也在抱怨，说它们已被排除在制订克林顿总统的医疗保健改革过程之外。

据美国传媒透露，已有300—400名各方面的学者专家被克林顿总统邀请到白宫，协助第一夫人领导的医疗改革专案小组制订改革计划，准备在5月5日以前提交给国会。这些专家学者大多来自全美各大学与研究机构，甚少人与医疗界或保险业界的同行有密切关系。

2月11日，希拉里以克林顿总统医疗保健制度改革计划特使的身份，前往费城约有108年历史的圣艾格尼斯医院考察访问。随后，她在宾夕法尼亚州国会议员沃佛德的陪同下到宾州州立大学哈瑞斯堡校园出席有全美200多名医疗官员参加的医疗会议。希拉里在会上发表演说时指出，美国的医疗体制已经失败，必须改革。希拉里说："我们不能再这样继续下去。我们拥有的是一个混乱不堪、毛病百出的医疗制度。"

希拉里说："美国的医疗制度使3700万人完全没有医疗保险，成千上万的人陷入灾难的边缘。""美国在医疗上所花的钱，超过任何国家，但是工作并未做好，未得到投入如此庞大财力应有的医疗服务。"她最后说："我们必须面对这个制度的成本问题，必须有公开讨论的勇气，而且应该认识到我们的医疗和保健制度必须改革。"

希拉里还对医药公司过度提高预防疫苗价格的行为严加抨击。

希拉里领导的医改专案小组的工作日益受到媒体与公众的关注。它的每一项工作细节都受到舆论界的监督。2月中旬，美联社报道说，希拉里的医改专案小组正在考虑对受雇员工的某些医疗福利征税，这将是控制医疗保险费用和为没有医疗保险的民众提供保险的计划的一部分。

2月16日，白宫承认，第一夫人领导的专案小组正在研究各种可能的新税，以协助筹措克林顿总统医疗改革计划的经费。希拉里并于当日二度造访国会山，分别会晤了民主党与共和党的国会领袖，以及50多名国会众议员，希望与国会众议院领袖及议员们建立良好的关系，为新医疗制度催生。

2月22日，希拉里在肯尼迪参议员、蒂波和波士顿市市长佛林的陪同下访问波士顿市，与当地小企业主、学生和医疗工作人员座谈如何改革医疗制度。希拉里说："我们来此是为了听取大家的意见。我们对大家所想到的如何使这个制度更有效地工作，和让人人都负担得起的医疗保险构想，特别感兴趣。"一名参加讨论的家庭药房的店主摩根说："克林顿夫人很关心小企业主为员工办理负担得起的医疗保险所遇到的困难。她并没有谈到她现在有什么明确的解决方案,她希望通过真正有困难的人的讨论,找出有效的解决方法。"

在访问波士顿的次日,希拉里再度访问国会山,会晤国会两党30多名女议员,与她们就妇女保健问题专门讨论了一个多小时。

希拉里每天早上6点至6点30分之间起床,首先到楼上的厨房准备全家人的早餐,送女儿切尔西上学后,她开始在白宫主持参加医疗保健改革会议,接见每一个要见的人,从医疗保健专家到护士、心理医生,以及各界代表。然后是与工作人员共进工作午餐,应邀发表演讲,到国会游说。她每天工作长达16小时,与工作小组及有关人员开数十次会议。

作为一位最聪慧、最杰出的女性,希拉里确实有超人的天赋。她对医疗保健中的问题了如指掌,几乎没有她不知道或记不得的事,连退伍军人医院法规的一章一节,她都能脱口说出。有人问,蒙大拿州印第安人保留区患糖尿病的比率有多大?她立刻回答说,40%,而且数百里之内没有一部析糖机。

4月底,为了如何为医改方案筹措600亿美元保险经费问题,她又一次赴国会山,向参议院财政委员会做简报。国会山上的规律是,如果你不能使议员们信服,你的议案也休想通过。希拉里自然深知此道。当她娓娓开讲后,针针砭的,丝丝入扣,令出席简报会的52名国会两党议员都睁大了眼睛。该委员会首席助理奥唐纳曾对希拉里的保健计划持怀疑态度,简报会后就坦白表示:无人愿意我认同她的计划,但今天她走进这屋子后,我相信她能够做到。

经过漫长的研究和讨论始告完成的总统医疗保健改革专案小组的医改建议案,本望可在5月间克林顿执政百日时提交国会讨论,但由于全民保险面临如何筹措巨额保险经费问题而无法定案。

众议院岁出岁入委员会主席罗森考斯基就讥评这个建议案是内政星球大战计划,许多利益团体也对酝酿中的医改议案大肆攻击。一些政府官员与白宫顾问开始要求克林顿总统暂缓该项全民保险方案。

虽然医疗改革方案向国会提交的时间延后了,但希拉里宣传推销该方案的议程与活动却没有任何延缓。她按计划一步一步地认真进行。

9月22日,克林顿向国会联席会议发表演说,克林顿在演说中概述了他的医改计划,揭示了进行改革的六项原则:安全、简便、节约、自由、选择、品质提高和共同负责。

根据克林顿的计划，医疗保险费将由雇主负担80%，员工负担20%。执行此一计划的其他财源来自目前联邦医疗支出节约下来的费用，以及对香烟征收"罪恶税"。

克林顿向国会议员们呼吁："让我们今晚一起保证，在国会明年休会之前，各位将表决通过，本人将签署一项新法律，为每一个美国人提供医疗保险。"

这时，希拉里已扮演完"催生者"的作用，下一步，她将为此计划向国会作证，并向传媒与全美大众广为游说推销。

9月28日，希拉里自称以"一个母亲、妻子、女儿、姊妹和女人"的身份，前往国会两个委员会，为丈夫的医疗改革方案作证。她诚恳地邀请国会议员们加入她和总统的行列，致力于"给美国人应得的健康安全"。

希拉里9月28日上午的两场作证共花4个小时。在听证会上，她对议员们赞誉有加，并且耐心地称许偶显敌意的议员提出了一个重要的问题。对于可能成为盟友的议员所提出的尖锐问题，她都热切认真地给予回答，只有对最不能感动的反对者，略表愠怒。

在被问及克林顿总统的医疗改革方案会带来医疗配给时，希拉里说："现在整个美国已在分配医疗。"她指出："事实上，几千万美国人得不到与其他几千万美国人相同质与量的医疗保险。"她并告诉议员们，里根政府时期的公共卫生署长库柏曾告诉她，一个患同样病住院但无医疗保险的人，可能死于该病的比率是有保险者的3倍。

一个接一个的众议员，对于克林顿计划中从联邦老年人保险照顾节省1 224亿美元和贫民医疗补助节省1 114亿美元部分，向希拉里不断提出疑问。她的答复是，联邦老年人和贫民保险计划，可以通过改革变得不那么昂贵。她举例指出，宾州的一项调查发现，同样的心脏分管手术在一家医院的费用是21 000美元，而在另一家医院却高达84 000美元。

当部分议员质疑对保险费涨幅设限的必要性时，她说，为了促使私人业者采取不太昂贵的做法，某些预算约束是必要的。

听证会上，另一个被经常提到的问题是对于小企业雇主的顾虑，因为根据克林顿的医改计划，他们必须为员工付80%的医疗保险费。这对他们将是巨大的负担。

CLINTON

希拉里指出,大部分的小企业已经为他们的员工购买了保险,没有保险的员工仍然在有保者负担之下,得到昂贵的急诊医疗。她说:"我不认为这是公平之道。已为员工保险的公司,不仅承担自己员工的保险费,实际上还负担不做同样承诺雇主所用的员工。"

当来自拥有众多烟草业的肯塔基州保守的共和党众议员表示,他对医改计划的"免费午餐"抱严重怀疑态度,并问她为何只对烟草征税而不对其他有害物质如咖啡因、盐、糖、酒征税时,希拉里坚称:"这个计划里没有免费午餐","每个人都要出钱"。接着,她以不耐烦的急躁语调说:"如果你能提出对刚才提到的东西征税的办法,我们会很高兴加以研究。"

国会听证会后,希拉里领导专案小组根据议员们的意见以及其他方面反馈回来的意见,进一步对医改计划进行修改,力图平衡各方面的利益,尽可能让更多的人感到满意。

10月27日,希拉里陪同丈夫克林顿携带修正版、长达1 336页的健保法案,到国会山先贤厅提交给国会。

这个修正版的保健法案与原计划相比,做了许多让步,旨在争取那些对克林顿9月22日在国会联席会议演说时透露的改革计划不满意的国会议员、特殊利益集团和普通民众。新方案不再要求所有的州在1997年开始之前参加医改计划,将实施期限延至1998年,并对联邦津贴设限。新方案包括了牙齿保险,对小企业提供更多的津贴,对妇女有更广泛的保险,在保险计划上提供更多的选择等等。

为了消除对个人及政府会花更多钱的忧虑,新方案包含一项新保证,各家庭不会为医疗保险费付高于收入的3.9%;它并限制联邦津贴在5年之内不得超过1 610亿美元,除非国会在这方面批准更多的支出。

克林顿的医改原则没有变:它保证每一个美国人有一套标准的医疗福利,雇主应为其员工的保险费至少付50%。小企业和低收入工人将获得联邦政府的补助,帮助他们支付他们应该分担的一份保险费。

国会领袖们在接受这个法案时,一个个发表演说,对这个法案的总设计师——克林顿夫人希拉里所起的重要作用赞不绝口。

参议院多数党领袖米切尔说:"在我国历史上,从来没有一位第一夫人曾以如此充沛的精力和深思熟虑,并以如此的远见卓识来领导这样一种艰巨的工作。"

第八章 总统夫人希拉里

接着发言的众议院议长佛里说:"过去的第一夫人也到过这个大厅,但谁也没有带来以她自己的努力和工作所得到的一件如此重要的成果,也没有其他的第一夫人在美国的公共政策问题上起到过如此重大的作用。"

当克林顿年初任命他的夫人主持全国医疗改革专案小组的工作时,一些保守人士感到,希拉里的作用超越了第一夫人的传统角色。

佛里为此特别指出:"有些人对克林顿总统的判断提出批评,认为他不应把对其政府和美国的未来如此关键的问题交到第一夫人手上。今天,已没有任何人对这一判断提出疑问了。"

希拉里在致词时则把荣誉分给更多的人。

然而,完成保健立法是一条崎岖不平、艰难困苦的道路。目前在国会中已形成议案的保健计划共有 6 个,其中共和党与民主党各有喜好和坚持。各派人马势力都不弱。因而,克林顿的方案只是 1/6 而已。医疗保险改革之难搞,因为它每年花的经费高达近万亿美元,占全美经济的 1/7 强。医疗保险的内容包罗万象,牵动无数的行业既得利益和人们珍惜的习惯行为。克林顿夫妇的全盘改革,等于是重新架构这部大机器。更动其中任何一个部件,都会引起不同团体利益纠葛。国会议员对该法案手握生杀大权,但他们正在不断收到医疗与保险业庞大的竞选捐款,在一个非选举年,捐款金额之大是空前的。

《纽约时报》发表文章评论说,不管国会最后通过什么样的保健方案,将来何许人会受惠和对何许人不利尚不清楚,但是,最早的胜利者显然是国会的议员们,特别是负责审议保健法案 5 个委员会的领袖和委员们。

1993 年感恩节过后不久,克林顿在一次广播演说中表示,1994 年立法战役的焦点将是医疗改革计划。他充满信心地告诉美国人民:"我衷心期望在明年年底以前,国会将通过一项计划,给予每一个美国人永不会被剥夺的完整的健康照顾。"

克林顿原以为,民间求改革的呼声很高,以他和他夫人的领导才干与智慧,应可使他们的全民保健法案顺利过关。不料事与愿违。

有观察家认为,面对庞大复杂、弊端丛生的医疗制度,任何版本的改革方案,都难以讨好所有的人,都难免受到批评与反对。

7 月间,国会对医改法案的审议工作进入关键时刻。希拉里及整个克林顿政府加紧了对该法案的游说与宣传推销工作。希拉里甚至乘巴士巡回全美来推销她的全民保健方案。与此同时，反对派也加强了宣传游说攻势，与希拉里针锋相对地交锋。

糟糕的是，克林顿夫妇卷入白水案的丑闻已在全美闹得沸沸扬扬。

曾支持该法案最力的参议院多数党领袖米切尔已开始与许多参议员讨论，他说他正在考虑不同的方案。

而且，国会已决定年内不再审议克林顿的全民保健方案，并于8月中旬开始休会放长假。

国会假期一过，两党议员们开始全力投入国会中期选举。这次选举于一夜之间改变了华府政治格局。共和党从战后近50年来第一次从国会参众两院的少数党变成多数党，民主党却从多数党沦为少数党。在这种局势下，克林顿夫妇企图由共和党控制的国会通过他们的全民保健法案已完全不可能。

具有讽刺意味的是，当希拉里的医改计划在美国国内大受冷落时，在国外却备受欢迎。1995年6月1日，当希拉里陪同丈夫到加拿大出席7大工业国家首脑高峰会时，加拿大妇女大学为表彰她在领导美国医疗制度改革中的积极作用与贡献，特别授予她荣誉学位。

1995年5月，希拉里在乌克兰一所医院访问时，陪同她访问的乌克兰政府的卫生部长手捧一册她主持制订的"健康安全法案"，要求她签名留念。该部长说，这个法案非常了不起，它对解决医疗保健问题具有国际意义。

希拉里哈哈大笑，笑声中带有几分苦意。

医疗改革虽然流产夭折了，希拉里并因此受到诸多责难与批评，但她始终念念不忘这个问题，1996年2月10日，她利用曾扮演"超人"的著名电影演员克里斯托夫·尼夫骑马不小心损伤脖颈而要承担高昂医疗费用这一事件，在全美各大报上发表专栏文章，继续呼吁大家来关心医疗保健问题。

4 竞选为美国议员
CLINTON

在克林顿弹劾案结束后，也许是为了完成多年的夙愿，希拉里终于决定要开创自己的政治生涯，开始真正属于自己的事业。

经过反复的慎重考虑，希拉里终于下决心参加纽约州的联邦参议员竞选，她对自己说，要敢于竞争，敢于胜利。1998年6月，希拉里宣布成立竞选考查委员会。7月6日，她正式向联邦选举委员会登记，成立选举委员会，为竞选纽约州联邦参议员做准备。并且她告诉纽约和全世界，她想接替莫尼汉留下的议员空缺。莫尼汉是民主党参议员，已宣布2000年退休。

对希拉里竞选参议员，民主党内存在着支持与反对两种意见。支持者认为，要保住莫尼汉这一把持多年的参议院席位，对民主党实现在2000年大选中夺回国会多数的宏愿至关重要。而共和党觊觎这一空缺的是现任纽约市长朱利安尼。他政绩不凡、民望很高。在纽约州很难推出能与他一争高下的候选人，只有希拉里才能与之相匹敌。而反对者认为，她出马参选对戈尔竞选总统不利。因为，民主党本来希望希拉里能以自己非凡的活动能力及特殊的身份，为戈尔筹款助选。

而共和党对希拉里要竞选则是想方设法地阻挠。为了回击共和党人的阻挠与刁难，希拉里表示将以一个普通女性的身份参选，并在纽约州的哈帕瓜购置了一套价值170万美元的豪宅。

2月6日，希拉里正式对外宣布角逐纽约州的联邦参议员，宣布仪式在普澈斯的一所学院举行。克林顿的女儿切尔西一直陪在她的身边。她的竞选核心主题，即是争取更好的保健福利及改善公立学校的教育体系。

希拉里的竞选拥有很多的有利条件，但也面临一些非常棘手的问题。

第一，她竞选的是纽约州的联邦参议员，但她生在伊利诺斯州，曾生活工作在阿肯色州，对纽约州来说，是个外乡人，根本不了解纽约的历史与现状，更代表不了纽约的民意，而且纽约选民对她缺乏足够的了解。

第二，有人对她动用政府交通工具——"空军一号"专机进行竞选旅行提出了质疑。

第三，在美国，无论是政治家还是平民百姓，都知道希拉里在纽约州竞选参议员是醉翁之意不在酒。对于雄心勃勃的希拉里，这不过是一个跳板。希拉里从来都没有掩饰她有朝一日登上总统宝座的愿望。

第四，美国选民很多已患上"克林顿疲劳症"，这对希拉里也是不利因素。

3月下旬，希拉里与朱利安尼——她的竞选头号敌人进行了一次辩论，

CLINTON

人们本来对希拉里寄予厚望,然而辩论的结果却不够理想。以上分析的希拉里的不利因素都显示了出来。

当时的民意调查的结果也显示,希拉里的支持率远远低于朱利安尼。

希拉里的竞选之旅就这样在不怎么顺利中开始了,但后来的事情发展却大大出乎意料。希拉里仿佛得到神助。

5月16日,希拉里正式获得民主党纽约州参议员候选人资格的提名。这一天,总统克林顿也特地修改日程,到场观礼并致辞以支持希拉里。当大会主持人向观众介绍希拉里时,克林顿与夫人手拉着手,激动不已地双双走上了主席台。在向欢呼的群众挥手致意后,克林顿未发一语,非常谦恭地往后一站,开始凝神倾听希拉里向大会致辞。丈夫真心的支持使希拉里更信心倍增。

形成对比的是,一段时间以来,共和党的候选人朱利安尼却倒霉透顶,坏消息不断。最先拆朱利安尼台的是他的妻子,她竟然答应出演一部色情影片。结果这一消息被媒体披露,在纽约引起轩然大波。市长夫人要去演三级片,这使整个纽约人民都感到蒙受耻辱,朱利安尼的形象也因此大打折扣。

朱利安尼的不幸还接连不断,在一次例行身体检查中朱利安尼被查出身患前列腺癌。朱利安尼向媒体宣布了他身患癌症的消息,并说这可能会影响他对竞选参议员一事的决定。

到了5月份,媒体又报道说朱利安尼准备离婚,紧接着又报道他可能早有婚外情。这些消息对他本已十分不利的竞选局面起到了雪上加霜的作用。

5月19日,朱利安尼宣布,由于健康问题,他决定退出与第一夫人希拉里角逐纽约州联邦参议员席位的选战。

对希拉里最具威胁性的一个竞争对手就这样自己给自己化解了。

希拉里的第二位竞争对手是民主党内的另一个候选人——曼哈顿的外科医生麦克马洪,希拉里在与他的竞争中可以说是轻松过关。

希拉里的第三位竞争对手,是共和党临时推出的候选人——纽约州国会联邦众议员拉齐奥。拉齐奥的实力显然无法与朱利安尼相比。但根据9月份的一项民意调查显示,希拉里与拉齐奥的民意支持率十分接近。

9月13日晚,希拉里与拉齐奥展开了第一场辩论。这场辩论是在纽约州北部城市布法罗进行的,并通过全国广播公司向全州进行现场直播。因为是第一场辩论,所以希拉里与拉齐奥都十分重视,都希望通过这场辩论打破支持率僵持不下的局面。在辩论中,双方在教育、环境、医疗以及纽约上州(即北部)的经济等问题上进行了激烈的交锋,双方还抓住对方在信誉、人格上的弱点进行抨击,甚至连"厚颜无耻"这样的字眼也用上了。《纽约时报》称这次辩论为"20年来竞选州级公职过程中最激烈的交锋之一"。这场辩论的结果是,希拉里在辩后赢得了更多选民的好感。49%的选民认为第一夫人在辩论中表现出色,对拉齐奥表示好感的占36%。更为重要的是,希拉里在第三党派以及举棋不定的选民中间人气有所上升,表示将投票给她的达到50%,表示赞同拉齐奥的大约只有30%。

初战告捷,接下来又经过几次角逐,希拉里最后击败了她的共和党对手里克·拉齐奥众议员,赢得了纽约州的联邦参议员席位,成为美国历史上第一位竞选公职或获得公职的总统夫人。

5. 待时而动
CLINTON

在当今美国政坛女杰中,希拉里·克林顿可谓鹤立鸡群。希拉里现在最大的"卖点",不是她曾贵为美国第一夫人,也不是她现任纽约州参议员的身份,而是她是否会出马角逐总统选举。因为她具备一个政治家应有的气质、手腕、智慧、才能与知名度,拥有向白宫发起进攻的实力。

人们把注意力投到她身上,是因为民主党经历了克林顿时代后,目前还找不出可与布什相抗衡的领头人。唯有希拉里那锋芒毕露、伶牙俐齿的形象,似乎有可能胜过牛仔气十足、咄咄逼人的布什总统。

《巴黎竞赛画报》周刊的记者曾向希拉里提问:

"在这一个世纪里,女权取得了巨大进步。您甚至力图使妇女事业取得更大进步。在这个领域,还需要进行哪些战斗?"

希拉里回答说:

确实,女权事业取得了一些进展。我想到了我的母亲,她是在1920年,也就是在妇女获得投票权的前一年出生的。而到我女儿这一代,女性

CLINTON

第八章 总统夫人希拉里

已经有了实现自己愿望的各种机会,这一进步是个人难以置信的。但有些领域的情况还有待改善,像同工同酬,阻碍妇女进入企业高级领导层的心理障碍。我们还要使妇女在事关生育的问题上能始终有权做出自己的选择。我们还应该尽一切可能使妇女的工作与家庭生活协调。大多数妇女是迫不得已才外出工作的。我们应该帮助她们担负起工作和家庭责任。

最后记者问出了我们都想问的问题:

"有朝一日,妇女将入主白宫。您会成为这样一位妇女吗?"

让我们看看希拉里是怎样回答的:

"如果我成为美国总统,我会履行职责直至任期届满。有人经常问我,为什么英国、以色列、印度有女总理,而美国没有。很多人没有搞明白,打破我们体制方面的障碍要比打破某种议会制度方面的障碍难得多。在议会,你可以一级级地逐步往上走,最后成为你那个党派的领袖。在美国,一位参议员或州长要想参加总统竞选首先必须让全国了解你,这需要大量的金钱,需要非常广泛的政治基础。这都需要时间。因此,妇女要想在我们的政府体制下树立自己的威望,就需要更多的时间。但现在已有几位有资格的人士有可能成为总统。我非常希望在我的有生之年,一位妇女能当上美国总统。"

虽然希拉里并没有直接回答我们最为关切的问题,但从她这一篇对自己不吝夸赞之辞的答问中,我们不难看出她的抱负。特别是最后一句话意味深长,足以引起人们的期待!

民主党支持者期望希拉里能够在2004年总统竞选中出马挑战布什。

然而,每当媒体表露这一念头时,希拉里总是出面澄清,否认自己曾表示过将角逐2004年的总统选举。

人们现在的疑问是,希拉里到底会不会宣布参加2004年的总统竞选?从目前情况看似乎没有这种可能。希拉里已经多次在公开场合宣布,自己不会参加党内总统提名的角逐。情况似乎也真是这样。美国民主党内的9名总统提名候选人已经纷纷亮相,希拉里甚至还参加了民主党几位总统提名角逐者的募捐大会。如此看来,希拉里放弃参加2004年的总统竞选几成定局。

但在希拉里竭力否认的背后,其种种言行又让人们感到不可思议。这或多或少地让人们隐约感到:她有可能在总统提名截止日期之前宣布参加竞选。

尽管希拉里一再声明"我没有参加总统竞选的打算",但是她的行动却说明,这位前第一夫人却正走在缔造历史的进程中。

两年来,希拉里在政界的精彩表现在外人看来也足以显示她的勃勃雄心。从一开始,她就在全国范围内构筑政治网络,放下身段淡化"过于自由"的形象。她为克林顿的总统任期进行辩护,并通过对现总统布什的尖锐批评,反击共和党的进攻。

希拉里利用自己的影响积极为民主党参选人员筹款,例如,2002年2月她参加了艾奥瓦州州长的筹款宴会,还帮助新罕布什尔州女参议员竞选人珍妮筹得2万美元;至今已经有73位民主党人得益于她60万美元的款项支持。

这些帮助凸显了希拉里放长线钓大鱼的意图。众所周知,艾奥瓦、新罕布什尔两州历来是总统竞选的关键州,这两个州的选情往往是全国范围的晴雨表。希拉里在这些州为民主党候选人摇旗呐喊,看似帮助该州候选人打开局面,实则为自己铺路,可谓一箭双雕。

另外,希拉里不遗余力地争取民主、共和两党的中间派势力。这些温和派长期在社会福利、反好莱坞电影暴力文化等政治立场上有自己的主张,希拉里在这些方面也尽量向他们靠拢。

2003年6月9日,希拉里推出了自己的回忆录《Living History》。借这本书的问世,希拉里频频上电视、为读者签名,增加曝光率。美国的许多媒体认为,希拉里动作频频,目的是在为竞选铺路。

新书上架前夕,美国广播公司资深记者芭芭拉·沃尔特斯说:"这对夫妻之间发生这么多事,看来什么都有可能。"纽约政坛甚至传言,最后,将是前市长朱利安尼和前第一夫人希拉里对阵竞选总统。

根据媒体观察家亚历山大·斯坦利的看法,希拉里接受《时代》杂志、美国广播公司等大媒体的专访,其实是非常工于心计的"准备工作",访谈内容一贯展现受访者"咬紧牙关,奋斗到底"的本性,并没有透露多少她内心深处的想法。

斯坦利指出,这位仅仅几年之前,已公认"出局"的政治人物之妻,现在似乎在她先生擅长的牌局里面是大赢家——不断赢得人心。她借着出书营造的气势,毫不客气地走入一家又一家媒体的摄影棚,一局又一局的全赢，政敌们都看傻眼了。

书评家卡库塔尼给这本长达 500 多页的回忆录下的结论是："整体而言，本书展现出把一篇竞选演说过度加工的味道，把一连串适合在电视脱口秀讲出来的小故事，用工于心计的美化技巧，装饰堆砌而成。"

卡库塔尼认为全书的目的，是要把克林顿竞选和执政期间种种引发争议的问题和丑闻，看看能否摆脱撇清，再决定希拉里本人要不要竞选入主白宫。总之，书中主角是一个职业政客，借着出书受访等精心策划的预演和颇有省略的发言，执意要把"出书之旅"变成再次竞选的第一阶段。

从一系列政治举动可以看出，希拉里正在全国范围内苦心经营，期待着在金秋时节采摘硕果。

近来希拉里确实又做出了一些折射其潜在政治欲望的举动。就在布什总统乘飞机黑灯瞎火地潜入伊拉克劳军后，希拉里大张旗鼓地赴阿富汗进行劳军。与布什"偷偷摸摸"的做法形成鲜明对照的是，希拉里不仅走到户外，而且还与驻守在外面的美军进行接触。两相对比，希拉里赢得了高分。就在几天前，希拉里向布什"放炮"，称布什的极右路线正在毁掉美国，把美国拖入战争的泥潭。她还放言，布什总统可能是美国建国以来最无能的总统。

事实上，任何一个有政治智慧的人都会认为，希拉里为什么要在这个时候自找麻烦宣布竞选总统呢？假如美国经济持续复苏，美国在伊拉克的伤亡人数仍停留在目前政治上可接受的水平，那么，布什仍将是 2004 年总统连任的热门人物。对希拉里来说，此时最好的对策是积蓄实力，耐心等到 2008 年。因此，她需要做的是不断营造自己的可信度，让自己的政治机器运转到位，巧妙地塑造自己的形象。

"玛利亚民意调查协会"的一位民调专家米林奥夫说，支持希拉里的多在纽约州、美国东北部地区和加利福尼亚，支持者多为妇女、少数民族和民主党人士。人们对她有一种爱恨交加的情绪，一旦走出东北部地区，多的是恨，少的是爱。

调查还发现，42%的民主党成员认为希拉里应参加总统竞选，66%的民主党成员对希拉里有好感，但支持她的共和党人仅有 6%，党派意识非常明显。令希拉里更失望的是，53%的美国民众表示他们对希拉里不感兴趣，37%的人则觉得希拉里还不错。

最反对希拉里竞选的当属民主党的对手共和党人了。在共和党看来，白水案、弹劾案和希拉里的锋芒，都为共和党提供一个攻击的机会。尤其是1993年希拉里代夫提出保健改革计划，至今仍被共和党抨击是政治界和美国政府政策性的灾难。如今，面对希拉里在美国人心中日渐上升的地位，美国总统布什和共和党上下显然感到希拉里才是民主党内最具有威胁性的人物，将她视作了共和党的"一号强敌"。共和党向全国发起了一个号召"抵制希拉里"的运动。美国参议院共和党委员会主席乔治·艾伦在一封写给党内人士的竞选筹款信中，更是忧心忡忡地发出警告："如果我们共和党人还不采取行动抵抗希拉里，那么她将一往无前地爬上华盛顿政坛的巅峰，一个新的希拉里·克林顿时代将很快在美国政坛上降临！"

而在共和党的官方网站上，共和党人对一大堆已经宣布竞选美国总统的民主党候选人不闻不问，却在网站最显要的位置上发出"红色警告"："应该提防的是希拉里！"

关于希拉里是否竞选美国总统的话题甚至在世界范围内引起了人们的兴趣。法国第一夫人伯纳黛特·希拉克公开支持希拉里·克林顿竞选2008年美国总统，她还称，此举将会对全世界的女性产生巨大的激励作用。

希拉里2003年7月在法国为自己的新书《Living History》进行促销时，法国TFI电视台在黄金时段播出了对希拉里的专访节目，节目中还播放了之前录制的有关法国总统希拉克夫人伯纳黛特·希拉克对希拉里的评论。希拉克夫人说："有许许多多的女性希望有一天自己能参加美国总统竞选并且取胜。"她说，如果希拉里参加竞选，那么这肯定会激励"全世界的女性积极参与到政治中来"。然而，希拉里仍旧像在美国时所表现出的那样，似乎对总统竞选不大感兴趣，她在专访节目中说："我没有参加竞选的打算。我只想当好参议员。"

尽管希拉里反复表示，她并不想竞选总统，至少在2004年以前的日程表中，没有这个安排。但是，像大多数参议员一样，她不会绝对地说，永远不参加总统竞选。有关2008年她将参加总统竞选的传说时而见诸报端。不过，希拉里身边的一些最亲密的人都说，起码从目前看，这仍不可能，"她在美国人心中的形象不会很快改变。这是一个不匀称的负面形象"。一位资深的民主党战略家指出，她在东部和纽约州小有名气，可是美国中部西部的人们则根本不了解她，甚至不知道有个希拉里。希拉里对此心知肚明，正在设法改变这一现状。对于她在美国大部分地方仍不为人所知的说法，希拉里自嘲地说："这是因为他们不认识我。"

舆论指出，正是因为希拉里心里非常清楚自己的政治实力，所以一直小心翼翼地塑造自己的形象，非常在意那种批评，即她借参议员为跳板，进而重返白宫。但实际上，希拉里曾在竞选期间保证，她会干到2004年届满，但也没有公开表示是否参与2008年的总统竞选。她虽然曾经说过："我除了想成为最佳的参议员之外，什么都没考虑。"这反映了希拉里对自己还是有自知之明。但这极有可能是放长线钓大鱼，通过扎扎实实地为民众做实事，积累一些资本，为将来大展宏图奠定基础！

不过，情况确实仍有变数。假如美国经济崩溃，假如伊拉克陷入混乱，这一切毫无疑问都将给民主党人竞选总统注入一剂兴奋剂。待到那时，希拉里问鼎白宫力挽狂澜的巾帼雄心必将显露无遗。如若希拉里坐失2004年的总统选举之机，而目前民主党总统提名候选人迪安又赢得胜利，那么就意味着，希拉里可能要一直等到2012年才有机会竞选总统，届时她将65岁，已近暮年，以这个年龄竞选总统将是自里根总统以来最老的。现在，希拉里的崇拜者们希望出现的情况是：在2004年7月26日波士顿召开的民主党大会上，迪安无法获得绝大多数代表的认同；由于民众对迪安当选总统的可能性表示质疑，因此，其他候选人仍在力争党内的提名。

还有，就在党内为总统候选人提名闹得不可开交之时，大会是否会提议希拉里作为一位最佳的妥协人物代表民主党与布什总统决一高低，以摆脱党内提名的僵局？虽然这听起来像是天方夜谭，但目前的民意测验表明，希拉里是40%已注册登记的民主党人的第一选择，比赞同迪安的人数高出3倍。随着克林顿离开政治舞台，希拉里毫无疑问成了民主党最耀眼的政治明星——她是民主党最有能量的募捐者，每当她参加党内候选人募捐大会，她总会无可置疑地夺走人们的目光。

人们对希拉里可能竞选总统的猜测仍将继续下去。首先，希拉里的政治行动委员会已经具备了一个全国性政治组织的雏形。另外，希拉里已经成为民主党的明星之一。

如今在美国，在越来越多要求走出家庭、走向社会的女性选民心中，一个女人能够代表她们在男人占主导地位的政治圈里冲锋陷阵，那是一件多么畅快淋漓的事情。况且，美国国会那块留给第一位女总统雕刻头像的石头，已经寂寞地等待了 100 多年了。这种历史性的竞选正是激起人们极大兴趣的根本所在。

无论是美国舆论还是民众没有死心，他们坚持认为希拉里可能会在最后时刻以"黑马"姿态出现在公众面前。

因为希拉里一直否认自己要竞选总统，所以大家仿佛只是在关心她是否参选。其实大家关心的是她能不能成为美国历史上第一位女性总统，而且忠心期待着她能去实现大家的这一心愿。对于克林顿来说他是打心眼里支持希拉里竞选总统。

6 独立自主参选总统
CLINTON

希拉里的名字如今已完全超越了总统夫人的形象，而是"铁娘子"的象征。她终于宣布 2008 年参加美国总统竞选。希拉里的智慧是从政治实践中获得的，她这次的总统竞选预示着未来美国可能要出现首位女总统。

纽约一位政治观察家这样评价希拉里，他说："对于希拉里，人们或爱或恨，但绝没有中间路线。"在美国人眼里，希拉里是个充满争议的人。

在美国，希拉里颇受女性和年轻选民的青睐，在他们眼中，希拉里是一位勇敢的妻子，一位勤奋、有责任感的政治家，是女性从政的楷模。但反对者则认为，希拉里冷酷、精于算计，没有女人味儿。有民意调查显示，在每 10 个美国黑人妇女中，有 8 个认为希拉里是"政界英雄"；但同时也有反对者将希拉里的照片与拉登的头像并列，互联网上甚至还有上百个专门丑化她的网站。

与此同时，希拉里的形象也似乎没有给她加分，很多人觉得，"她就是无法令人感到亲近"。人们还喜欢将她与克林顿对比，说她缺乏后者那种天生的领袖魅力。美国弗吉尼亚大学政治研究中心主任萨巴托说："我无法理解，为何一个跟克林顿朝夕相对的人，说话这样木讷。我不是说她一定没有胜选机会，但她肯定不像很多人所描绘的那样必胜无疑。"有人甚至说，如果民主党提名希拉里，就等于是送大礼给共和党。比较而言，《纽约时报》的一篇文章比较中肯。文章称，人们认为希拉里精明强干，

CLINTON

第八章 总统夫人希拉里

即使是恨她的人也这么看。但同时，人们又觉得她缺乏热情，她必须要让选民看到一个完整的希拉里，而不仅是一个经过排练的政客。此外，希拉里面临的更大挑战是，怎样说服足够多的人相信，一个女人同样能在战时胜任军事统帅之职。这其实道出了众多美国人对女政治家的复杂心态：一边是对女性政治的渴望，一边是对男人阵营的守卫。

但无论人们怎样评论希拉里，都不能改变她向总统宝座冲刺的决心。希拉里·克林顿向美国首位女总统的权位吹响了冲锋号。这就是希拉里，一个让许多对手感到畏惧的女政治家。希拉里被人们评为是"一个八面玲珑的参议员"，几年前，当丈夫克林顿的政治生涯停止之际，希拉里却开始了向自己梦想的权力巅峰迈进。

1999年，时任总统的克林顿还在为自己与莱温斯基的裙边韵事"埋单"，一对明星夫妇被搞得狼狈不堪。此时的希拉里却不声不响地在纽约州购下一处房产，从而获得了纽约州的居民权。随即，希拉里宣布要竞选纽约州参议员。很多人都不相信，她能在摔得最狠的时候站起来。但希拉里做到了。2000年11月，克林顿卸任总统之前的两个月，她成功当选参议员，并成为美国历史上首位成功竞选公职的第一夫人。

6年间，希拉里凭借自己非凡的政治才能和孜孜不倦的工作，在被称为"老男孩俱乐部"的参议院里站稳了脚跟，赢得了尊重。初入参议院，她刻意保持低调，虚心听同事讲话，发表观点时字斟句酌，对别人的建议总是毫不吝惜地大加赞扬。就连议会开会时，她也甘当后座议员，在每个重大问题上都躲在聚光灯之外。进参院不到一年，希拉里就树立了勤奋和敬业的形象。她一天工作15个小时；她在5个委员会的9个小组委员会中任职；她很少缺席辩论或表决，而其他议员的出勤率却只有百分之六七十。她甚至与反对过自己丈夫的政敌合作，结果是，她赢得了政敌的尊重。在希拉里身边，还聚集着一批谋士。这使她无论在提及内政、外交、医疗、教育哪个话题时，都能口若悬河。

有美国媒体这样评价她：这6年中，希拉里是美国政治家中唯一一个团结的力量，而不是分裂的力量。连续5年，盖洛普的民意测验都将她评选为"最令人羡慕的女人"。她曾她荣登全美女性名人堂，她还以超出对手30个百分点的绝对优势获得连任。正因为如此，美国媒体一直相信，希拉里竞选总统只是迟早的事。其实，2004年布什谋求连任的时候，希拉里就差点动过这个念头。但经过一番审时度势,她最终按兵不动。布什获胜后,曾有媒体感叹,希拉里和克林顿不愧是超级政治动物,政治嗅觉绝对一流。如今,当希拉里决心出战时,更没有任何人怀疑她选错了时机。在希拉里宣布参选的当天,美国一项最新民调显示,希拉里在全美国范围内所获选民支持率竟然高达41%。这就是希拉里,目标明确,但一切都得稳扎稳打,慢慢来。

过去曾有人预言,希拉里与克林顿的婚姻将随着丈夫下台而告终,但直到6年后她宣布竞选总统,他们在公众面前出现时依旧是一对恩爱、互助的好夫妻。

希拉里心里究竟在想什么?更多人倾向于认为,两人的婚姻之所以能维持到现在,是因为双方出于政治目的而达成的某种契约。希拉里不可能不明白,离婚对一个女政治家来说意味着什么。

为了搞清楚两个人感情世界的真相,《洛杉矶时报》曾采访了他们身边的50位朋友或助手,最后得出结论:离开白宫后,两个人基本上过着各自独立的生活。《洛杉矶时报》甚至统计了他们相处的时间:自2005年年初以来,两人平均每月有14天待在一起,其中有时是一整天,有时只是在晚上团聚。据美国媒体报道,希拉里还和丈夫签订了"夫妻协议",生怕自己竞选总统时或当上总统后,克林顿再次背叛,给她带来政治灾难。克林顿在协议中宣誓对妻子忠贞不渝,如果再寻花问柳,除赔偿妻子数百万美元外,还必须公开向妻子道歉,并自动搬出家门接受离婚。

虽然在生活中若即若离,在政治上两人却堪称绝配。可以想象,一位做了8年总统的丈夫与一名担任了6年参议员的妻子可能是"世界上智商最高的政治夫妻档"。事实上,希拉里前两次竞选参议员时,这对夫妇的每一次公开露面都经过了精心设计,他们很少同时出现在一个地方,而往往是兵分两路,为的就是让克林顿甘当"绿叶",不要遮挡了妻子的光芒。

自希拉里宣布正式参加2008年总统竞选后,媒体一直要求希拉里就克林顿在她政府中所起作用给予详细的回答。克林顿15年前进行总统竞选活动时称,他的妻子是一位政治盟友,称他的竞选口号应当是"买一送一"。当被问及这一口号是否也适用于她的竞选活动时,希拉里称:"我不会说它适用我的竞选。"但希拉里称,她将"听取他的建议,借鉴他的经验,克林顿在国内的众多事务领域中作出了非常大的成绩,他还很了解我们所处的世界"。

1992年当克林顿参选美国总统时,作为妻子的希拉里始终伴随克林顿左右,成为他的得力助手,为克林顿当选立下汗马功劳。而这次妻子高调宣布参选,作为另一半的克林顿也是鼎力支持。克林顿曾对媒体宣布,他非常期待在妻子的选战中扮演好"配角"的角色。克林顿还说:"为了她的选举,她叫我做什么我就会做什么。"同时,克林顿还不忘为妻子送去赞扬:"希拉里是智慧和爱心的完美结合,拥有领导和学习的能力,同时又坚定不移。她比我所知道的任何人都能赢得认同,包括反对者的认同。"

作为前总统克林顿的妻子,希拉里是妇女的楷模,而作为一个女政治家,希拉里又是妇女们的骄傲。希拉里——一个智慧的女性!

7 克林顿为妻子希拉里助选
CLINTON

克林顿一直支持希拉里的竞选活动。2007年底,美国总统大选的序幕拉开之后,克林顿就像当年他竞选总统时希拉里尽全力助选他一样。他站在前台助选希拉里,这一时刻将会永远让人铭记心中。

2007年12月31的竞选场面很壮观,据媒体报道:2007年12月31日,美国民主党总统竞选人希拉里·克林顿和丈夫比尔·克林顿、女儿切尔西·克林顿在艾奥瓦州得梅因参加竞选活动。美国总统竞选党内初选将于1月3日在艾奥瓦州拉开帷幕,为赢得总统候选人党内提名,各位竞选人在元旦前夕纷纷选择在艾奥瓦州展开最后的拉票活动。

活动开始前,50名得梅因当地居民走上主席台就座,他们男女老少比例均匀,穿着最为普通的休闲服装。在大多数竞选人的拉票活动上,都能看到这种"人墙背景",仿佛在说"我们老百姓在背后支持你"。

不知是因为迟到还是别的什么原因,希拉里并没有在预定时间出现。颇有几分美国喜剧天王金·凯瑞风格的活动主持人不得不绞尽脑汁,安排各种现场互动节目,包括提问:"希拉里是出生在艾奥瓦州旁边的什么州啊?"以及请上三位T恤上写着"希拉里超酷!"字样的小男孩上台,向台下观众扔纪念品。

CLINTON

第八章 总统夫人希拉里

这样热闹地折腾了半个小时，又经过了十分钟的尴尬冷场，现场音乐终于响起，主持人请上了一位意外的嘉宾：克林顿时期的女国务卿奥尔布赖特。不过这位70岁的老太太此番登场纯属友情客串，一出场就坐到旁边，到最后也没有开口说过一句话。除了奥卿，艾奥瓦州前州长汤姆·维尔萨克等希拉里的名人支持者也轮番上台。但是，只有等到越来越高的声调宣布"下面有请切尔西·克林顿、比尔·克林顿和希拉里·克林顿"时，全场才第一次响起真正热烈的欢呼声与掌声。

在黑色西装里面穿着毛衣的克林顿首先发言，请求艾奥瓦选民为他的夫人投票。虽然头发花白、脸颊瘦削，但是眼前这位曾经在1992年戴着墨镜吹萨克斯迷倒全美国人的前总统，可以说至今风采不减，比起他身后那位始终保持职业微笑、双手交叉站立的夫人，更是多了几分亲切态度和明星气质。面对全场观众，克林顿声音嘶哑地说："有一个人可以改变美国人的生活，改变美国的未来，这个人现在就站在我身后。"

在他身后，比少女时期美丽端庄许多的克林顿的女儿切尔西，不失时机地走到母亲身边，亲热地搭住她的肩膀，前州长维尔萨克夫妇赶紧让到一边，以免影响这一家三口的亲密画面。

希拉里在丈夫暖场后走上前去，与他互相亲吻脸颊。虽然从去年12月开始一直在艾奥瓦州进行高密度的竞选活动，但是这位前第一夫人看起来毫无倦色。她声情并茂地进行了15分钟演讲，分别向人们讲述了她对于伊拉克的政策、卫生保健系统改革等各方面施政设想，有时候语调高昂起来，甚至可以压过全场的掌声。

在希拉里进行重要演讲时，坐在旁边的克林顿很有明星风度，当希拉里回忆往昔，说到"想当年，比尔和我……"的时候，他高兴的一脸笑容带头领着大家鼓掌。

据说在艾奥瓦州与希拉里并驾齐驱的黑人参议员奥巴马将2008年1月2日晚的竞选活动安排在了得梅因当地一所高中的篮球馆里，再次体现出他希望吸引到更多年轻男性选民的努力。得梅因一家当地报纸的记者对晨报记者评价说，政治资本浅薄的奥巴马经过数月选战，到今天已露出疲态；令人怀疑在接下来的几个月初选中，他是否真有实力，撼动老骥伏枥的希拉里。

1月2日，艾奥瓦州党代会进入最后24小时冲刺阶段。目前支持率不

CLINTON

相上下的三名民主党竞选人：希拉里、奥巴马和爱德华兹均选择在艾奥瓦州首府得梅因举行竞选活动，人气比拼不可避免。也许是不想与这几位民主党竞选人抢风头，争夺艾奥瓦州共和党党代会胜果的两名共和党竞选人：前马萨诸塞州州长罗姆尼与前阿肯色州州长赫卡比，均选择让自己的竞选活动地点避开得梅因。

这一系列竞选活动中，最不可错过的当然是克林顿夫妇的集体亮相。人们在现场看到，经过长时间的密集竞选活动，60岁的女参议员仍然精神饱满、容光焕发，而她身旁那位61岁的前总统克林顿也精神振奋。

1月2日中午，有媒体记者拜访希拉里在得梅因的竞选总部。虽然艾奥瓦州党代会的激烈厮杀即将上演，这里却闻不到丝毫火药味。

在这里的日程通知上记者发现，克林顿夫妇兵分两路，要在48小时里拜访艾奥瓦州的17个城市，展开马拉松式的拉票活动。2日晚，两人终于碰头，在得梅因历史学会的宽敞大厅里，上演艾奥瓦州党代会之前的最后一场夫妻恩爱秀。

1月2日晚，得梅因历史学会对所有来客敞开大门，没有任何安检设施。活动开始一个小时前，面积不大的一楼大厅已经挤进了数百人，不少人还跑到大厅一侧旋转楼梯的转角处，期望得到最佳视野。现场的记者们都被安排到大厅最后排的阶梯座位，视线无阻挡，但是永远无法靠近主席台；内场最外缘是一圈坐轮椅的残障人士，这样既方便了他们活动，又能以"轮椅阵"客气地阻拦企图进入内场的观众；在围绕主席台的一圈座位上就座的，则几乎都是希拉里的铁杆支持人群：中老年女性……

纵观以上媒体的报道，选民们有一个令人振奋的口号是："选希拉里，因为我喜欢克林顿"。走下总统宝座的克林顿依然那样迷人，这一对绝佳的政治夫妻搭档，成了公众视野的新期待。不论他们两人走到哪里，到处都是一片欢呼声。克林顿这位美国的前总统有一种被人称道的精神，这就是，对于一切努力他总是——不言放弃！

CLINTON
第九章
总统女儿切尔西

被称为美国"第一女儿"的切尔西,她给克林顿和希拉里这对"政治型的夫妻"确实带来了无尽的欢乐,每当他们在感情上或其他原因出现痛苦的时候,切尔西总是出现在他们中间,她成为了链接总统夫妻感情的一条纽带。

CLINTON

1 成长在总统之家
CLINTON

人们都知道克林顿夫妇有一个可爱的女儿,当克林顿绯闻缠身,使克林顿和希拉里面临感情崩溃的边缘时,是他们的女儿切尔西维系了他们之间的感情。切尔西成为他们夫妇感情的纽带,切尔西的确是他们夫妇的掌上明珠。

有关切尔西的身世,希拉里在她的回忆录《亲历历史》中是这样表达的:

"尽管分身乏术,比尔和我还是想有个孩子。我们都喜欢孩子,有孩子的人都知道,比尔第一届州长任内绝对是不方便的。我们也一直没空,直到一次决定前往百慕大度假,当然机不可失。

"我说服比尔和我一起参加'助产爸爸'课程,这可是绝对的新鲜事,大伙儿都很好奇,州长也想来接生?怀胎接近七个月时,我有一次和威廉姆森出庭,跟法官聊起我们夫妇每周六都去上'接生'课程。

"'什么?'法官大惊失色,'我一向很支持你丈夫。但我不相信女人生孩子跟丈夫有什么关系!'他这话可是认真的。

"大约就在同时,1980年1月,阿肯色州立儿童医院计划扩建,需要取得良好的财务评估。当时的院长贝蒂·洛医生——之后也是切尔西的儿科医生——问我是否愿意陪同一帮医生和理事前往纽约,和财务评估公司洽谈。挺着一个大肚皮,别人都为我捏把汗,但我还是决定同行。多年后洛提起这段往事时,还告诉别人,财务公司之所以同意医院的提案,是因为看到即将临产的州长夫人亲自出马。

"3月的预产期将近,医生建议我不能出远门,我也因此错过了一年一度的白宫州长晚宴。比尔在2月27号星期三回到小石城,正好赶上我羊水破裂,令他和州警们心焦如焚。比尔回想起助产课程中教授的步骤:先准备一只小塑料袋装满冰块。我上车后,看到一名州警抬着一只三十九加仑、塞满冰块的超大黑色垃圾袋放进车厢。

"到了医院,医生表示我必须剖腹产,这也出乎我们意料。比尔希望院方同意他在产房陪我,但这种事情史无前例。他接着表示,他曾经陪着母亲看人动手术,这点事对他不会有什么。院方一定也考虑到他是州长,最后同意他进去。没过多久,院方就修改规定,准许丈夫在太太进行剖腹产手术时进入产房。

"女儿的出世是我这辈子最奇妙也最恐惧的经验。切尔西·维多利亚·克林顿在1980年2月27日晚11点24分来到世间,比预产期早了三周,比尔与我的家人都欣喜若狂。在我产后复原那段时间,比尔经常把切尔西紧抱在怀中,以父女相依的姿态在院内闲逛。他对她唱歌,把她摇来晃去。

"1987年克林顿在州长第三任期内本应参加总统竞选,但真正的原因是因为怕他的女儿成为孤儿。这时克林顿正好40岁,刚当上美国州长协会主席,他母亲虚弱多病,弟弟刚出狱不久。而我的父亲刚刚中风,我的母亲刚搬来和他们一起,需要他们照顾。

"对于他最后为何不参选的理由,外界所述甚多,其实关键只有一个词:切尔西。民主党籍老将卡尔·瓦格纳对比尔说,他自己也有个独生女,假使现在参选,切尔西必成孤儿。米基·坎特和比尔在官邸的后花园闲聊时,也表达了类似的看法。切尔西问爸爸什么时候可以度假,比尔说假使他参选总统,可能就没法安排了。切尔西看着他答道:'那我就和妈一起去,不带你了。'一句话让比尔下定决心。

"父亲身为公众视线的焦点,切尔西对此也慢慢有所体会。在比尔州长任内,切尔西年纪还小,听不懂大人们在说什么。4岁那年,有人问她爸爸是做什么的,她答道:'我爸爸会接电话、喝咖啡,还有演讲。'

"1986年的州长选举中,她才开始了解一些门道。从新闻报道中,她发现政治圈人心险恶的一面。当时一位政敌是曾于1957年抗拒联邦法令、拒绝让有色族裔跟白人一起在小石城中心中学上课的奥瓦尔·福伯斯,之后艾森豪威尔出动军队才控制住形势。因我一直在关注福伯斯和他的支持者们的所作所为,比尔和我认为切尔西难免会听到政敌批评爸爸甚至妈妈的坏话,打算让她心里有所准备。我和比尔假装进行辩论,批评他不能当个好州长。听到有人这样说她爸爸的坏话,切尔西的眼睛睁得好大。

"我欣赏她逐渐成形的自主性,但偶尔也有些麻烦。1988年圣诞节前,我应好友弗兰克·昆普里斯(他是位杰出的外科医生)之邀,和他两个同

CLINTON

第九章 总统女儿切尔西

是医生的儿子迪安与德鲁一道,到他们的度假屋去猎鸭。我以前和父亲在维诺拉湖边生活时很少打猎,但我想应该挺好玩。于是,我就站在深度及膝的冰水中等候鸭子出现。当太阳升起,鸭群从头顶飞过时,我扣动扳机,居然打下一只斑纹鸭。回家之后,切尔西正等着我,怪我昨晚偷偷溜出去,'杀死可怜小鸭鸭的爸爸妈妈'。我费尽唇舌解释也没用,她一整天都不跟我讲话。"

克林顿在当了总统之后,经常外出进行国事访问,这时克林顿夫妇总是带着切尔西,有一次去莫斯科,却差点丢了切尔西:

"飞机在莫斯科着陆的过程不怎么顺利,颠簸得很厉害,让我离开飞机时感到有点恶心。切尔西与卡普里西亚·马歇尔坐进同一辆车,我则和艾丽丝·皮克林一同坐上官方的礼宾车。艾丽丝是美国驻俄罗斯大使托马斯·皮克林的妻子,两人历任许多外交职务。皮克林后来在奥尔布赖特女士手下任政治事务助理国务卿,表现杰出。在前去会见叶利钦夫人奈娜的途中,我觉得反胃。车队前后都是俄国警车,无法停下来。礼宾车的后座太干净了,看不见任何杯子、手巾或纸巾。我把头低下来,吐在车后座的踏脚处。艾丽丝一点儿也没有表现出困窘,而且为了减轻我的尴尬,她开始指点车窗外的景观。她从没有向别人透露过这件事,对此我非常感激。我们抵达美国大使官邸时,我感觉好受了一些。匆匆淋浴、更衣,更重要的是刷牙之后,就可以开始我的日程了。

"我很盼望见到叶利钦夫人,去年夏天在东京我就很高兴地见过她。奈娜曾在叶卡捷琳堡任市政工程师,那时她丈夫是地区共产党领导人。她有幽默感,而且很亲切,在我们一整天的公开行程中以及与当地名流私下用餐时,都笑个不停。

"对俄罗斯的首次访问旨在加强比尔跟叶利钦总统之间的关系,以便他们能致力于卓有成效地解决一些重大问题,诸如销毁苏联时代的核武器和北约东扩。在我们的丈夫举行高峰会谈之际,奈娜和我则去访问一家医院,讨论两国的医疗保健系统。医院为迎接我们的来访,最近才重新粉刷过。俄国的医疗保健体系因为失去了以往来自政府的支持,正在恶化之中。我们见到的医生都对我们的医疗保健改革计划很好奇。他们承认美国医疗质量很高,但批评我们无法保证让每个国民都享受到医疗保健。他们与我们的目标相同,即让医疗保健覆盖所有国民,但也面临实施过程中的种种困难。

"当天晚上,我终于跟比尔会合了。叶利钦夫妇主持国宴,先是在克里姆林宫重新装潢过的圣弗拉基米尔大厅举行欢迎仪式,然后在多棱宫举行晚宴。那个房间里装有许多面镜子,是我在全世界见过的最漂亮的房间之一。我就坐在叶利钦总统旁边,在此之前我从未长时间地会见过他;他谈笑风生,滔滔不绝地谈论食品和酒,还特别告诉我,红酒在保护俄国核动力潜艇上的水兵不受锶90的不良影响上有多么重要。我一向很喜欢红酒。

"晚宴过后,切尔西加入了我们,欣赏在圣乔治厅的娱乐表演,叶利钦夫妇还特别带我们到克里姆林宫的私人住处,我们夜里就睡在那儿。我们非常喜欢叶利钦夫妇,我很盼望能与他们多多见面。

"翌日早晨,我们长长的车队驶离克里姆林宫之际,切尔西跟卡普里西亚不知道怎么搞的,居然没有搭上任何一部车。她俩与切尔西的一位贴身特工和比尔的一位侍从站在台阶上,眼巴巴地看着最后一辆车驶离克里姆林宫。他们看到两名男子在卷起红地毯时,知道情况不妙。特工人员与卡普里西亚看见有辆破破烂烂的白色面包车,便赶紧跑过去,决定将它"征用"。司机是来送被单的,倒是能说英语。他一听懂是怎么回事,就立即把四人领上车,然后冲过重重栅栏直奔机场。他们到了机场,但被挡在入口处。俄国安全人员认出了切尔西,但搞不清楚她怎么没跟我们一起进去。当他们还在努力搞清这一混乱时,切尔西一伙人已拎着大包小包冲往登机处。直到我们准备登机时,我才发现切尔西丢了,后来就看见他们气喘吁吁地跑进来。事情现在想起来很好笑,但当时我可是急得六神无主。我决心在剩下来的旅程中不让切尔西或卡普里西亚离开我的视线。"

当切尔西要上大学时,克林顿总统的夫人希拉里是这样为自己的掌上明珠安排的:

"在8月里,我带着切尔西跑遍新英格兰,访问各院校。虽然我一直在为切尔西将要离家上大学而担心,但此刻我们一起访问这些院校还是令我很高兴。我私下里希望切尔西会选中我的母校韦尔斯利学院,或者至少选择东海岸的学校,这样我就可以经常去看她,而当她心血来潮想回家时也方便。我跟特工处讲好,请他们用不起眼的面包车接送我们,并尽量少派特工人员随行。我们共访问了六所校园,并未引起太多人的注意。我非常

CLINTON

希望切尔西能从这几所学校中做出选择。

"但切尔西急着要参观斯坦福大学,因此我们又赶往加州帕格阿尔托。当时任斯坦福教务长的孔多丽萨·赖斯女士亲切地接待了我们。斯坦福大学坐落在山麓小丘间,气候宜人,再加上教堂风格的建筑,这一切都深得切尔西欢心。经过一天的访问,切尔西已被这所大学俘获。晚上我打电话给比尔说,斯坦福很显然是切尔西的首选——我想这就是我们让切尔西独立自主所必须付出的代价。"

2 总统夫妇的感情纽带
CLINTON

1997年3月14日,当克林顿和诺曼打高尔夫球时,在诺曼的家中,由于门前阶梯昏暗,克林顿一脚踩空,使他的腿摔伤,在马里兰州贝塞斯达海军医院接受腿部外科手术后,希拉里在《亲历历史》中这样叙述了切尔西:

"手术进行时,我待在一间特别保留给总统及家属使用的套房内,焦急地等候,切尔西在下课后也赶来陪我。值得庆幸的是,我们全家其实一直都十分健康,我记忆中唯一一次住院是生女儿的时候,比尔在幼年时看过鼻窦炎,切尔西几年后因腮腺炎求诊。但我们一家人过去从未接受过手术治疗。我当然不会把这一切视为理所当然,因为我知道'只有神的眷顾,才是我力量的源泉',这个力量也可以来自我所爱的人。

"下午4点43分,手术进行约3个小时之后,比尔被推进套房。他的脸色看来有点苍白,不过整个人精神还不错,因为白宫医疗小组主任马里亚诺及外科手术医生都说手术非常成功,而他对未来完全复原也是信心十足。在等候时,我和切尔西在看一部加里·格兰特主演的电影,没想到比尔醒来后开口第一句话便问:'篮球联赛进行得如何?'我们只好赶快转台,切到疯狂3月篮球联赛。

"和一般刚手术完的病人不同,比尔现在最想谈论的话题就是即将到来的芬兰之行。马里亚诺主任及其他医疗人员向他解释长途飞行所可能面临的危险,同时也私下央求我劝阻他。我承诺会尽力而为,如果真的有此必要的话，不过连我自己都怀疑能否成功。我打电话给比尔的国家安全顾问桑迪·伯杰，他和夫人苏珊自70年代起就与我们结为好友。桑迪对问题一向有深入的看法，在对总统表达意见时向来口若悬河，事实与理论兼具。他鼓励我从事海外工作，并认为发展与人权这两项是任何外交政策中最关键的议题。桑迪特别说明赫尔辛基之行的重要性，以及他为何企盼比尔如期出访。不过他也承认，既然白宫医疗小组已建议比尔不宜长途飞行，那他就别去了。我忠实地将桑迪的看法转告比尔：桑迪将会遗憾地服从医生。

'哦，我不会，'比尔说，'我要去。'

我就在比尔的床边致电马里亚诺医生。

'看看，他还是要去，'我告诉她，'那我们看看能不能想办法让他安全往返。'

'但他不能坐那么长时间飞机。'她表示，'可能造成血栓。'

望着气呼呼的丈夫，我想如果他们真不让他去，恐怕他会炸了。

'他们怎么说？'比尔追问。

'能不能请叶利钦来这儿？'我反问他。

'不行！我一定要去。'

'他坚持要去赫尔辛基，'我转告马里亚诺，'那么就想办法不让他在途中发生血栓。'

'我们只好把他存放在干冰里。'

'好的，就放在干冰里。'

马里亚诺主任最后也没辙，只好转头去召集一支医疗组随机飞往芬兰。

"切尔西与我稍后在傍晚时分离开比尔的病榻，一起出席一场由奥地利大使馆主办的'维也纳歌剧舞会'。切尔西学过一点华尔兹，所以她父亲坚持要她去。在星期六重回医院前，我和女儿特别回家一趟，巡遍家中所有角落，把所有可能不利于轮椅或拐杖进出的障碍都移开。在海军医院医疗人员的协助下，我特别拟了一份工作项目表，把比尔回家前必须做的事都列在其中：诸如地毯及电线必须贴平，倒也让我见识到一般坐轮椅的人士在日常生活中可能面临的种种不便，包括前白宫主人富兰克林·罗斯福总统在内。

CLINTON

第九章 总统女儿切尔西

"星期日,比尔在特别安排的面包车载运下坐着轮椅返回白宫,受伤的那条腿笔直地伸向前方。他直接回到卧房,不过不是马上睡觉,而是吞下一颗药后,紧盯着电视,把剩余的大学篮球联赛转播看完。

"在比尔发生意外前,我早已规划好与女儿访问非洲的行程。我认为我应该取消这一出访,陪比尔一起前往赫尔辛基,或至少将访问顺延至下期二比尔启程后再出发。可他不理这个。他表示如果我们改变计划,难免有人会联想到他的手术可能进行得不太顺利。我们最后不得不妥协:比尔如期前往赫尔辛基,而我与女儿则等到星期日再出发,相隔只有一日。

"旅途中除了惯有的大批文字与摄影记者随行之外,《时尚》杂志特别派出赫赫有名的摄影师安尼·列伊博维奇同行,记录此次行程。尽管她过去以拍摄名人肖像而闻名,但是在这一趟旅途上,她却对捕捉非洲大地的壮丽与生活于此的人民更情有独钟。在这趟非洲之行出发前我同意为《时尚》杂志撰文,并以安尼的照片搭配,我希望凸现非洲人民在美国政府的援助和民间慈善机构的帮助下自我救助的努力,为非洲妇女呼求权利,同时鼓励美国人民多多了解非洲大陆。上述希望中最后一项的重要性,可以从随行的一名记者行前所问的非洲的首都在哪里得见一斑。此外,能让切尔西同行对我来说也具有无比的意义,在那些年轻女性的能力与需要被忽视的地方,她的出现也可以传达一项信息:美国总统有一个女儿,在他心目中,她是无价的,值得好好教育与抚养,以使她未来能充分发挥上帝所赋予的潜能。"

当克林顿绯闻案闹得沸沸扬扬之际,希拉里感情受到伤害的时候,是切尔西成了他们之间的感情纽带。

切尔西是后来才学会将自己的私人生活与父母的公众形象隔离开来的。莱温斯基事件曝光之后,切尔西是克林顿的坚强支持者,骄傲地跟随父亲到处旅行。而受辱的希拉里则一直和克林顿保持距离。当克林顿结束了法庭调查,与家人一起走向直升机时,他和希拉里相互躲避着对方的目光,是切尔西神情轻松地走在他们中间,拉着他们两人的手。"从某种意义上来说,切尔西缓和了克林顿夫妇之间当时的紧张关系。"《60分钟》节目驻白宫首席记者斯科特·佩利说:"如果说当时克林顿还有一个朋友的话,那就是切尔西。"

如今是美国前总统克林顿的独生女儿切尔西·克林顿,作为斯坦福大

CLINTON

第九章 总统女儿切尔西

学 1 600 名应届毕业生中的一员，即将走出这所号称美国西部"哈佛"的著名学府，这标志着这位美国前"第一女儿"步入了成年的行列。她选择了前往英国牛津大学继续深造，将踏上留学之路，去迎接新的人生挑战。

切尔西在斯坦福的 4 年中，校方一直设法保护她的隐私，不提她的名字，她本人也尽力保持低调。即使在刚刚举行的毕业典礼上，她也总是保持沉默，没有接受记者采访，也拒绝了让某家杂志拍照的请求。

倒是她的父亲克林顿对女儿在"父亲节"那天毕业感到非常高兴，他同意接受《纽约时报》的书面采访并回忆了切尔西的出生、第一天上学、跳舞和弹钢琴的趣事。他写道："切尔西继承了她母亲的性格和她父亲的干劲。"克林顿还写道："也许在切尔西从高中毕业那一刻起，我和希拉里也认识到，我们也毕业了，我们同女儿的关系将进入一个新时期。现在她仍然愿意花时间陪伴我们，这让我们非常惊喜，也很感动。"事实上，切尔西一直是个优秀的学生。高中毕业时，她是全美 1.5 万名"全国优等生"入围者之一，哈佛、耶鲁、布朗、普林斯顿等美国一流大学的大门早已向她敞开。但她最终还是舍弃了离华盛顿近在咫尺的常青藤名校，奔向那千里之外的美国西部的斯坦福。对此，父亲克林顿不免伤感，尽管他说得很潇洒："那儿有飞机，有电话，也有电子邮件，我们会一切都好的。"切尔西果然不负众望，以最优异的成绩获得历史学士学位。她就北爱尔兰和平进程写了长达 150 页的毕业论文，其中包括就此问题对几位前美国总统的采访。像她的父亲一样，切尔西将前往牛津大学攻读硕士学位，她的专业尚未选定，但显然倾向于国际关系和经济方面。她在斯坦福大学的论文导师杰克·拉科韦非常欣赏她。切尔西去年选修了拉科韦教授主讲的托马斯·杰斐逊一课。拉科韦教授说："正如人们想象的，她涉猎非常广泛。如果你和她谈论一些书籍，你会对她的知识广泛感到吃惊。"切尔西本来立志要成为一名心脏病专家，但在斯坦福大学，她放弃了进入医科大学所需要的课程，而改为专攻历史。选择牛津大学继续深造，既是切尔西自己的决定，也明显带有家庭的意愿。上个世纪 60 年代末，克林顿作为罗兹奖学金获得者在牛津大学度过了两年时光。当时，年轻的他把大部分时间花在了喝酒和精心修剪他那浓密的胡须上。而女儿的生活很可能与父亲截然不同。她不吸烟，不喝酒，而且是一个狂热的素食主义者。牛津大学了解克林顿那段历史的人说，切尔西与父亲的另一个不同之处在于，切尔西将会

CLINTON

第九章 总统女儿切尔西

更加受到英国大学生们的欢迎，她将被当成他们中间的一个成员。尽管克林顿声称他喜欢牛津大学的那段时光，并说他在那里结交了许多朋友，但据报道，他曾被许多英国学生"淘汰"，他们认为美国人的智力低下，服装做工粗糙。从另一方面看，切尔西已经为自己赢得了国际声望，她可能成为牛津大学乃至整座城市颇受欢迎的人，她的名字可能会被列在每一个时髦的东道主的贵宾名单中。当初，切尔西舍近求远选择斯坦福大学除了地域上的偏爱、风格迥异的校园风貌的吸引外，她的选择其实也多少含有青春期"反叛"性格的因素，这是被称为"挺硬级"的美国13岁至18岁青少年所通常都会有的"症候"。这个年龄段的孩子一般都倾向于脱离家庭远离父母的管束。现在，更加成熟的切尔西选择出国留学，显然已不是上述"症候"所致，她将以全新的身份和面貌开始过一种更加独立的生活。她的父亲克林顿也希望女儿在牛津的表现"会比当年的自己更完美"。

CLINTON
第十章
告别白宫

美国前总统克林顿是一个不甘寂寞的人。2001年6月26日,他参加了纽约一家知名表演艺术学院的毕业典礼并在典礼上致辞。其间,克林顿谈到了担任总统以及成为一名表演艺术家之间的区别,他在向51名毕业生颁发文凭时开玩笑地表示,如果时光能够倒转,他非常希望成为这些毕业生当中的一员。

CLINTON

第十章 告别白宫

1 离开总统宝座后的新生活
CLINTON

在克林顿第二届总统任期即将期满时，布什获胜当选了总统，副总统戈尔走了背运。克林顿即将遵从法律准备搬出白宫，退休之后他何去何从，引起了人们的广泛关注。在即将离任之前他做了几件事情：

其一，离职时特赦包括其兄弟在内的 130 多人

克林顿总统在离职前发布了最后的特赦令，包括他兄弟罗杰、中情局前局长多伊奇、白水案重要人物麦克道格尔在内的 130 多人被特赦。

中央情报局前局长多伊奇在 1995 年 5 月至 1996 年 12 月任中情局局长，他被指控在没有采取安全措施的情况下在个人电脑里存了数千张机密文件。克林顿同母异父的兄弟罗杰则是因贩毒而被判入狱。

克林顿还赦免了白水案重要人物麦克道格尔，他因为在白水案中拒绝回答独立检察官斯塔尔的问题而入狱 18 个月。

克林顿没有特赦被指控为以色列做间谍的美国人波拉德，他因为给以色列作间谍而被法庭判处终身监禁。克林顿也没有特赦在 1975 年杀害两名联邦调查局特工的皮尔特尔。

其二，克林顿离任前签署命令，切尔西和戈尔将受到保护

2001 年 1 月 19 日，克林顿离任的前一天签署了两道指令，命令白宫特勤处把保护范围扩大几个月，把他女儿切尔西和副总统戈尔也包括在内。他没有说这种保护要花费多少经费，给戈尔和切尔西各派多少特工人员。

克林顿夫妇将是享有白宫特勤处终生保护的最后一对总统夫妇。有关法律在 1997 年进行了修改。这意味着布什总统离开白宫的时候，最多将享有 10 年的保护。

其三，最后一个"白宫圣诞"在华盛顿度过

对克林顿一家来说，或许是因为最后一个"白宫圣诞"，他们全家留在华盛顿过节。克林顿与第一夫人在联合火车站的商店购物，随后又到中国城旁边的商店购物。克林顿亲自推着购物车，由夫人和女儿选购物品。

第一家庭像许多家庭一样，进行最后一刻的购物活动。克林顿手里拿着找回的零钱向人们挥手致意。人们争着让克林顿夫妇签字，竟由商场负责人出面维持秩序。他们一家人走出商场时路旁行人拥上来和他们握手。圣诞节前夜，第一家庭一家三口出席了华盛顿国家大教堂的午夜弥撒，这是克林顿一家几年来的老规矩。这座大教堂在美国排名第一，世界排名第六，每逢第一家庭要来，人们都夹道欢迎，教堂内外人山人海。第一夫人希拉里的母亲和兄弟来和他们一起过节。

克林顿全家在风景秀丽的戴维营度过总统任期内最后一个除夕，他们和亲朋好友享受最后一次在总统度假宝地团聚的机会。一过新年，希拉里就要宣誓就职，成为代表纽约州的联邦参议员，克林顿将作为参议员家属出席宣誓就职仪式。克林顿还将为夫人在白宫举行新参议员接待酒会。据说，希拉里对白宫恋恋不舍，不管干什么，都会加一句："这是最后一次了。"

其四、三处办公室两处住宅

克林顿的白宫岁月还有不到20天的时间就要结束，克林顿要交出白宫椭圆形办公室。联邦政府以"一换二"的方式，给克林顿在华盛顿及纽约各安排一处办公室。此外，克林顿还决定，利用私人赞助的经费，在老家阿肯色州小石城的阿肯色河畔兴建"克林顿总统图书馆"。这已经成为历届退职总统的惯例，都要搞一个以自己名字命名的图书馆。克林顿在这里还要设一个办公室。美国政府规定，总统退休之后，可以终生享用由联邦政府支付费用的一处办公室，克林顿已经决定把这个永久性办公室设在纽约，一是希拉里是纽约州的参议员，二是他们已在纽约购置了豪宅。

克林顿夫妇已经在纽约州维彻斯特县以170万美元购得一处住宅。12月29日，克林顿又以285万美元的价格购买了一栋房子。克林顿家人的新宅位于华盛顿市西北的怀海文街3067号。这是一个豪华住宅区，与使馆区毗邻。这座房子是栋二层小楼，环境相当幽静。外观为红砖砌造，入户门为白色，门前是停车场和草坪，对面就是树林。房子坐落于小山坡上，周围住户都是外交官、富裕人家以及社会各界知名人士，离美国海军天文观测站，以及副总统官邸也很近。这栋房子建成于1951年，总面积约500平方米。从外观看，这座小楼并不出众，但据说内部装修相当豪华。里面共有16个房间，包括六间卧室、六套卫浴设备、一间书房，还有一个办公室

CLINTON

和一个游泳池。这座小楼距希拉里即将要去上班的参议院不远,大约有一刻钟的车程。

有趣的是,房子目前的主人汉德森是一名共和党员。但这并没有影响他们成交。这座房子的上市价格是 350 万美元,看来房主还做了不小的让步。克林顿夫妇已与房主敲定协议,先支付 30% 的先期款。克林顿已和花旗银行谈妥 199.5 万美元的购屋贷款。克林顿一家未来的邻居包括:友人、名律师乔丹,共和党的商界募款人博曼,共和党籍的前财政部长布雷迪,已故世界银行总裁普瑞斯顿的遗孀葛雷狄丝女士,以及前卫派建筑师戴立。博曼说:"邻里都很欢迎克林顿一家人,这是件有趣的事。他们搬迁后,将可提高邻近街区的安全防护措施。负责卸任总统安全的 FBI 人员进驻,我觉得我两个十多岁的女儿将更加安全。"

回顾克林顿当政 8 年,取得了不少成就,可写的不少。然而,克林顿有一个要命的污点,这就是绯闻案。在大选中,共和党一再鼓吹要"清洗白宫的台阶",而克林顿一遇"荣誉"、"尊严"的发难,就只好说些大道理,东躲西闪聊以应对。没法子,人们一提到克林顿,还是忘不了"那个小女子"莱温斯基,这也是克林顿的"千古之恨"。

12 月 18 日,克林顿接受了美国哥伦比亚广播公司"60 分钟"栏目的采访,对自己退休后的生活做了一番正式表白。对于他今后是否会竞选纽约市市长或阿肯色州州长的问题,克林顿毫不犹豫地回答:"不会,决不会。我像疯子一样工作了 27 年,我现在需要的是休息。我想成为一位普通公民。"说的也是,执掌总统大权还剩 20 多天,克林顿还在力促巴以谈判取得成功,还打算去朝鲜访问,怎能不忙?

希拉里和莱温斯基当然是记者忘不了的问题。1999 年希拉里出尽了风头:当选纽约州联邦参议员,开创了美国第一夫人角逐政坛的先例;准备写本回忆录,出版社又慷慨解囊 800 万美元。克林顿为了回报希拉里这几年的支持,出力不少。他说:"我爱她,我为她感到自豪。"

有人曾传闻说,克林顿下台后希拉里会和他离婚。其实,从种种迹象来看,克林顿夫妇是一对典型的"政治夫妻",决不会因绯闻之事而毁掉他们的政治梦想。再说,希拉里说不准还要在 2008 年或 2012 年问鼎白宫呢!对妻子的政治抱负,克林顿说:"我鼓励她做的第一件事就是扎根纽约州,深深地融入当地人民中,随时想着什么是纽约州需要解决的问题,什么是美国需要做的。"

"这事已经过去了，我希望莱温斯基今后过上幸福生活。"

对莱温斯基，克林顿总觉得有点对不起她。在接受哥伦比亚广播公司采访时，他说了句良心话："这是我生活中不幸的篇章，我应负完全责任。不过，这事已经过去了，我希望她今后过上幸福生活。"克林顿只能这么说，也只能说这么多。

其实，莱温斯基这两年过得也不赖，出书、当电视主持人、做减肥广告、开网站等，进项不少。美国人相信，"好名坏名，出名就行"，莱温斯基还是大有市场的。据说，她时下正在经营名为"莫妮卡为你缝制"的皮包生意，销量蛮好。还有消息说，莱温斯基将在英国第五频道电视台开始主持一个清谈节目。电视台一个劲地夸她："莱温斯基眼光独到，非常了解美国人的生活方式。她上电视的表现十分出色。"不过电视台的高层已预先警告员工，不要拿莱温斯基的性丑闻开玩笑，以免让她尴尬。从另一个角度来看，没有跟克林顿的那点事，莱温斯基也出不了名。

弹劾案是克林顿的心病，虽然当总统时没被拉下马，但下了台还是留下个"尾巴"。接任斯塔尔担任独立检察官的罗伯特·雷对克林顿虎视眈眈，正针对绯闻案继续调查，对克林顿再提起诉也不是没有可能。此外，还有个"琼斯性骚扰案"，阿肯色州律师协会认定克林顿在此案中作了伪证，要取消克林顿的律师资格。

虽然面临的麻烦不少，但克林顿也不含糊，认为当年因绯闻对他展开弹劾调查是"错误的决定"，"历史学家们会同意这一点"。他没有想过离任后是否会被起诉，但他表示，一旦遇到此类挑战，他将"奋力反击"，大有中国人常说的"奉陪到底"的气概。对于曾跟他过不去的独立检察官斯塔尔，克林顿倒是十分宽容，称是别人授意他干的，斯塔尔"只不过做了人家要他做的事"。

如果将来克林顿真被起诉并打输了官司，就将出现新总统是否会赦免克林顿的问题。有记者向当选总统布什问过这个问题，布什给以否定的答复，克林顿也表示不会请求赦免。倒是前总统老布什12月24日说了句公道话。他说，他对"1992年曾打败我的这个人"不怀任何敌意，"我希望克林顿总统再遇到什么坏事吗？不，我真的不希望如此。他已经历了许多是是非非，我们国家也经历了许多风风雨雨。让我们治愈伤口，把这些都忘记吧"。

据报道，在接受哥伦比亚广播公司采访时，克林顿用以下几个"最"道出了自己8年总统生涯的特殊感受。

最风光的时刻：扭转经济颓势。克林顿说："1993年，我提出的经济复苏方案在国会参院以微弱优势通过。这项方案的实施迅速扭转了当时经济的颓势，并为其他一些政策取得成功奠定了必要的基础。"

最黑暗的日子：1993年美国的18名维和部队士兵在索马里遇害。不过，对于后来的弹劾案，克林顿说，那一段时间只能算是"灰暗的日子"，还不是"最黑暗的"。

最遗憾的事情：戈尔竞选总统落败。但克林顿不承认自己的个人错误影响了戈尔的选举，他说："将我个人的错误算到戈尔账上的说法对于美国选民其实是一种侮辱，美国选民还不至于那么不公平。"

最好的盟友：副总统戈尔。他认为，"戈尔是美国历史上最成功的副总统，也是我的最佳搭档。没有戈尔，我不会取得如此大的成功"。

最聪明的对手：推动弹劾案的前众院议长金里奇。他认为金里奇是一个"很聪明的对手，一个具有复杂人格和有趣的人"。

最恼火的对手：国会中的共和党右翼。克林顿认为他们对待政治对手所采取的是"焦土政策"，"如果我不与他们斗争，他们就会骑到我头上来"。

最大的不平：白水案。克林顿认为："这是现代美国政治中最大的冤案，将来人们会对事件的真相感到惊讶的。"

最爱的人：希拉里和切尔西。

最想念的人：母亲。克林顿说，他"每天都在想念母亲"。

最对不起的人：莱温斯基。

2000年，克林顿54岁，本该是在政坛大显身手的时候，只可惜已经干过了美国"最苦的差事"，再干其他的公职可能性不大。他虽然说要休息，但只是短暂的调整。长远而言，他肯定闲不住。

2001年1月20日克林顿离开华盛顿，前往他在纽约的豪宅。但他的离去也是轰轰烈烈的，他大声感谢人民对他的支持，并表示不会就此退出政治舞台。

就在乔治·沃克·布什宣誓就任美国第43任总统90分钟后，克林顿来到华盛顿郊外安德鲁斯空军基地。面对前来欢送他的人群，克林顿满含深情地说:"我虽然离开了白宫,但我仍在你们中间。"

这位前总统在过去的8年中经历了无数的成功,体验了作为一个美国总统的荣耀,也面临了一些严峻的考验。但他的信念始终如一:他在为他的人民工作,他将坚持到最后一刻。

在告别电视演说中,克林顿向美国人民动情地说:"是你们给予了我生命的支持,我也将尽我所能回报你们。"

大多数卸任总统在新总统候任期间就都保持低调,但克林顿却不会这样安静,他发誓将工作到任期的最后一分钟。

克林顿祝福新总统布什和他的家人,并祝福新政府。但他也明确表示不会就此在政治舞台上消失。

1月20日上午10点,克林顿和他的幕僚长约翰·波德斯塔向白宫做了最后的告别,当他们走出椭圆形大厅时,波德斯塔环顾四周,颇为伤感地说:"我们做了许多有利于人民的事,真的做了许多,真的。"

克林顿也大声地重复道:"我们真的做了许多。"人们立刻报以持久的欢呼声。许多人激动地流下了眼泪,他们知道,没有哪个政府是永远的。

克林顿说:"为公众服务的过程就像人的一生,拥有自己的季节,但终究会过去,它只是一个过程。国家前进的脚步永远不会停下来,但一个人总不会永远地做下去。这(卸任)并不是一件坏事。"

克林顿和前第一夫人、现任参议员希拉里·克林顿带着他们的女儿乘坐一架军用专机——当然已经不再是"空军一号"了——前往纽约的新家度周末。希拉里·克林顿将于星期一返回华盛顿,开始她的参议员生涯。

大约30分钟后,克林顿的专机抵达纽约肯尼迪机场,克林顿步出舱门,向2 000多欢迎群众挥手致意。

他说:"谢谢你们。我很高兴来到这里,我们将共创美好的未来。我们已迎来了美国历史上新的一页,同样的,我们的生活也迎来了新的一天。我们将为了共同的信念继续奋斗。"

克林顿抓紧他在白宫的最后3天时间,签署了一系列公告,他开玩笑说还没准备好面对艰苦的私人生活。

克林顿说:"当你离开白宫的时候,你可能再也不能引起那么多人的注意了。"不过他非常期待新生活的开始。

克林顿说:"我们的宪法旨在使人民掌握国家的航向,而今天,宣誓就职的新总统正是人民的选择,也正是宪法的要求。我非常高兴能够重新回到人民中去,成为他们中普通的一员。这可能是8年来,我第一次以一种崭新的方式把握国家的命运。"

20日卸任的美国前总统克林顿21日在他纽约的新家里度过了8年以来第一个老百姓的日子。

当天,纽约下了雪,人们都想看一看究竟克林顿一家谁来扫雪,谁来遛他家那条曾是"美国第一狗"的巴迪。

克林顿起得很晚,没有看报纸,也没有看电视,直接就奔向了饭厅吃早饭。然后,他以一条淡色的牛仔裤和一件淡黄色的羊毛套衫在公众场合亮相,由保镖开车送到附近的一个熟食店去采购。

当地的人们似乎很喜欢这位新邻居,他们热情地和他打招呼,有的人甚至还打出标语,要求他再连任两届。克林顿看来对此非常高兴,他走下车来与热情的人们攀谈、握手、合影、签名并且还逗小孩子玩,仿佛又找回了当总统时风光无限的感觉。他说:"当你下台的时候还有人想让你继续留任,这种感觉真好。"

克林顿说,他感到很累,想多睡几个懒觉。他下周将好好计划一下以后的事情。他有准备写书的打算。

当天,克林顿的夫人、美国新任参议员希拉里留在家中收拾屋子。她将于2001年1月22日到华盛顿参加国会会议。

2 频繁应邀演讲
CLINTON

美国前总统克林顿自从2001年1月20日离开白宫后,已经休整了两个星期。在此期间,他享受了真正属于平民的幸福生活。但是,在享受着轻松惬意生活的同时,克林顿有一件重要的事情还记在心间,那就是尽快挣钱偿还因白水案和莱温斯基案拖欠的超过800万美元的诉讼费,除此之外,自己在纽约购置房产的租金难道不需要钱吗?也就是为此着急,克林顿准备马上回到工作状态中。虽然不再有总统的特权与待遇了,但不可否认的是,前总统的身份还是比较吃香的。克林顿赚钱的机会不但一个接一个的来了，而且 2 月快成了克林顿的"演说月"了。

应美国著名投资公司摩根斯坦利（MorganStanley）的邀请，克林顿将于美国东部时间 2001 年 2 月 5 日在佛罗里达州伯卡拉腾发表其卸任后的第一次演说。而据演讲组织者透露，克林顿首次演讲的报酬高达 12.5 万美元。

在发表首次演讲的 3 天后，即 2 月 8 日，克林顿还将在他位于纽约查帕阔的新居内接受以色列国家电视二台为时 30 分钟的采访。据他的发言人杰克·西沃特透露，克林顿将利用这次采访进一步阐述他对任期内未尽的中东和平事业的所感所悟，尤其是自己在中东问题中担任的斡旋角色以及他对中东实现和平的看法，而这一电视节目将于 2 月 9 日晚间在以色列播放，但发言人拒绝透露克林顿接受此次采访的酬金数目。2 月 10 日，克林顿将在迈阿密犹太人中心举行的集会上做一场演讲，而该场演讲的酬金也是 12.5 万美元。

克林顿频频演讲，财源滚滚。2 月 14 日他在挪威奥斯陆演讲，收入 15 万美元；15 日到瑞典斯德哥尔摩演讲，进账 12 万美元；16 日抵达奥地利维也纳演讲，至少又得到 10 万美元；17 日到波兰华沙演讲，得到他在海外演讲以来的最低报酬 10 万美元。

按照预订计划，克林顿将前往他的母校英国牛津大学参加文学节，并发表讲话挣钱。据透露，克林顿在牛津文学节上演讲的 1 200 张门票已经全部卖出，克林顿从中至少可获得 12 万美元。本来，克林顿还准备到伦敦的费边社发表讲话的，但由于没有报酬，克林顿的热情大减并最终取消了这一计划。此外，他还将前往北爱尔兰首府贝尔法斯特，到女王大学接受荣誉学位并发表演讲。据悉，克林顿在女王大学演讲开出的是"优惠价"，这是因为该校校长乔治·米切尔是他的朋友，不好意思要价太高。有人为克林顿算了一笔账，克林顿在海外的每一次演讲至少收费 10 万美元，每次演讲也就一个小时左右，因此，克林顿演讲的每一分钟价值至少 1 670 美元。据估计，克林顿 2 月挣的外快将超过 100 万美元。

其实，克林顿本可以在卸任后的当月就开始演讲的，因为"每天都有来自各方的邀请克林顿演讲的信函或电话"，但由于多种原因，他都委婉谢绝。1 月 28 日，美国全美橄榄球协会（NFL）举行了一年一度的总决赛。在比赛开始前夕，该协会曾邀请克林顿在开幕式当天出席比赛并现场讲话，酬金是200万美元，但这一邀请却被克林顿拒绝了。另外，克林顿在几天前刚刚婉拒了在美国全国广播公司（NBC）一个晚间黄金时段露面的机会。

至于克林顿2月开始的一系列收费演讲安排日程，共和党人士、1996年多尔竞选班子顾问斯克特·里德认为，"前总统挣钱是无可非议的"；美国大学总统问题专家阿兰·里奇曼也认为"这一点也不奇怪"，因为"这是在任何东西都有标价的美国"。

克林顿在以后的数月内发表了200多场的演讲，两年之后的2003年也让中国人民欣赏到这位美国前总统的演讲。

2003年11月10日克林顿作为国际防治艾滋病主席来到中国清华大学进行演讲，并且和一位艾滋病患者拥抱。

2003年11月10日，国际防治艾滋病基金会主席，美国前总统克林顿在清华大学AIDS与SARS国际研讨会上演讲。

艾滋病患者直面克林顿：

"克林顿先生您好，我是一名艾滋病感染者，已经感染6年了，我想问您几个问题。"只一句话，全场目光的焦点顿时集中在了一位穿着墨绿色

CLINTON

上衣的清秀男孩身上。昨天，美国前总统比尔·克林顿以国际防治 AIDS "艾滋病"基金会主席的身份，赴清华大学参加"AIDS 和 SARS 国际研讨会"，会议提问的焦点自然而然落在了这位美国前总统身上。就在主持人宣布会议结束时，这个男孩突然站了起来，"我叫宋鹏飞，今年 21 岁，我想知道，在美国多少岁年龄的青少年可以知道艾滋病是什么样子？多大年龄就可以知道怎么样使用安全套？还有一个问题是，我们知道在美国有很多安全套的商业广告，还有一些公益性广告，作为政府是怎样对待媒体宣传安全套广告的？政府是什么样的态度？"

听到这个年轻的男孩在大庭广众下公开自己的艾滋病感染者身份，全场与会者一时间鸦雀无声，克林顿也是一脸惊讶，不过他很快面带微笑地回答了宋鹏飞的提问："我认为，孩子们应该在可能面临着潜在的感染艾滋病病毒的危险之前，或者有性行为之前就充分了解艾滋病和艾滋病病毒传染的知识。"

对于宋鹏飞的第二个问题，他表示自己参加了美国有关避孕套使用的商业、公益广告的争论 20 余年。"有些人出于自己的宗教信仰有一些想法，认为不应该鼓励婚前性行为。如果提倡使用避孕套，就相当于鼓励一些人婚前性行为，他们不同意这种广告的做法。我认为，只要这些年轻人进行性行为，要保持自己的身体健康，就要使用避孕套，因为这样做可以保证更多的生命。"

宋鹏飞的名字，也许对不少人来说并不陌生。作为中国第一个公开自己姓名的艾滋病病毒携带者，他曾经被各大小媒体竞相报道。他的勇敢也得到了克林顿的由衷赞扬："特别感谢您，您非常勇敢，您这么做对于这个国家，对于会议室所有的人都做了一个非常好的典范。不知道会议室里是否还有其他感染艾滋病病毒的人，你们相互之间应该多见面，多聊天，当做日常生活的一个部分，应该正视它。"

会议结束后，克林顿特意亲自邀请宋鹏飞走上主席台，在这个艾滋男孩走上台的一瞬间，克林顿快步走上前，一下搂住他的双肩，给了他一个美国式的拥抱。随后，教育部副部长章新胜、卫生部副部长黄洁夫、国家人口和计划生育委员会副主任赵白鸽、清华大学校长顾秉林等人也分别热情地和宋鹏飞握手、合影。

宋鹏飞是在 14 岁那年因为输血感染上的艾滋病，这些年来，他经常参

CLINTON

加各种关于艾滋病的社会活动，目前的计划是要办一个关于艾滋病的摄影展。他说："参加这次研讨会，说实话没经过任何人的邀请，我是'溜'进来的。因为我从小就感染了艾滋病，深深体会到它给我带来的痛苦，所以对孩子们的艾滋病预防非常关注。前两天我在媒体上看到克林顿要到清华演讲，就决定到这里了解一下他对青少年预防艾滋病的看法，希望能对我今后的活动有所帮助。"

在提问过程中，一位清华大学学生对克林顿提出了一个较为敏感的问题："您跟艾滋病人最亲密的接触是什么？是握手、拥抱还是接吻？您这样做是为了表现对艾滋病个体的关怀还是表现社会的姿态，争取感召力？"问题一出口，全场气氛显得有些紧张，可克林顿却很自然地给大家讲起故事："20年前，我一位很好的朋友是同性恋者，还因此感染了艾滋病毒，我去医院看望他，拥抱了他，之后他去世了，我非常伤心。"

"1992年，我当选总统之前，曾经遇到过一家人，当中有两位儿童，由于输血原因感染了艾滋病病毒，学校不愿意接纳他们。我希望我当上总统以后能够帮助他们重新回到学校，但是男孩在我没有当选总统之前就去世了，于是我把这个男孩的照片一直保留了8年。"并没有过多的表白，他真诚的言语令全场听众情不自禁地鼓起掌来。

克林顿还表示："我们认识到医学的问题是全球性的，现在全球有4 200万人感染了HIV病毒，很多人死亡了，但是只有30万富裕国家的人口才能得到药品。即使通用药物不是很贵的话，一年也需要350多美元，这个价格太高了。所以，我们要努力降低抗击艾滋病病毒的药品价格，我们需要有一些制药公司来想方设法降低价格，提高药品质量。上个月，我在和制药公司洽谈中发现有些治疗方法的价格一年是不到140美元（合1 000多元人民币），我们相信还可以把这个价格进一步降低。目前，我们要把这些药品提供给4个非洲国家和加勒比海地区的国家，那他们每天一个人只需要30美分就可以了。但我们的目标是所有人都可以得到这些药品，希望通过成本的下降，使得愿意买这些药品的人都可以买得起，包括中国。"

下面是克林顿在清华大学就艾滋病等问题发表演讲的实录。

克林顿走上讲台讲道：

各位早上好，我今天非常高兴能够参加此次国际研讨会，非常感谢清

CLINTON

第十章 告别白宫

华大学的校长,各级各位,负责此次会议的教授们。在此,我感谢清华大学在有关 HIV 艾滋病毒方面的教育工作,而且我知道此次研讨会非常重要,这是一个标志,它标志出对于中国的未来来说,对抗击艾滋病毒非常重要。在此,我要感谢何大一,我的同事今天到此,并且致力于抗击艾滋病毒的工作。

在 1998 年,何大一教授和我都是马萨诸塞州技术方面的一个会议发言人,当时我是主席,他被《时代杂志》定为封面人物。在发言中,何教授提到要充分利用科学的先进发展,要充分利用政府、学术界,以及社会的力量来使得艾滋病得以遏制。如果能够最终抗击艾滋病的话,何教授肯定是英雄之一。在此,我想祝贺戴蒙艾滋病研究中心的诸位同事,要感谢中国医学科学院、中国协和医科大学、清华大学、武汉大学的各位学术界人士,在这儿,我也要说,这些大学非常了不起,举办了此次的峰会研讨会,在座的我也看到有一些学生,因为你们的未来会更多地受到我们今天所强调的内容的影响,就是要抗击艾滋病毒、艾滋病。

2000 年 5 月 9 日,数百名美国政界名人汇集白宫,敦促美国国会通过给予中国永久性正常贸易关系地位的法案。这是美国前总统卡特(中)、前总统福特(左)在会上与克林顿握手表示支持。

CLINTON

第十章 告别白宫

在1998年我作为总统到了中国,我知道中美之间的关系在全球的外交方面是极端重要的,我们能够有21世纪的和平和繁荣,并且使得大家在和平的环境中生活是非常重要的。我认为,当我在总统就任期间,中美之间的合作是非常好的,我们有很多的文化交流,民间也进行了很多合作,中国也加入了WTO。就安全方面,我们就核不扩散、大规模武器等方面取得了很多共识。但是我认为,这是我们应该合作的起点,我们有更多的工作要做。我们的合作是非常重要的,我们现在怎么来描述一个非常大的社会呢?大部分的学生会说全球化,现在的时代是全球化的时代。他们说的是对的,可是我希望他们要看到另一点,就是相互依赖。他们全球的贸易系统,全球的财务市场,有超过一万亿的美元跨越边界,流通全球。我们与全球的关系,不仅仅是在经济领域。互相依赖也指我们可以互相逃脱各自的命运,无论这个命运是好还是坏,E-mail使我们保持联系,美国、中国的学生可以跨越太平洋、大西洋,这样的跨越几个小时就可以做到。

相互依赖,对于21世纪的南极做出界定,也要求我们在社会中处理每个人都不能避免的难题和障碍。比如说当全球化使得很多人摆脱了贫困,但是有一百万人每天的生活水平低于一美元,我们的教育只有在摆脱贫困以后才能提高。全球有一百万人不能读懂本国的语言,有1.2亿的孩子不能上学。现在诊断技术得到了发展。对于孩子所感染的疾病,在地球上,人们有时候会由于艾滋病、结核病、疟疾等等受感染,大多数是儿童,他们根本得不到一杯清洁的水。在南非,一个15岁的儿童他们有50%的机会感染艾滋病病毒。对于21世纪来说,一个伟大的使命就是充分利用相互依赖性,使它的劣势降到最低。我们从一个不稳定的、独立的社会朝向一个团结的社区发展,要求我们互相承担职责,并且我们也能得到不同的利益,还要分享相互的价值。任何的挑战,都不可能限定我们的成功。甚至包括艾滋病,也不能阻碍我们。这就要求我们承担职责,共同探索,要求我们从中得到共同的利益。之所以这么做,是要求我们分享相互之间的价值,我们要相信自己,而且要相信人性是生活中最重要的一点。

在座的各位知道,现在全球4 200万人感染了艾滋病,每天有超过200人被感染,每分钟都有人死亡。照现在的传播速度,我们在十年后就会有非常多的人们,有5 000万人已经死亡了,每天都会有很多人死亡。艾滋病发展的速度要比SARS快得多,当然SARS也是一个非常严重的疾病,

CLINTON

第十章 告别白宫

但是它已经不能占据报纸的头条了。我认为，如果是在一次报告当中死亡了8万人，可能会有头条，但是它不是每天都发生的。所以我们在艾滋病方面，应该更多地关注，我们不能让这种情况继续下去了。我对于今天在座的记者们非常感谢，尤其是跨越了全球，把这个问题带到这儿进行讨论，对它进行关怀的人们。另外我也要非常感谢大家，对于孤儿、艾滋病毒感染者的报告，涉及了中国的情况。我担任美国总统的时候，我就知道这些情况，我知道在非洲蔓延传染病的情况非常严重。现在俄罗斯和前苏联的各个国家也蔓延得非常迅速。另外在加勒比海沿岸的蔓延情况也非常厉害。联合国艾滋病规划署预计到有很多人感染了艾滋病病毒，可能会出现5 000万病例，印度已经有四五百万，如果不解决的话，将来会达到四五千万。在非洲以外，很少有国家感染率会超过1%，但是大家不能感到舒心，我们在印度的朋友说如果感染病提高0.5%的话，就会造成很多人死亡，中国在这方面采取了一些举措，过去几年里，你们平均的增长率都有所抑制，现在有20万人已经脱贫，而且中产阶级的人数在上升，你们是世界上第四大贸易国，也是第四大外国直接投资的接受国。现在很多的局面让我们看到未来是很光明的，我们是有希望的。但是，如果有1 500万到3 000万人得了艾滋病的话，就使你们的经济成果毁于一旦。所以我们要认识到正在上学的年轻人，或者进入到劳动力大军的年轻人，他们的精力和才智是非常重要的。在亚洲，除了印度和中国以外，柬埔寨也是一个非常严重的感染国，除了境外吸毒者，还有其他的一些感染者，孟加拉有1.3亿人口，他们每年会有4%的人受到感染。除了对人们的健康造成威胁以外，对经济和国家安全也会造成威胁。现在人们关注SARS，SARS引起了很多危机，很多人都会担心感染这种病，因为我们不了解这种病，是怎么传播的，来自何处，我们如何摆脱？这并不仅仅是公共卫生危机，有很多的游客不来旅游了，在5月份，中国游客数下降了68%，旅游业会给中国带来每年两百亿的收入，在国民经济中占有非常大的比重。到2010年，预计游客给GDP带来的收入会降到7%。考虑到艾滋病对经济的影响，我们对于恐怖主义，如果说有这样一种大规模的人口的感染的话，我们该采取什么样的措施。在经济领域中要考虑这样一个问题，在非洲有一些国家，他们现在面临着20%的GDP的增长率的下降，在未来15年还有20%的下降。有些地区有很多的雇主不愿意雇佣新的员工，因为他们担心

CLINTON

这些人因为艾滋病会死亡。还有很多农业庄稼没有人收割，有很多学校没有老师。去年有89万的孩子，由于艾滋病，使得他们的老师都死亡了。所以在世界银行的一个科学家对于非洲的研究表明，事实上艾滋病在未来的三到五年中会造成非常大的影响，相应地就会增加童工的数量，使得这些国家进一步贫化。除了经济的影响，我们也看到艾滋病会带来安全方面的危机，除了经济和人们的健康会下降之外，还因为贫困会产生暴力。四年前，当我的政府把艾滋病看作一个安全问题的时候，很多人士嘲笑我这么做，现在他们再也不笑了。我们有这样一个敌人，使得那么多人死亡，使那么多国家受影响，这就是一个安全危机。布什总统和国务卿鲍威尔也进一步强调了美国在这方面的立场，鲍威尔就说，在这个世界上没有哪一个东西的破坏力像艾滋病这么严重，艾滋病也会削弱整个社会防卫的能力。据刚果政府预测，刚果20%的军队的士兵都受到了影响，还有更多人受到了影响，他们没有办法加入到联合国的维和部队中，由于艾滋病我们无法招收到更多的士兵。我们要对未来充满希望，在巴西所有艾滋病病人都有一些在当地生产的药品，根据福特基金会报告，对一些艾滋病人进行治疗和预防性治疗，巴西可以每年节省几十亿美元的基金。由于艾滋病住院的人在过去五年下降了75%，死亡率下降50%。在过去四年里，其他的31个发展中国家也借鉴了巴西的治疗做法，在乌干达等国家也取得了成功。

在80年代到90年代，美国人患有艾滋病的人数下降了，1995、1996年死亡率下降了7%。这种疾病是百分之百可以预防的，我们有一些药品可以防止患病，防止人们把疾病传染给自己的孩子。同时我们还有一些预防这种疾病的药物。现在我们面临的是人类历史上一个最大的疾病，我们需要采取各方面的措施，我们需要有很好的国家计划，有充足的资金，有强有力的领导，同时还需要全球的努力。我们基于共同人类的愿望来携手努力，我们需要有很好的计划，同时有公共基础设施来支持这些项目和计划。可以分发一些药品，但是如果不教患者怎么样使用这些药物的话，就没有用，如果不监督使用药品的话也没有用。我们在中国还认识到，医生的培训还不够。我非常高兴地看到最近中国政府提出来对农村地区的患病人口要进行免费治疗，我们这方面人员的培训是非常重要的，最近的研究表明，在印度，由于进行合作，他们的感染率到2020年能下降到2%，如果不进行这些合作，预计可能是4%。在我离开白宫的时候，我决定要采取一些行动，对这个疾病做出努力。我在与曼德拉见面的时候，我们曾经讨论了这个问题，同时我们也见到了道格拉斯医生，我们共同商讨建立在加勒比海地区的机制，他们说问题是一个制度问题，我们要构建一种体系，使得我们获得一些药物和治疗。我们帮助卢旺达、莫桑比克等建立这样的机制。有一些当时在白宫和我共同努力的人士，我们帮助非洲四个国家和加勒比海地区的国家构建了良好的机制，同时我们能够很好地把药品分发给感染者，和一些传染病病人，进行病毒的控制也是非常关键的。我们认识到医学的问题是全球性的，现在有 4 200 万人感染了 HIV 病毒，很多人死亡了，但是只有 30 万富裕国家的人口才能得到药品，在巴西有人得到了治疗，但是是政府购买的，需要在当地生产。非洲只有 5 万人可以得到这种药品，但是当地有 600 万人受到了感染。现在药品的价格已经下降了，我们可以加速治疗。即使通用药物不是很贵的话，一年需要 350 多美元，这个价格很高，有些国家人均产值还不到一美元。所以我们要努力降低抗击艾滋病病毒的药品价格，我们需要有一些制药公司来想方设法降低价格，提高药品质量。我们希望药品公司改变原来的策略，从多赚钱转变成大批量生产少赚钱，这样可以提高他们的生产力，有很多的志愿者和药品公司推出了这样的计划，其结果是对大家都有好处的。上个月，有一些治疗方法的价格一年是不到 140 美元，我们相信我们还会把这个价格进一步降低。我们要把这些药品提供给四个非洲国家和加勒比海地区的国家，现在他们每天一个人只需要 30 美分就可以了，我们的目标是所有人都可以得到这些药品，包括怀孕妇女。我们正在谈判的一个合同条款就是希望使得我们和其他国家在购买药品的时候得到一些很好的条件，有些国家离我们的基金太远了，或者处于比较偏远的地方，无法得到我们的帮助，但是我们希望通过成本的下降，希望使得愿意买这些药品的人都可以买到，包括中国。不仅仅是降低成本，还要提高基金，一方面的是药物的基金，另外是医疗设施的构建，一些地方不仅缺乏医生还缺乏基本的护理，有的地方做检测的人都没有。现在很多人说想建立一个公共卫生体系，疾病防治体系，但是不想提供药品，因为药品太贵了，现在不应该有这种借口，药品价格已经下降了，现在年轻人是无法得到检测的，他们就会把疾病传染给别人，因为他们不知道自己有这种病毒。如果经过检测以后，他们知道了，可以治疗的话，他们就会改变他们的行为，这种行为的改变，就会对

CLINTON

第十章 告别白宫

艾滋病带来的破坏就会减小。两年前，富裕国家的人每年可以花 250 亿美元帮助全球的疟疾、结核病、霍乱，去年 300 万人死于结核病，100 万人死于疟疾，其中很多人都是 HIV 阳性患者。在美国批准有 200 亿的资金来支持伊拉克政府的重建，我也支持美国政府的这个决策，如果 200 亿我们花在构建更好的医疗基础的话，我们可以挽救更多人的生命，我们可以更好地促进长期的国家的安全状况。

我们现在有一个预防结核病、霍乱的基金，在全球都开展了活动，还有盖茨基金也从事艾滋病的防治工作。美国国会决定拨出 20 亿美元的资金来抗击艾滋病，希望这个努力可以得到很好的结果，现在美英政府也决定在未来几年里出资几百万、上亿的资金来构建莫桑比克的一些很好的基础设施，我们的基金，我们并不是把这些钱自己拿到手里，我们希望这个钱是由捐助国来直接放到某一个所支持的国家里，帮助当地开展活动。我知道很多组织都在中国做了投资，我知道，何大一先生和他们的戴蒙艾滋病研究中心在中国进行疫苗的测试。我们希望通过疫苗能够找出一个很好的解决方法。我知道，美国国家研究中心也在中国开展了一些活动，但是我们还是要做更多的工作，我们需要赶快地采取行动。中国人他们有很好的规划，他们总是有长远的目光来制定长远的计划，你们现在要考虑到，在中国现在这方面的素质正在逐步上升，你们可以想象用一种可以支付的价格来扭转局面，如果忽视了艾滋病的影响就非常可怕，不仅对中国非常可怕，而且对于中国的很多合作伙伴都是非常可怕的结局，所以我们需要强有力的领导和决心。我给大家举例来说，全球基金有一个时间表，最近在泰国，我们希望能够对那些吸毒者进行干预，60% 的境外吸毒者都有 HIV 阳性，我们推出了一个计划，我们也在当地有了一些资金，如果政府能够让境外吸毒者纳入到整个的项目当中来，而且让这些境外吸毒者在项目当中成为领导角色的话，我们就有希望成功。过去 20 年有证据表明，仍然有很多人还是感到担心，或者有一些宗教上的禁戒，他们不愿意公开讨论这些问题，并且把这些当做一种借口。40% 的国家仍然对艾滋病的病人有一种歧视性的立法。但是，光靠歧视是不能解决问题的，如果不解决问题，歧视会更严重，因为这毕竟是一个敏感的情绪。

乌干达之所以是非洲第一个扭转艾滋病发展趋势的国家，是因为当时总统的夫人公开做了演讲，所有领导人都说这和吸毒，和性有关，不能公开讨论。总统夫人站出来，她说，你们不谈它，但是我更关心的是不能让我们的儿童继续死，你们想让儿童死亡是另外一回事，我不想让这些儿童死亡，我想救他们。总统夫人大声喊叫，呼吁这个问题，防止本国儿童死于艾滋病。在尼日利亚，它的总统也在这方面做出了很多工作，我们国家也在电视台做了一些宣传。有一个男人想阻止他的妻子吸毒，不想让他们的孩子得艾滋病，他的妻子怀孕了，他的女儿出生以后没有艾滋病病毒。所以总统上台，在国家电视台，总统拥抱了这位妇女。就是这样一个片子，改变了人们的观点，说明我们可以采取行动，使得我们的战斗取得成功。这个小女孩的照片是挂在我白宫的办公室里的。没有哪一个父亲愿意失去工作，他们都很关心自己的孩子和妻子，我们要靠这种关心来引起我们的关注。我希望我能够对中国提供一些帮助，我希望把便宜的药品带到中国和整个亚洲来，我会尽全力来做这方面的工作。

你们有世界上最优秀的人才，何大一教授就站在你们这一边，我们还有更多的英雄，也希望更多的中国人纳入到战斗的队伍中来，这是完全可以防止、治疗、控制的问题。但是它有可能成为人类历史上最严重的流行病，在14世纪我们曾经爆发出的疾病使得欧洲四分之一的人死亡，大家不知道爆发的原因是什么，是怎么扩散的，以及怎么治疗。现在我们没有这种借口了，我们不能说我们不知道，我们知道，中国已经认识到在将来将有上百万的人会受此影响，我们要继续努力，希望在未来我们能取得成功，我们一起来庆贺我们的成功。

3 不甘寂寞
CLINTON

美国前总统克林顿是一个不甘寂寞的人。2001年6月26日，他参加了纽约一家知名表演艺术学院的毕业典礼并在典礼上致辞。其间，克林顿谈到了担任总统以及成为一名表演艺术家之间的区别，他在向51名毕业生颁发文凭时开玩笑地表示，如果时光能够倒转，他非常希望成为这些毕业生当中的一员。

克林顿调侃地说："如果我现在能够年轻35岁，我一定会将成为一名

CLINTON

表演艺术家作为自己最大的理想，而不是想当什么总统。"克林顿将总统和艺术家进行了比较后表示，这两者之间也有一些共同点，就是无论是当总统还是当表演艺术家，都需要在公众面前"展示自己最美好和最坚强的一面"。

克林顿说："我在担任总统期间，很多时候总是感觉自己就身处一个舞台之上，我的所有批评者和反对者就坐在观众席里观看我的演出，有些时候他们甚至不停地向我投掷西红柿和鸡蛋，而这时的我却只想着怎样将自己的角色扮演好。"

克林顿在致辞中预祝这些毕业生都拥有美好的未来，他说："如果你们想成为伟大的艺术家就不仅要向观众奉献自己的艺术才华还要时刻关心普通民众的生活和社会问题。另外，无论是在台上还是台下，你们都要将生活当做一门艺术来对待。"

当克林顿离开白宫还不到一个月时，接二连三爆出丑闻：特赦亿万富翁里奇惹得议会要对他再次弹劾；收取十万美元演讲费备受指责；高价租用豪华办公室遭到一片唾骂；贪图白宫家具和礼品被迫又退又赔。加之大大小小的报纸推波助澜，克林顿的"后白宫"生涯颇多周折。

最惹争议的事情，就是他在离开白宫前几小时运用手中权力，特赦了逃亡在瑞士的亿万富翁马克·里奇。很快，事情就被曝光：里奇的前妻是民主党的一位重要资助者。在过去十年里，她向民主党捐赠过至少 150 万美元；其中大部分是在克林顿总统任期的最后两年捐的。里奇的前妻还资助希拉里竞选参议员。据传，这位富婆仅赞助克林顿总统图书馆就曾掏出 45 万美元。美国《时代周刊》的网站上登出漫画：一名警卫站在写着"克林顿总统图书馆"的门前，男女老少排队进馆前都问："求得总统特赦要花多少钱？"

美国参院 2001 年 2 月 14 日上午开始就里奇特赦案举行听证会，就赦免的合法性、赦免程序和赦免的动机等展开调查。在这一听证会上，司法部负责特赦的检察官亚当斯做了对克林顿极为不利的证词。他说，克林顿的这一赦免并没有按正常的司法程序来完成。他直到 1 月 20 日上午才获悉里奇被总统特赦一事。与此同时，联邦检察官怀特也已经针对特赦里奇一案展开调查。众院政府改革委员会已于 13 日发出传票，索取里奇前妻的银行记录，调查那些捐款是否由里奇的账户非法转出。

议会方面表示，如果克林顿赦免里奇是受了他前妻政治献金的影响而导致他滥用行政权力，他将再度面临弹劾。他虽然已离职，但如果罪名成立，按照宪法规定，他将丧失退休总统的一切待遇，如不能像其他前总统那样拥有以自己的名字冠名的图书馆，也领不到美国政府的养老金。同一天下午，克林顿发表声明称："我做出的这一特赦决定是因为我认为这是件正确的事情。所有关于里奇为民主党全国委员会或我本人的图书馆捐款的传闻都是不真实的。"

美国宪法规定，总统有绝对赦免权，也就是说，总统可以赦免任何人；而且，总统决定的赦免不能被国会、法院和以后的总统推翻。美国历史上，除了加菲尔德和哈里逊两位总统没有行使赦免权以外，历届总统都赦免过一些人。赦免最多的是连任三届总统的佛兰克林·罗斯福，他总共赦免了 3 687 人。杜鲁门特赦 1 911 人，肯尼迪特赦 472 人。克林顿两任任期总共才特赦 396 人。

离开白宫后，克林顿全家搬迁到纽约。在他租用新办公室的事情上，又遭遇一片批评的浪潮。起先，他想以每年 74 万美元价格在最繁华的曼哈顿中心区的一幢摩天大楼里租办公室。此举当即引起舆论界一阵批评。之后，他终于决定，花不到三分之一的钱，在离中心区较远、黑人较多的曼哈顿上城哈林区租一座 14 层高楼的顶楼做办公室。不想半路杀出个程咬金。纽约市长朱利安尼又出面阻挠，他提醒克林顿且慢行事。因为纽约市政府的儿童福利局已经签约租下该楼的顶楼和其他四层楼。朱利安尼表示，克林顿到哈林区是"好事"，但这是一项"商业交易"，必须要彼此协商。朱利安尼 15 日对新闻记者说，该楼的业主已两次向市政府提出优厚条件，以腾出顶楼给克林顿租用。但朱利安尼说他们两次开出的条件都"不可接受"。他表示："我们放弃楼之前，必须得到适当的赔偿。""总统有很多地方可以去。孩子们却没有很多地方可以去，他们的福利应该优先。"事实上，朱利安尼与克林顿两人的"宿怨"早在希拉里参选纽约州参议员时就已累积，纽约政治圈中人也熟知，朱利安尼向来看不惯克林顿夫妇。真是不顺心事常八九。克林顿日前被摩根·斯坦利集团请去，发表自己退位后的第一次演讲。克林顿得到十多万美元"出场费"。但受到公司客户投诉的压力，摩根·斯坦利集团不得不向全体员工发道歉信，董事会主席菲利普·珀塞尔还在给客户的一份电子邮件中承认："我们显然犯了一个

CLINTON

错误。"主办此事的那位经理现已辞职。

克林顿顾不了这么多了,他要赶快休息,抓紧挣钱。在世界著名的巴西里约热内卢科巴卡巴那海滩(Copacabana),美国前总统克林顿度过了美妙的假期,在好莱坞明星安东尼·霍普金斯的陪伴下,克林顿徜徉在美丽的海滩上,尽情欣赏巴西海滩独特的风光。带着亲手挑选的比基尼泳装,带着没有任何污点的记录,克林顿在一些人诧异的目光下离开了巴西,返回美国。

7个月前,克林顿将执掌白宫的大权转交给现在的总统乔治·沃克·布什。在执政的8年中,克林顿曾经遭到共和党人的痛恨。人在江湖,身不由己,为了集体的利益,他不得不得罪一些人。现在好了,无官一身轻的克林顿开始远离战争,远离丑闻,淡忘那几个不光彩的事件。

那些诸如"克林顿离任后将销声匿迹","因为丑闻调查被逼到崩溃境地"的预测已经被证明是无稽之谈。"克林顿的婚姻将破裂"的推测更是无法得到印证。人们曾揣测,克林顿在"蓝色男士"海滩泳装专卖店购买的比基尼泳衣是买给谁的。但前第一夫人希拉里·克林顿参议员回答了大家的疑问,她公开夸赞自己的丈夫"可爱极了"。

克林顿同霍普金斯是老相识了,二人的相识要追溯到1995年,当时霍普金斯正在拍摄人物传记电影《尼克松》。据称,此次这两位老友并没有相约共游巴西,他们是在洛杉矶机场偶遇的。就这样,两人组成了黄金组合,在巴西海滩掀起了一阵热潮。

与通常的西服笔挺大不相同,克林顿在沙滩上装束非常随意,百慕大风格的短裤、T恤衫,外加一双运动鞋。当克林顿与霍普金斯同时出现在海滩上,你很难分辨出到底谁才是电影明星。克林顿被热情的巴西人包围了,签名、握手、合影,忙得不亦乐乎,还有一个巴西小孩送给他一个排球当作礼物。

虽说霍普金斯因为在《沉默的羔羊》中的出色表演成为家喻户晓的人物,不过看来巴西人更喜欢克林顿,据说自从克林顿1997年访问巴西,并同球王贝利切磋球技后,他简直成了巴西人崇拜的偶像。

同霍普金斯在小摊上挑选草帽的照片让许多人突然发现,现在克林顿已经不是不久前那个美国总统了。他的身份发生了巨大改变,从一名具有煽动性的政客变成了一位女议员的丈夫。现在,美国人眼中的克林顿一家是和谐、快乐的三口人。女儿切尔西聪明可爱，已经成了牛津大学的学生；母亲希拉里精明能干，正在国会开创自己的一片天地；父亲比尔"相妻教女"，甘当成功女人背后的男人。特赦案的调查依然在进行当中，但已经没有多少人关心这件事了。

但这并不代表人们不再关心克林顿了，相反，克林顿一家依然是美国舆论的焦点之一。进入9月份，华盛顿又迎来了一个新的政治季节，共和党人和民主党人不禁要问：克林顿夫妇会做些什么？克林顿政府的一位助手回答说："我猜想，比尔本人还没有确定今后的路要怎样走。我相信，如果有人邀请，他一定会毫不犹豫地走到前台，解决北爱问题和中东冲突。但只要仍然是共和党执政，就不会有人向他发出邀请。"

虽然不再担任美国总统了，克林顿仍然是民主党的核心人物。虽然没有正式工作，他却对美国政坛有着举足轻重的影响力。因为克林顿的个人魅力太大了，他的光辉几乎覆盖了所有的民主党领导人。有人这样评价克林顿："如果同他站在同一个房间中，你会发现他会吸掉所有的氧气，他就像英国的铁娘子撒切尔夫人一样，会夺走所有人的注意力。"

不过，有一人是例外，她没有被淹没在克林顿的光辉之下，这个人就是希拉里·克林顿。就连共和党人也不得不同意希拉里是一位名副其实的女强人。美国政坛甚至盛传她有可能成为美国第一位女总统，到时克林顿就是"第一丈夫"。克林顿为自己的妻子感到骄傲，不管心里是否有些不是滋味，他现在的任务之一就是为妻子提供支持。

当然，克林顿夫妇现在也有一些小"矛盾"，那就是稿酬问题。希拉里的传记拿到了800万美元的稿酬，但据说克林顿的回忆录可以拿到1 000万美元。虽然没有挑明，但这对夫妇正在暗中较劲呢。

4 出书
CLINTON

美国前总统克林顿离开白宫后一直没有闲着，日程总是安排得满满的。不过，他并不是忙公事，而是在忙着为自己赚大钱。

除了到处演讲外，克林顿还有其他生财之道。据克林顿的律师兼对外

CLINTON

事务代理人巴尼特透露,克林顿正就一本回忆录与出版商讨价还价,如成功的话,预付的酬金将超过 1 000 万美元。这本书将详细记述八年白宫岁月,是一本自传,但媒体却大加炒作。

2004 年 6 月 22 日,美国前总统克林顿的自传《我的生活》在纽约正式公开发行。

有媒体说,克林顿将在书中披露多年来受到希拉里的虐待,因为希拉里每次知道他与其他女人有染后,必然会对这位"花心"总统施以惩罚。例如,希拉里发现名歌星芭芭拉·史翠珊曾在白宫与克林顿共度良宵后,第二天,在白宫上班的人们发现,克林顿的脸上多了一道抓痕。克林顿的部下不敢笑、不敢问,只当没看见。

另一次是国会就莱温斯基事件召开会议,商讨对克林顿进行弹劾。当时,希拉里曾发狂般愤怒袭击克林顿,幸好有保安人员及时介入,克林顿才躲过了袭击。此外,克林顿在书中还有可能谈论希拉里是否有同性恋倾向的问题。

为了偿还欠下的 400 多万美元律师费,克林顿除了写书外,现在几乎是在"出租"自己,他愿意在婚礼、聚会或是高尔夫球赛中亮相,只要有人出得起价钱。据说,克林顿最近在爱尔兰与百万富豪们打一场高尔夫球，接受的酬劳高达美金 6 位数，威尔斯文艺节邀请克林顿到场，也付他出席费 15 万美元。

有消息说，如果克林顿应邀在上海财富论坛演讲，演讲费高达 38 万美元，澳洲一个省的省政府邀请他在一次科技论坛中演讲，也付费 26.4 万美元。

据说克林顿的经纪人甚至试图要一家名气不大的烈酒厂，以 7.5 万美元的代价，换取克林顿为它生产的一种威士忌做广告。

美国著名出版集团 AlfredA. Knopf 总裁兼主编桑尼·梅赫塔对媒体说，他们将于 2003 年出版美国前总统克林顿的一部回忆录。该回忆录按时间顺序"完全彻底、坦率直接地"描述了克林顿在白宫的生活，其中包括莱温斯基性丑闻引发的弹劾。

据路透社报道，克林顿有可能得到 1 000 万美元稿酬，这一数目将创造一个新高，此前《教皇保罗二世》（PopeJohn PaulII）的稿费是 850 万美元。

梅赫塔说："我们想知道，克林顿先生想说些什么，他为什么要写书。克林顿非常坦诚，他说，该书将'完全彻底、坦率直接地'描述他在白宫的光阴。"

梅赫塔还说，克林顿的回忆录将围绕他两任总统的经历展开，其中包括他与白宫实习生莱温斯基间爆发的性丑闻，为此他差点丢掉总统宝座。

当被问及书中是否有专门章节描述莱温斯基性丑闻、"白水事件"以及其他丑闻时，梅赫塔说："我认为克林顿不会对他任职期间发生的事情遮遮掩掩，要知道，这些都能够引起读者的极大兴趣。"梅赫塔预测"全世界的读者都将对该书着迷"。

AlfredA. Knopf 公司于 2003 年首次出版该书的精装本，然后由另一家公司 Vintage Books 在 2004 年出版该书的平装本。

5 媒体视野中的克林顿
CLINTON

克林顿下台之后媒体继续给予了关注，尤其对他的任期内的事情从不同的角度进行了盘点，综述如下：

CLINTON

第十章 告别白宫

克林顿任满两届美国总统之后，终于将权杖交给了新任总统布什。54岁的克林顿在当了8年总统之后，还和当选总统布什同岁，如果不是美国宪法不允许总统连任三届，克林顿说他还要竞选第三任美国总统。克林顿在46岁时当选美国总统，尽管不是美国历史上最年轻的总统，此前有肯尼迪比他年轻，但却是干满8年的最年轻的美国总统之一。令人称奇的是：在当总统之前，克林顿已干了11年的阿肯色州州长。如此年轻，如此履历，在美国历史上绝无仅有，故有人称之为"克林顿现象"。相信历史学家们会对这一现象有所探讨和记载。

2001年1月20日，伴随着小布什正式宣誓就职，克林顿就离开了已经主掌8年的白宫，开始他全新的生活。回首8年时光，似乎在一瞬之间，然而对于克林顿来说，却是他施展才能、确立自己历史地位的关键时刻。

作为二战后第一位"婴儿潮"中出生的总统，作为自从富兰克林·罗斯福总统以来第一位连任的民主党总统，作为美国在后冷战时期的第一位总统，克林顿的所作所为可圈可点，也为后人留下了许多有争议的课题。

大多数美国人认可克林顿任内的政绩，其中24%的美国人认为繁荣经济是克林顿任内最大的成绩；13%的美国人认可他的外交政绩；5%的美国人认可他在降低国内债务方面所做的努力；5%的美国人认可他在降低犯罪率方面所做的努力；另有6%的美国人把克林顿的国内政策当作他任内最大的成绩。

(1) 繁荣美国功不可没

在克林顿执政期间，美国经济维持了有史以来最长的繁荣期，这是克林顿政府的一大亮点，也是奠定克林顿本人历史地位的一个重要基点。1992年大选中，克林顿就是以"美国需要一个新开端"为旗帜，打出改善经济状况的口号入主白宫的。在其任内，失业率是美国30年来的最低，民众收入增加，实现了60年代以来的最低通胀，创造了2 200万个工作机会，美国的国际竞争力也有所上升。此外，在1993年到2000年之间，全美暴力犯罪率下降了27%。

尽管对于经济繁荣的原因和克林顿政府在其中所发挥的作用还存在不同的观点，但毫无疑问的是，克林顿任内所采取的一些措施多少直接或间接地与经济的持续繁荣紧密相关。

首先，克林顿上台伊始就推进的财政政策，也就是缩减政府开支和适当增加税收，解决了越战以来就困扰着美国经济的赤字问题，为经济的良性循环打下了必要的基础。克林顿入主白宫时，联邦年度财政赤字高达2 900亿美元。克林顿经济班子制定出削减赤字的一揽子计划，并以一票之差使得国会通过了这项议案。根据管理与预算办公室的估计，2000年的财政结余预计将达到2 560亿美元，这将是有史以来最大的预算结余。

其次，适应全球化的形势，推进自由贸易，开拓市场，为美国经济的持续增长打造了一个良好的国际环境。尽管遭到了国内劳工组织和许多民主党人的反对，克林顿还是极力推进自由贸易，积极参与各类地区经济合作，签订了近300个贸易协定。在他的大力推动下，国会批准了《北美自由贸易协定》、世界贸易组织协议，并支持中国加入世贸组织。此外，克林顿还创立了国家经济委员会来协调国内外的经济政策。

第三，重视教育，加大对于科技发展的投入，克林顿政府的信息高速公路计划对于国际互联网的发展起到了不可忽视的作用。科技特别是信息通讯技术的发展成为美国新经济的引擎和主要推动力。也正是因为如此，根据一项民意调查显示，尽管美国历史学家们将克林顿的整体表现排在42位总统的中游水平，但是却将克林顿的经济管理能力排列在富兰克林·罗斯福、乔治·华盛顿、林肯和西奥多·罗斯福之后的第五位，不能不令人刮目相看。

经济的良性运转，财政出现结余，使得克林顿政府能够对于教育、健康保险和环境保护加大投入。他在民权和种族和睦方面也做出了努力，对于少数族裔的利益给予了应有的关照，因而受到他们的拥护。尤为突出的是，他获得90%以上美国黑人的支持。

（2）左右逢源中庸治国

另一项具有深远意义的是克林顿所推行的"中间道路"，这种实用主义的做法对于美国乃至整个西方社会都产生了深远的影响。

"克林顿主义"的核心是在于其试图将原先似乎不可调和的自由和保守两种理念混合在一起，放缓民主党传统的自由调子，尽量向中间靠。通过这种方式，克林顿在一定程度上重塑了民主党，出现了所谓的"新民主党人"。早在1992年大选中，克林顿就"窃取了共和党的一些政策主张"，从左向中间转。作为一个民主党总统，克林顿所推行的经济政策是近乎传统甚至是保守的：平衡预算，节制政府对于经济的干预，较多推行了自由放任的政策，并推进自由贸易的发展。克林顿强调：政府应扩大机会，而同时要求获得帮助的个人承担对社会的责任。他改变了民主党过去在社会福利上免费赠与的做法，而要求接受资助的穷人在限定的时间里去工作，实现自立，同时加大对低收入工作家庭的帮助。尽管这一做法和收到的效果存在很大争议，但许多穷人摆脱了贫困，这是不争的事实。据统计，到了2000年12月，享受社会福利的人数从1993年以来已经下降了60%，这是30多年来的新低。

克林顿的策略还影响到共和党阵营。在2000年的大选中，小布什提出"富有同情心的保守主义"，试图走中间道路，多少也是受到了克林顿的启示。尽管两党在一些核心理念上还有本质的区别，但从两边向中间靠的趋势将会继续影响美国政治的未来走向，这种影响可能更为深远。

(3) 合纵连横成绩显赫

克林顿上台之初，不少人担心这个来自阿肯色小州的总统能否主掌美国外交，并对美国的对外战略做出调整。经过一段摇摆和摸索，克林顿终于入门，并在外交上颇为活跃。

克林顿政府提出了"参与和扩展"战略，确立了经济、安全和人权三大战略目标，基本确立了美国在后冷战时期的对外政策框架。强化与盟国的关系，推进转型国家的变革，维护美国的霸主地位。一定时期内，美国只会在这个框架下做出适当的调整，不可能对此做出根本性的变革，这一点在未来会看得更为清楚。

完成了美国外交政策的过渡，重新界定了新的安全威胁。后冷战时期，美国没有把任何大国视为既定对手，而把地区冲突、大规模杀伤性武器扩散、极端民族主义、种族冲突、国际恐怖活动、毒品走私、环保、偷渡移民等问题列为对于美国战略安全的威胁。克林顿政府加强了在这些方面的努力，采取措施维护美国的安全利益。

推进经济外交，为实现美国的战略目标服务，试图通过经济交往和援助，来推进有关国家如俄罗斯、中国、越南等国的政治变革。既维护了美国的经济利益，拓展了美国的海外市场，从长期而言也有利于美国的安全利益。

克林顿在推进北爱和中东和平进程、缓和朝鲜半岛紧张局势方面也做出自己的努力。这尤其表现在他在中东和平进程的努力上。尽管现在以巴关系再度紧张，中东和平已蒙上巨大阴影，但克林顿的努力是值得称道

CLINTON

第十章 告别白宫

1993年9月13日迎来了中东和平谈判重大的突破,在美国白宫南草坪上,以色列和巴勒斯坦解放组织签署和平协议,克林顿主持了签字仪式。

的。鉴于这一问题前途未卜,目前对此做出评价还为时过早。

在对华政策上,克林顿花了将近3年的时间才对于对华关系的复杂性有了一个较为深刻的认识。1995年至1996年"台海危机"后调整了对华政策,积极发展对华"战略性伙伴关系",使得中美关系重新步入了正轨。在中国加入世界贸易组织和敦促国会通过关于中国PNTR议案的问题上,克林顿都做出了巨大的努力。这为中美关系的进一步发展打下了良好的基础。克林顿任内颇引起争议的有北约东扩、两伊政策和对于巴尔干冲突的介入等问题。尤其是其鼓吹的"人权高于主权"的论调、以人道主义为借口而推行的"新干涉主义"引起了国际社会的不安和抨击。

(4) 美国最会旅行的总统

卸任不久的美国前总统克林顿因为执政期间频频出访外国而赢得了一个"美国之最"——出访外国最多的美国总统。有人计算过,他在国外出访的时间累加起来竟有一个工作年度之多。也就是说,克林顿在位8年,其中有一年是在国外度过的。

CLINTON

美国国家纳税人联盟的一项研究显示,克林顿出访外国耗资累计高达五亿美元,有趣的是,他与尼克松总统一样,在面临调查和弹劾的时候,在国外停留的时间更长一些。1998年,克林顿总共在国外停留了45天,是执政8年里最多的一年。

这项研究还称,尽管出访外国是克林顿外交政策的重要内容,但这同时也是回避国内矛盾和问题的好办法。不仅如此,克林顿的出访还有许

克林顿总统在伊拉克视察

多意想不到的妙用,克林顿的发言人称,克林顿出访为美国创造了更多的就业机会,因为他使美国的出口增加了。

据统计,克林顿执政期间总共出访外国133次,比以前的任何总统都要多,艾森豪威尔、肯尼迪、约翰逊和尼克松四位总统加在一块的出访次数也没有克林顿一个人多。克林顿在国外停留的时间总共为229天,几乎相当于一个工作年度。出访频率与克林顿最为接近的是现总统小布什的父亲老布什,他在一个总统任期内就出访外国多达102天,而前总统里根在两个总统任期内才出访外国118天。

(5)丑闻不断身价自薄

不管如何争议,克林顿任内,美国国内外环境颇好是不争的事实。美国人对于克林顿的评价也不低。2000年12月,盖洛普民意调查显示,民众对于克林顿工作支持率高达66%。这是盖洛普民意调查自1952年有史

以来最高的，甚至超过里根和艾森豪威尔总统。难怪克林顿也毫不掩饰地说，如果没有任届的限制，他仍然可以连任总统。

风光归风光，克林顿难过的时候也不少。白宫8年，大多数时间他要面对共和党控制的国会。他曾经和金里奇领衔的众议院较劲，直至政府被迫关门。即使在民主党控制国会的情况下，他也没有能在1994年通过健康保健的议案。这还不算，克林顿任内，个人的爆炸性新闻一个接一个。大选中就传出他越战期间逃避兵役的丑闻，接下来是"白水事件"、"非法集资案"。至于他的绯闻更是不断，直至爆出莱温斯基案，最终使得他成为第一个在任内因为作伪证而被弹劾的美国总统。正如克林顿所坦率承认的，他为自己的错误付出了巨大的代价。许多人认为，如果不是这些丑闻，克林顿可能会取得更大的成就和更高的历史地位。而正是这些连续不断的丑闻，影响了克林顿个人的形象，使得他成为美国历史上一位颇具争议的总统。所以，未来评判克林顿时，丑闻将与其同在。

三个总统难得聚在一起（左起：克林顿，布什父子）

不过，同样令人惊讶的是，每一次风波乍起，克林顿都可以"幸免于难"，涉险过关。除了其他因素外，还因为克林顿突出的政治才干。克林顿具有出色的亲和力和独特的个人魅力，演说富有鼓动性。即使是他的政

CLINTON

敌金里奇也不得不承认，克林顿是他一生中所见到的最具才华的政治家。有人甚至说，尽管有缺点，克林顿可能为现代的美国总统设立了一个政治标准，迫使其继任者去模仿。

克林顿不太可能成为一个默默无闻的卸任总统。毕竟，克林顿才仅仅54岁，同上任的布什总统同年。他的一举一动还会受到人们的关注，说不定又会曝出什么新闻来。

CLINTON
第十一章
克林顿竞选总统文件及演讲精选

1 《人民第一——美国国民经济战略》（摘要）
CLINTON

20世纪80年代，我们的政府背离了使美国强大的价值观：提供机会、承担责任、奖励劳动。在富人变得更富的同时，被遗忘的中产阶级——努力工作、遵纪守法的人们却在勇敢地承受痛苦。他们向政府缴纳高额税金，但政府给他们的却微乎其微。华盛顿政府没能把人民放在第一位。

无怪乎我们的国家在过去30年中经济状况这样糟糕。

我们的政治体制也运转失灵。华盛顿政府被势力强大的利益集团和一帮顽固的官僚所控制。美国人民已经厌倦互相指责，他们渴望一位积极肯干、自愿承担起责任的领袖。

我的国民经济战略把人民放在第一位。今后4年内，在削减一半赤字的同时，每年投资500多亿美元。这些投资将会创造数百万高薪就业机会，令美国在全球经济竞争中立于不败之地。

我的战略包括：

• 创造就业机会，通过重建我们的国家，将国防经济转变为和平时期经济，复兴我们的城市，鼓励私人投资，拓展世界市场。

• 奖励劳动，家庭享受公平纳税，停止现行的福利制度，实行家庭休假法，惩处不负责任的游手好闲的父母。

• 支持终身学习，把父母和孩子团结在一起，改善家庭教育，改进学校教育，培训高中毕业生，为每一位美国人提供贷款上大学给国家服务的机会，对工人实行再训练，以帮助其谋职就业。

• 提供低费优质医疗保健，从根本上控制费用，精减票据手续，分阶段逐渐普及基本医疗保险，严格控制制药厂和保险公司。

• 彻底改革政府，裁减约10万名联邦工作人员，消灭没用开支，限制特殊利益集团的权利，禁止假公济私，改革竞选费用筹措及竞选方法。

把人民放在第一位，刻不容缓！

这是美国国民经济战略的核心，也将会成为我在总统任期内的基本指导方针。

CLINTON

美国是世界上最伟大的国家。然而近十几年来，我们的政府被操纵，袒护富人和特殊利益集团。美国的巨富愈来愈富裕，中等阶层的美国人民却依然在交纳高税换来可怜的一点点收入。我们的政府已经违背了那些让美国强大的价值观：提供机会，承担责任，奖励劳动。

12年来，美国经济政策的指导思想始终是对最富有的个人或公司实行减税，期待他们的新生财富自愿流入其余人手中。

这项政策已经失败。

当政的共和党人在50年内创造了最为差劲的经济纪录，最低的经济增长，最缓慢的就业增长和自从大萧条以来最缓慢的收入增长。本世纪80年代，人口只有美国1%的巨富们却占有美国总收入的70%。到80年代为止，美国公司总裁付给自己的报酬比付给工人的100倍还要多。眼看轻易致富的骗子弄垮储蓄和信贷业，政府却袖手旁观，让我们去承担5 000亿美元的损失。

富人在大赚其钱，而被遗忘的中产阶级努力工作，遵纪守法的人们——却在忍受痛苦。和富人相比，他们工作干得多，但挣得少，他们向政府缴纳越来越多的税金，而政府却没有提供他们所需要的经济增长和报酬优厚的工作，世界一流水平的教育，可担负得起的医疗保健和居住环境的安全保障。贫穷的工人阶级在就业机会面前处处碰壁，时常被拒之门外。

10年前，美国人的工资高于世界上其他任何人。而今天，我们只排在第10位，并且名次仍然在下降。但是在欧洲和日本，我们的竞争对手，他们的经济增长比我们快3～4倍，由于他们的领导人将时间、金钱、精力用于人民，但我们的政府却没能这么做。

不断变革的世界经济格局中，一切都是变化流动的：资本、工厂，甚至整个工业部门。唯一根植于一个国家的资源——也是一切财富的根本源泉——就是这个国家的人民。美国意欲在21世纪竞争中获胜，仅有一条路可走：造就世界上受过最好教育和最佳训练的劳动力，而且由最先进的运输和通讯网络把他们连接成一个有机的整体。

我信奉自由企业与市场经济的生命力，知道创造就业机会的最好办法莫过于经济的增长。然而，倘若没有一个投资于人民，迎接挑战的国民经济战略，经济增长只会是纸上谈兵。

CLINTON

而如今，在经济上我们既没有远见，又没有领导和战略。

我们的政治体制也同样让人失望。政府被强大的利益集团和顽固的官僚所牵制。许多官员假公济私，他们由于充当说客而腰缠万贯。那些由人民选举出来的领导人，却好像更关心特殊利益集团，而并非人民的实际问题。

毫不奇怪，我们所有人都已经受够了，政府形同虚设，没有起任何作用。人民生活水平在下降，生活费用在增加。他们在华盛顿政治事务中没有发言权。他们已听厌了政客们相互责备，期望有人挺身而出，肩负起振兴美国的重任。

下面我们扼要介绍这项经济战略。实际上，还有许多其他艰巨的任务等待着下一位总统：消除威胁我们社会的各种分歧，恢复街道和社区的法治，保护妇女选举权，与艾滋病做斗争，领导全球保护环境，在世界范围之内捍卫我们的利益和保障人权。

然而，我们只有将重点放在国家最重要的资源上，才能实现我们的目标。因此我把"人民第一"作为国民经济战略的核心和精髓。只有紧紧抓住这个关键，美国才会有前途可言。

我的"人民第一"战略是第二次世界大战以来最引人注目的经济发展规划。在今后 4 年中，每年投资 500 多亿美元，给美国人创造就业机会。我的战略认为美国重新繁荣之道在于刺激政府和私人投资。为了美国的将来，我们一定要努力减少财政赤字和弥合投资差距。

这些投资会提供数百万个高薪就业机会，并给双职工家庭减轻税务负担，会促使坐享福利救济的人去寻找工作，提供终身学习条件，并给每一位公民确保可负担得起的医疗保健。

为了支付这些投资，减少财政赤字，我会通过削减开支、查堵税收漏洞和要求巨富们交纳应交税收等手段节支近 3 000 亿美元。我计划在 4 年内将赤字削减一半，并保证今后赤字逐年减少。

没有哪一个美国人会完全同意我规划中每一个细节，但是你们有权利明白我将做什么以及我的立场。

"人民第一"首先要求我们给美国人民创造就业机会！

在过去 12 年中，政府损害了劳动人民，背叛了美国众多的家庭。工商业萧条让双职工家庭陷入贫困时，共和党人却束手无策，放弃了尝试，而没有卷起袖子准备大干一场。大家清楚所造成的后果是怎么严重，美国经济一蹶不振。不计其数的美国人失业，数百万的美国人不得不从事无保障的、工资又低、又无福利的工作。在国内创造大部分新就业机会的小企业缺乏资金，信贷不足，但政府却不断减税，让企业主管人员拿高得出奇的薪金，同时还奖励那些将工厂迁往海外、把就业机会奉献给外国的美国公司。决不能让80年代无所作为的腐朽价值观再次将我们引上歧途。政府不应该再奖励纸上谈兵的人，而应奖励将人民放在首位的人。我们再也不能悠闲自得，袖手旁观，置努力工作的美国人的困境于不顾。我们再也不能将债务留给下一代，他们的美好前程决不可以断送在我们这一代人手里。

我的国民经济战略将奖励这种人，他们努力创造就业机会，创办新企业，投资在国内的工厂。为了恢复经济增长，我们要帮助自由企业的繁荣发展，蓬勃成长，使人们重返工作岗位，重新学习怎样自由竞争。我计划迫使美国巨富公平纳税，取消给关闭国内企业而把就业机会转移海外的美国公司以优惠税率；取消为支付企业主管人员高薪而执行的减税；制裁在我国发财却拼命钻税法空子的外国公司。"不花力气坐享其成"的时代应该到此结束了。

• 重建美国

20世纪80年代，美国和竞争对手之间的投资差距加大，美国的国力基础正在坍塌。80年代末，日本与德国在道路、桥梁、下水道、信息网络和未来技术的投资要比我们高12倍。难怪他们扬言到1996年，他们的制造业会超过美国。我们在走下坡路，悄然落在人家后面，这有什么奇怪呢？

为了创造数百万个新的就业机会，将工作重点从国防转到和平时期的经济上来，我们把重建美国，发展世界上最为先进的通讯、运输和环境保护系统作为"人民第一"战略的重要组成部分，我们将建构"重建美国基金"。在今后4年内，联邦每年投资200亿美元，各州、各地区、各私人机构和养恤基金会志愿认缴，实行举债经营。我们还将征收公路费、垃圾清理费等费用以保障投资资金的落实。

50年代修建的州际高速公路，带来了美国20年的经济高速增长。开辟21世纪的通道也将会帮助美国人重返工作岗位并刺激经济增长。各州和各地方将对各项目的发展和管理各负其责。开拓可预测的大市场将刺激私营产业投资于国民经济，与此同时制造高薪就业机会。

我们将会把重点放在以下4个重要领域：

• 运输：包括修建公路、桥梁和铁路；兴建连接主要城市与商业枢纽的高速铁路网；投资利用先进高速公路建筑技术，来增大公路车流量，提高车速和主干道的使用效率；还将发展高科技的短距离飞机。

• 全国信息网络：到2015年，每个家庭、商店、实验室、教室和图书馆将会全部联网。为了扩展信息来源，我们要将公共档案、数据库、图书馆和教育资料输入网络让大众使用。

• 环境保护技术：创建世界上最先进的回收循环系统，处理有毒废物，净化水源和空气；开发没有污染的新能源。我们在刺激经济增长过程中，一定要保护环境，二者同样重要，必须兼顾。

• 军工生产转民用生产：此举将保障社会各界及团体和数百万在冷战中做出过自己贡献的技术工人不在街头挨饿。重建美国所需要的很多技能与技术，和国防工业中所采用的大同小异。我们将鼓励承包重建项目的公司与现在的军工厂签订合同或者干脆购买整套设备；命令国防部落实人员编制，帮助编外人员安排工作。为小型武器制造商提供特殊转产贷款和津贴。

• 投资社区建设

美国许多大城市的设施都已经年久失修，但现政府却熟视无睹。私有企业迁移出大城市，结果年轻人就业机会就大为减少，就业前景黯淡。为恢复城市经济活力，给城市以高薪就业机会，我将用建设基金和社区发展地方补贴来重新兴建城市公路、桥梁、水源、污水处理厂和低收入者的住房信贷，重点放在条件已成熟可马上上马的工程。投标承包这些工程的公司，把一定比例的项目建在低收入的街区并雇佣当地居民。

建立全国社区发展银行网络，对市中心贫民区内低收入的小业主和私房主提供小额贷款。这些银行同时还将给小业主提供咨询和帮助，并投资建设人们买得起的住宅，鼓励私人放贷。

增加10万名警察，加强街区巡逻，打击犯罪活动。我们将创建一支国民警察部队，给失业的退伍军人和现役军人提供在国内成为执法官的机会。我们将加强社区治安，资助戒毒，建立社区管教所，管理非暴力初次犯罪的人。

在死气一片的市中心贫民区，给愿意承担责任的公司开辟企业开发区。减少商业税，简化联邦手续，从而引发人们开业的积极性。但是，有一条，公司必须优先雇佣当地居民。

为了减缓贫困街区信贷紧张状况，将通过一项具有进步性的社区再投资法案，以防止发生"画红线拒贷"现象，并要求金融机构在本社区内投资。

- 鼓励私人在美国投资

10年前，在投入资本方面，美国比日本人均多投入400美元。今天，日本在国内的投资反而比我们多2倍。我们或者改变方针，或者继续去走下坡路。

为了帮助美国企业创造就业，参与世界经济竞争，我们一定要大幅度增加私人投资。因此，我计划：

制定投资税额抵免指标，目的是鼓励国内投资办厂，添置设备，这是出于全球经济竞争的需要。帮扶小企业和新企业长期风险投资，实行减税50%。

长期实行研究和开发税扣除政策，用来鼓励投资、开拓型的新技术公司。

建立民用研究与开发署，让企业和大学挂钩，一起开发尖端产品和高新技术。该署将要增加商品化研究和开发经费，重点将在生物工程学、机器人学、高速计算机和环保技术等关键性的新工业，目的在开发国际市场。美国每增加10亿美元的出口产品，便能创造20万至30万个就业机会。我们还会更加积极地开拓国外市场，提高美国产品和服务的质量。我们还将促使欧洲及太平洋地区的贸易伙伴，消除在造船业和航空、航天工业等主要行业不公平的贸易补贴。倘若他们不响应，我们将立刻采取行动。为确保在平等条件下进行竞争，我们将：

——通过一项更加强硬、更加严格的"超30/条款"贸易法案。在国际贸易中，倘若其他国家拒绝遵循我们的贸易规则，那么我们只有采用他们的贸易惯例。

——通过谈判和墨西哥达成公平贸易协议，保障工人的基本权利，达到环保标准，为美国产品寻找更为开放的市场。

——创建相仿于国家安全委员会的经济安全委员会，主管协调美国的

CLINTON

国际经济政策。

——改革美国贸易代表处,颁发一项行政命令,禁止贸易谈判人员以权谋私、担当外国政府或公司的说客。我们一定要把办事处人员培养成贸易专家,他们的使命是为自己的祖国服务,而不是拿外国竞争对手的钱而背叛国家。

• 奖励劳动与家庭

"人民第一"意味着奖励尽力工作、遵纪守法的人们;认可不是政府在抚养孩子而是人民;必须奖励劳动;承担社会责任,终结当前的社会福利制度。

政府已经抛弃了双职工家庭,数百万美国人工作越来越紧张,苦苦支撑,维持生活。富豪们税收减少,收入增加;但中产阶级家庭却入不敷出,工资不长,优厚工作越来越少,贫穷逐步在美国蔓延。医疗保健费用猛增,许多人都觉得医疗保健已名存实亡。

如今,几乎五分之一的人全日工作,其收入还没办法使家庭生活水平离开贫困线。游手好闲的父母们欠下高达250亿美元的子女抚养费,数百万单亲家庭更是陷入贫困之中。

80年代,共和党人利用福利制度分裂了美国社会,使人们不和,矛盾重重,纠纷不断。他们悄然取消穷人孩子的医疗保险与学前教育计划,却大谈其"家庭价值",因而加重了美国人家庭的负担。

我们国民经济战略将加强家庭的凝聚力,赋予所有美国人工作的权利,它将打破倚仗福利的恶性循环,终结现行的福利制度。国民经济战略包括:

• 增加劳动收入税额抵免的优惠:为保障全日工作职工家庭不在贫困中养育子女,我们将增加劳动收入税的课税扣除,用来补足家庭实际收入,令生活水平不至于降低到贫困线以下。这项措施也对非全日工作职工适用,以便激励他们更加努力地工作。

• 对中产阶级合理征税:我们要求巨富阶层交纳合理的税金,以减少中产阶级的税务负担。中等收入的纳税人能够从家庭子女税的课税扣除或大幅度降低所得税率两者之中任选其一。实际上每个工业化国家在其税法上都认可家庭富裕的重要性,我们也应该这样。

• 由福利救济转向就业:我们将取消当前的福利救济制度,让福利救济成为人们的第二次机会，而并非一种生活方式。我们将给依靠福利救济为生的人提供教育、培训机会以及照顾其子女，期限最长为两年，以让他们摆脱依靠福利救济的恶性循环。此后，有就业能力者必须工作，无论是在私营企业还是在社区服务行业。

• 家庭及病假：父母们不必在必须工作与热爱家庭之间做出选择。我将马上签署"家庭及病假法案"，该法案规定每个就业者每年享受12周无薪假期，以便照管新生儿或生病的家庭成员。这是一项其余工业发达国家的就业者已经享有的权利。

• 强制抚育子女：我们将对不负责任的父母进行制裁，将其情况通报信贷机构，使他们因为没有尽到养育子女的义务而得不到贷款。我们还将利用"内部收益服务系统"来募集子女抚育费，设立全国性的"赖账者"名单库，并让跨州逃避抚育子女义务的行为成为众矢之的。

• 终身学习计划

"人民第一"要求进行一项重大改革，实行终身学习计划。齐心协力对国民进行全体智力投资。如今教育已不仅仅是成功阶梯的关键。在今天全球经济中，教育已成为我国迫切需要解决的问题，我们的经济生活正处在危急状态。

教育的失败就是政府的失败。4年来，我们始终在呼唤"教育总统"，但政府没有采取任何措施改变教育现状，满足国民对教育的迫切愿望。"子女教育"这种头等大事的费用与日俱增，但收效甚微，政府却不闻也不问，无动于衷。

数百万儿童没能受到良好的学前教育就进入小学读书。当政的共和党人曾许诺充分资助"学前教育计划"，但从来没有付诸实现。虽然各州采取措施，努力使父母和子女接近，相互了解，联邦政府却没能使家长、教师、学生以及政府本身承担起应负的责任。

80年代，美国与世界之间、美国人民之间，在教育上产生的巨大差距是有目共睹的。考试成绩下降，学校暴力事件增加。学校里不搞消防练习，却搞实弹射击练习；很多教师受到袭击。高中毕业生升入大学的人数下降20%。大学学费和生活费高涨，而共和党人却还在削减对中产阶级家庭的资助。到80年代末，近二分之一的大学生由于负担不起学费而中途退学。

CLINTON

当今时代，教育兴国，教育致富，而美国教育却停步不前。想要求学，却不得其门而入。全世界的竞争者纷纷投资本国人民的教育，但美国公司却将 7/10 的雇员培训费花在公司高级职员身上。他们坐在金山上，过着花天酒地的生活，辛勤工作的美国人却不能得到必要的基础技能训练。

我的国家经济战略坚持"人的因素第一"的原则，人生的每一个阶段都需要学习。我们要极大改进家长对孩子进行学前教育的方法，给予学生就业培训或挣得大学学费的机会；给工人提供必需的培训和再培训，以应付将来经济生活中的竞争。

其要点包括：

- 让父母与子女同心协力

我们将鼓励家长负起责任，让他们掌握知识，帮助孩子做好进校学习的充分准备。与阿肯色州的做法一样，我们将帮助条件差的家长与孩子共同努力，养成家庭学习的良好习惯。这对父母和孩子都有益处。我们将全额资助这些事半功倍的计划——"学前教育计划"、"妇女、婴儿及儿童计划"，还有国家儿童委员会提出的其他重大计划。

- 大力改进 12 年义务教育

我们将全面检视全国的公立学校，保证每个孩子都有机会接受世界一流水平的教育。我们将制订严密的标准和数学、自然科学等基础课程的全国考试制度，帮助落后学生提高他的学习成绩，并且还要缩减班级规模。与阿肯色州的家长一样，所有家长都有权利选择孩子上哪所公立学校。我们要求家长和孩子一起努力，使孩子们安心学习，不沾染吸毒恶习，坚持读完中学。

- 学校治安计划

我们将对犯罪现象严重的学校提供资金，雇佣保安人员，购置金属探测仪，还要帮助各州、市依靠本地警方，在高犯罪率街区安排更多的警察。

- 学生联谊会

为了给辍学的青少年第二次机会，我们将协助各社区建立青少年中心。他们和关心他们的成年人在一起，培养其律己精神，并且接受技能培训。

- 国家服务信托基金

我们将取消当前的学生贷款计划，设立国家服务信托基金，让每个人都有借钱上大学的权利。贷款者能够选择偿还方式：从日后的收入中抽取一定的百分比偿还，为社区团体做一两年公共服务，做教师、警察、医疗保健人员或校外咨询，帮助青少年不沾染吸毒恶习，让他们安心学习，完成学业。

• 职员再培训

我将要求雇主把工资总额的 1.5% 用在继续教育和培训上，其对象是所有的职员，而不再是仅限于行政人员，职工能够选择先学习基础知识，有机会取得高中文凭；或者实施技能培训。我们还要整顿五花八门的各种公共资助培训计划。

• 提供高质量低收费的医疗保健

美国的医疗保健制度耗资巨大，但收效甚微。政府仅重视保险公司、制药厂商和主管医疗保健的官僚机构，却就是没能把人民放在首位。如果不确保每个美国人都有权享受低费、优质的医疗保健，我们就没办法进行经济建设，创造美好的明天。

政府始终忽视中产阶级的需要，以致医疗保健费用的上涨失去控制。美国医药公司的药品价格上升的速度是通货膨胀率的 3 倍，同样药品的价格相当于加拿大或欧洲的 6 倍。以至于美国消费者叫苦不迭。保险公司一直以种种"先决条件"为理由拒绝向投保人保险，同时却在官僚主义和行政管理上浪费数 10 亿美元。12 年以前，美国每年医疗保健费为 2 490 亿美元，今年将超过 8 000 亿美元。

昂贵的医疗费是如今企业破产和劳工纠纷的罪魁祸首，它使每辆美国制造的汽车成本增加 700 美元，因而削弱了我国产品的竞争能力。复杂繁琐的医疗保险制度致使就医者和医务人员都忙于文案工作，每个医生每月平均在文书工作的时间长达 80 小时。这种制度还滋长欺诈和滥用职权的现象。我国医疗费开支超过任何国家，花钱虽多，效果却不佳，可以说划不来。

我们的人民整天担惊受怕。如今近 6 000 万美国人得不到足够的医疗保险，或者基本就没有什么医疗保险。每年职工交纳的保险金日益增加，但雇主提供的保险范围却在不断缩小。小型企业面临破产和公正对待解除雇员的抉择，陷入左右为难的境地。我国的婴儿死亡率高于资源不如我们的国家。全国上了年纪的人都担心生病，这会让他们丢失一切，或使其子

CLINTON

女由于支付医疗费而落得倾家荡产。

美国有潜力提供世界上最好、最先进而费用合理的医疗保健。我们所需要的是这样一种领导人,他们可以对付保险公司、医药公司和医疗官僚机构,大力降低医疗费用。

我的医疗保健计划的特征是概念简单,范围广阔。首先,改变鼓励措施,减少文案手续工作,制止医药公司和保险公司的行业不正之风,严格控制医疗保险费用。随着费用降低,我们将通过雇主或者政府保障人们分阶段普遍地享受基本的医疗保险。

公司必须给雇员提供保险,最初几年,联邦政府将大力帮助公司履行义务。这样,医保部门最终就会有动力,在降低费用的同时提高服务质量。由控制费用所得的结余,将用来帮助医疗保险负担过重的人,美国的医疗保健制度将会更具有实际意义。

我的计划是保证提供低费用、优质量的医疗保健,充分体现"人民第一"。每个美国人都将会享受到医疗保健,与此同时有能力者也必须分担医疗费用。主要内容包括:

• 控制整体开支:医疗保健费用增长不能超过人均国民收入的增长。我将取消医疗保健资金管理局,代之以医疗标准委员会。由消费者、生产者、医药商、职工和政府成员组成。该委员会将制订年度医保预算指标,并规划一揽子基本福利方案。

• 普及保险:享受低费、优质医疗保险是人们的权利,而并非是特权。根据我的计划,雇员和雇主可以购买私人保险,也可以加入高质量的公共保险计划。凡没有得到雇主保险的美国公民,将会享受医疗标准委员会提供的一揽子基本福利保险。

• 有组织的医保网络:人们将可以参加各种由保险公司、医院、诊所和医生组成的地区性医疗保健联网。这些联网将会代消费者收取固定的一笔钱,以给控制费用提供必要的刺激。

• 杜绝药价欺诈行为:为保护美国消费者的利益,降低凭处方才能出售的药的价格。我将取消那些提价速度快于美国人收入增长速度的制药公司的减税优惠。

• 对付保险业:为了顶住保险业院外活动集团,让消费者不再在行政管理上浪费数十亿美元,我们将对保险业进行整顿。在我的医疗保健计划中将颁布单一的赔偿表。禁止调查投保人风险状况,由于保险公司将用于调查的巨额费用全部转嫁给投保人。这种做法耗资数十亿美元,确实是惊人的浪费。

• 与官僚作风和账单欺诈现象做斗争:为控制费用和整顿所谓"文件医院",我计划要用一种简捷有效的账单结算方式取代现行的花钱多而手续繁杂的财务报表和记账程序。每个人将会随身携带记录其医疗保健情况的"方便卡"。我们还会严惩账单欺诈行为,堵塞住滥用职权的漏洞。

• 一揽子基本福利方案:每个美国人都将享受一揽子基本福利,其中包含有出诊、住院治疗、凭处方供应的药品和精神卫生保健等。该方案准许消费者选择在哪里接受治疗,治疗范围包括预防性治疗,如胎儿保健、早期胸部肿瘤X线测定,和例行的体检。我们在医疗保健中将包括更多的长期保健性项目。向老年人和残疾人提供更多的服务。

• 公平收费:我们将通过"公众评定"以保护小企业,这个计划要求保险公司在所有公司中公平地分担风险。

• 政府改革

如果不进行政府改革,我们就没办法贯彻"人民第一"的原则,没办法创造就业机会,没办法实现经济增长。我们必须摧毁牵制政府的官僚主义和特殊利益集团。

政府仅顾索取而不愿奉献的状况也不能再继续下去了。解决问题不能只是靠制订计划或增加开支。政府机构工作方法必须改变,把自上而下的官僚机构转变为自下而上具有企业家精神的行政管理,这样才能赋予公民和社团以实际权力,彻底改变现状。我们必须奖励有所作为的人,鼓励开拓思想而放弃无所作为者和落后的思想。

早就应该治理整顿政府了。在过去的12年,院外集团活动家和影响政府决策的说客不择手段,中饱私囊。他们花钱如流水,反正也是不义之财。

千百万美国人在辛辛苦苦工作,勉强维持生计,而政府却不再为人们的观念价值和利益而努力,真是岂有此理!

政府撤销储蓄及信贷业的管制,在其崩溃时还企图隐瞒掩饰,让纳税人去负担损失。政治活动委员会和另外的特殊利益集团每周给国会筹款多于250万美元。在任议员和其竞选对手相比,在经费上会取得12 : 1的

CLINTON

优势。

80年代，白宫工作人员始终欺骗纳税人，用骗来的钱去玩高尔夫球或者竞购珍稀邮票。高级行政管理机构的职员们利用政府职权进行非法交易，游说其以前的老板以寻求机会大赚特捞。专家估计几乎二分之一的高级贸易官员曾经答应给谈判对手国家效力。

必须制止对民主制度的背叛。

为了打破政府中的僵局，我们必须消除问题的根源：顽固势力和拜金主义。必须摒弃官僚主义、限制特殊利益集团、制止损公肥私的恶性循环并削减没有限制的竞选基金。担任公职不应该享受特权。

我将利用以下手段：

- 裁减职员：我将裁减25%的白宫职员，并要求国会仿效。
- 裁减官僚机构中10万个不必要的位置：我将通过自然减员裁减10万名联邦工作人员。
- 减少行政浪费：我将要求联邦行政及其工作人员在每个联邦机构中节省全部行政管理费用开支的3%。
- 取消多余的政府开支项目：我将消除对部分特殊利益集团纳税人的补贴，革新国防订货及对外援助。还要取消不符合原先意图的开支项目。
- 项目限制否决权：为了消灭政治拨款项目，减少浪费，我将请求国会授予我项目限制否决权。
- 特殊利益集团税：为使政府重新回到人民手里，我将要求国会消除对特殊利益集团院外活动费用的税收减免。我还将敦促国会堵死律师惯钻的法律漏洞。有人时常凭律师身份充任代表外国政府和大公司利益的院外活动集团成员。
- 禁止以权谋私：我将要求我任命的高级官员宣布誓言，倘若他们在我的政府工作，那作为一项义务，他们将在离职以后的5年内不参加所管辖的权力范围之内的院外活动机构。我将要求高级官员发誓永远不给外国政府充当代表。

我将要求国会议员也同样行事。

- 关于院外集团活动：我将努力争取通过法令强化并合理披露院外集团活动。这项新法令将要求所有特殊利益集团在与联邦政府官员、议员或者其助手接触后30天内到政府道德委员会去登记。院外集团活动者须每年报告两次其签约和开支情况。我将指示司法部强制执行披露法并收缴罚金。

• 改革竞选经费的筹措：我将力争签署严厉的竞选经费筹措法，限制参众两院的选举开支；将政治活动委员会对任何竞选的个人法定赞助限额减少到1 000美元；降低电视演说的费用，使电视成为一种教育手段而不是政治攻击的武器；要求出席国会委员会的院外集团活动成员披露其赞助国会成员的竞选经费数目。

2 演说：总统候选人宣言
CLINTON

谢谢诸位光临。你们给予我友好而热情的支持，给予我在任州长11年的机会，给予我生活上的无比幸福和愉快。

我要特别感谢希拉里和切尔西，我们一起在生活的旅途中迈出了这极为重要的一步。希拉里是我的妻子，也是我的朋友。我俩共同为阿肯色州和全美国的家庭和儿童的光明前途而努力奋斗。切尔西，我们的女儿，成为我们生活中的欢乐。她代表了下一代，我们所做的一切都是为了她们的幸福。你们所有的人，以不同的方式，使我今天来到这里，开始我所热爱的生活和工作。献身于更加伟大的事业，这就是继续美国之梦……恢复被遗弃的中产阶级的期望，开拓孩子们的未来。

我不能成为这样的一些领导人，在国内却抛弃了美国梦。他们在全球经济竞争中的失利使勤劳的美国人民陷入既不能得到应有的报偿，又缺少安全感的生活困境。

我今天站在这儿，是由于我不愿袖手旁观，眼睁睁看着我们的孩子成为比他们的父母生活得更糟的一代。我也不愿让我的孩子和你的孩子们生活在一个走向分裂而并非走向团结的国家。

25年前，我在乔治敦大学就读时，有位教授说道，美国是历史上最为伟大的国家，由于我们的人民信奉两个基本观点并付诸行动：第一、将来必胜于现在，第二、为达到此目的我们每一个人都负有个人和道义上的责任。

CLINTON

这条基本真理始终指导着我的事业。今天我来到这里就是尽我的个人责任。这是我们在阿肯色州始终奋斗献身的事业。我为我们共同进行的事业感到骄傲。我们为阿肯色州成为民主和变革试验田的努力而感到自豪。我们取得了这些成就并未放弃我们生活中最珍惜、最崇尚的信念——团结、中产阶级的工作价值观、信仰、家庭观念、个人责任感和社会意识。对此我感到无比欣慰。

我在国内各地旅行时都觉得,我们所信仰和为之所奋斗的一切都受到来自政府方面的威胁,它没能治理自己的国家,抛弃中产阶级,在世界变革时期它却在畏缩不前。

近几个月来,苏联民主的历史性事件给予我们重要的启迪:国家安全问题植根于国内,在国际事务较量中,苏维埃帝国从没有甘拜下风、俯首称臣。他们的体制由内向外开始腐烂,从经济、政治和精神上走向整体崩溃。

我赞成布什总统的削减核武器计划,这是一个重要的开始。切记,冷战的结束并没有意味着对美国威胁的消失。世界上仍然存在危险和动荡不安。总统首要的和最神圣的职责就是要让美国强大和安全,不受到外来威胁,推进全世界的民主进程。

我们首先必须使美国繁荣富强,不然就不可能建立一个和平及安宁的世界。首先要我们有能力治国安邦,只有这样才有实力在世界事务中站稳脚跟,发挥作用。

我任州长 11 载,始终为本州在全球经济竞争中保持和创造就业机会而努力。我觉得,我国将来的竞争对手是德国和欧洲其他国家,日本及亚洲其他国家。我清楚,美国在世界上正逐步失去领导地位,其原因正是我们在本国正在失去美国梦。

中产阶级工作日益繁忙,很少在家和孩子共享天伦之乐,工资却越来越少,可还要支付不断上升的医疗费、住房费和学杂费。我们城市街道破旧失修,家庭四分五裂,医疗保健费用虽为世界之最但收效甚微。

这个国家正在步入歧途,而政府却对于国家现状麻木不仁。他们缺少远见卓识,无所作为,玩忽职守,自私自利,拉帮结派,使我们的国家走向倒退而失去前进方向。

12 年来,共和党政府始终试图分裂我国人民,采用种族反对种族的卑劣手段,其后果是同胞之间大动干戈,但他们却坐山观虎斗。他们试图在种族之间产生隔阂，转移人们对白宫的注意力。那时，没有人会问，为什么我们的收入在减少？为什么我们都没有工作可做？为什么我们在丧失前途？

众所周知，全国各地始终都存在民族矛盾。多年来，共和党用心险恶，始终利用这一点分裂人民。我早已经识破了他们的阴谋诡计，我决不会让他们的阴谋得逞。

12年来，共和党政府大谈特谈选择，却没能真正信奉这种选择。乔治·布什说即使公立学校关门，他也坚持让人民自己选择学校。事实上是，他宁可使这种做法成为一种犯罪行为，也要让他们行使选择的权利。

12年来，共和党政府始终在说美国存在的问题并非是他们造成的。面对经济、教育、医疗保健和社会政策方面存在的问题，他们推卸责任，将责任推向50个州府及一般老百姓。在阿肯色州，我们尽最大努力创造就业机会，实行文化教育，我们每个人都在努力成为给国家效力的公民。但我要告诉你们，倘若没有民族远见，没有民族合作，没有国家的领导，公民为国效力就会成为一句空话。

对现存问题我们必须寻求答案和解决的办法。我们一定会找到解决美国问题的方法。我们一定要使国家机器运转正常，我们要为改变勤奋的美国中产阶级家庭的状况而努力。

切记，这次选举就意味着变革：执政党的变革，国家领导的变革和国家命运前途的变革。

假设仅仅通过抨击布什，我们不会产生积极进取的变革，我们应面对人民所真正关心的现实问题，给人民指出一条通向美好前途的光明大道，这就是我们在1992年中所面临的挑战。

今天，我们正跨入一个新的世纪，一个新的太平盛世，我们需要有全新观念的领袖；致力于变革的领袖；不是陷入政治泥潭不能自拔的领袖；不是受传统思想束缚的领袖；知道如何治理政府，踏踏实实，为人民解决现实问题并得到人民拥护爱戴的领袖。

这就是今天我宣布竞选美国总统的原因。我相信我的政府能够率领美国人民重温美国梦。为被遗忘了的中产阶级的利益而努力奋斗，创造更多的就业机会，勇于承担责任，挑起历史重担，增强我们伟大国家和伟大人民的公众意识。

CLINTON

我们必须实行变革。变革既不仅仅是自由主义的产物,也不仅仅是保守主义的产物,而是兼收并蓄。美国小城镇的主要街道不是国会的和白宫的走廊和密室。那里如今是空谈政治的中心,而小城镇的人们并不关注什么"左"派、"右"派、"自由主义"、"保守主义"等虚无的政治辞令,他们也不高谈脱离实际的空洞政治。那儿的家庭正在向曾经相信联邦政府许诺的地方官员和企业主绝望地呼喊,请帮助他们改善生活,请在寻求工作时给开绿灯,而不是只发放解雇通知书。

毫无疑问,这就是我参加竞选的立场、观点,并非是空洞的、哗众取宠的口号。

我们不再需要一位不明白怎样领导美国、治理美国的总统。我要简要阐述一下我任总统期间的总体设想。怎样接受面临的挑战是这次竞选中对所有民主党候选人的一次考验。美国人民已经知道我们在反对什么,我们在提倡什么、支持什么。

我们需要用新契约来重构美国。这是我们的共识。政府的职责就是创造更多的就业机会,人民的责任就是充分利用这些机会,发挥聪明才智,创造出更多的财富。

克林顿政府要给所有的人创造机会。我们必须发展经济,而并非任其衰退。我们要鼓励人们在美国进行长期投资,奖励生产者和财富的创造者,而并非那些利用他人资金搞投机钻营的人。我们应在新兴技术领域追加投资以保障国内的高薪就业机会。此外,还要实现军需型经济向民用经济的转轨。

大力发展国际贸易,消除贸易壁垒也是我们的当务之急。只有制定公平的贸易政策,才能给人民提供稳定的就业。美国人民不会期望退出世界市场,而是要迎接挑战,争取胜利。

给予人民机会意味着建设世界一流的学校,创设一流的教育。我们的教育需要的并非夸夸其谈,而要有严格的标准,高度的责任感和优异的成绩。在这一点上,我能够自豪地讲,阿肯色州已走在美国的前头,处于领先地位。

倘若克林顿领导政府,学生、家长和教师将会有一位真正的"教育总统"。

给予人民机会意味着给儿童提供学前教育,以及给那些不愿上大学而又想工作体面的中学生提供职业培训,也就是用就业来鼓励每个人学习。

我们还会通过一项国内政府放贷议案，使所有的美国年轻人都能够向政府借款进入大学学习，然后从以后的工资中按一定比例来偿还借贷，或者通过做教师、警察、护士以及保育员等工作给国家服务而进行偿还。假如克林顿执政的话，只要人们愿意将来以某种方式报效祖国，每个人都可以得到上大学的贷款。

给予人民机会意味着改革医保体制以控制医保费用，强化医保质量，加强预防治疗以及发展长期医保服务项目，维护消费者的医保选择权，并保障人人均能享有医保待遇。我们不会榨取纳税人以实施这一计划，而必须想办法对付大保险公司和医保官僚机构，以真正控制医保成本。我向美国人民保证，在克林顿政府执政的第一年，我们将给国会和美国人民提出计划规划，为所有美国人民提供可负担得起的高质量的医疗保健服务。

给予人民机会意味着安全保障，让城市和街道中消灭犯罪和毒品。美国各地人民要团结起来，保卫家园，与犯罪和毒品做斗争。政府执政期间，我们将会站在人民一边，成立公共治安队，对吸毒者进行戒毒治疗并成立首次违法者集中教育营。

给予人民机会意味着要公平纳税。我不想敲诈富有阶层，我本人也希望富有。但我觉得富人应交纳合理的税金。12年来，共和党始终在对中产阶级增税，如今该为他们减轻税收负担了。

最后，给予人民机会还意味着我们必须保护环境，制订以保护资源、使用净化天然气为主的能源政策，让我们的下一代在更加清洁，更加安全，更加美丽的世界里茁壮成长。

但请注意，我相信即使我们政府为上述工作尽心尽力，我们依然不能完全解决这些现实的问题并满怀信心地跨入新世纪，我们还要效法肯尼迪总统的做法，让全体美国公民给国家的未来承担起个人责任，尽个人义务，我们才会有希望。

政府应该给人民提供更多的良机，但这主要靠我们以强烈的公民责任感来创造这些机会。

我们将促使坐享福利的人们投身到工作中去，协助他们掌握获得事业成就的技能，并要求每个可以工作的人参加工作，成为社会财富的创造者。对子女养育我们将采取尽量严厉的强制措施。养育子女乃是父母的天职，而并非政府的义务，假如父母失职，孩子们将会受害终生。国家也将会遭受损失。

我必须指出，正像我们在阿肯色州的做法一样，学生们有义务在校攻读学业。假如没有正当理由中途辍学，将得不到驾驶执照。但应当记住，80年代最没有负责任的是社会上层的富有阶级，不是贫穷阶层，也不是勤劳的中产阶级，而是那些因为交易失败赔光了我们的积蓄，花完了贷款，又在毫无益处的公司接管和合并中花掉了数十亿美元的人们。那些钱本来应用于制造更好的产品和创造更多的就业机会方面。

你们可能有所不知，在80年代，中产阶级的收入下降，而就业者为慈善事业的捐助却上涨了。当富有阶层收入提高时，他们对慈善的捐赠却减少了，为什么？由于那些领导者的道德标准就是这样，不管你和其他人怎样不满，他们仍我行我素。

当一般职工和贫苦大众清楚大公司的老板们在过去的十几年中为自己提薪的幅度4倍于工人的提薪幅度时，你如何能要求他们恪尽职守呢？当公司倒闭，工人们流浪街头，老板们又如何呢？仍旧坐在金山上，过着舒适的生活。这就是社会的现实写真。

泰迪·罗斯福和哈利·杜鲁门以及约翰·肯尼迪都曾经坚决地施展总统的权威，坚决主持正义改变美国。而当萨洛蒙兄弟捣乱债券市场时，我们的总统却在保持沉默。当狡诈骗子把储蓄、贷款掠夺挥霍一空时，我们的总统也在保持沉默。而在克林顿领导的政府中，倘若有人再这样地出卖公司、出卖工人和出卖国家，那么他将会受到审判。我们必须监督他们给国家投资，给人民提供就业机会。

在80年代，政府辜负了我们的希望。他们在现在和过去投入较多而对将来投入很少。国家为应付储蓄贷款危机局面，注入50亿美元的流动奖金，却没有拿出50亿美元来救济失业工人，或者让每个孩子都有机会接受学前教育。我们要做得更好，我们也会做得更好。

克林顿政府不会为没有意义的计划和没有效用的机构花钱，我要建立一个工作效率更高，成就更大的政府。我要给公民以更多的机会和授予他们以权力，对服务项目进行选择，我们在阿肯色州始终为此而努力。我们不仅保持了阿肯色州每年预算收支平衡，还改进了服务行业。我们视纳税人好像顾客和上司，他们理应受到这样的待遇。

我要让美国人民清楚，克林顿政府在国外要维护本国的利益，在国内政策中要表现人民的价值观，公平地使用他缴纳的税款。我们要让政府重新站到勤劳的中产阶级家庭一边。中产阶级认为政府的帮助大都给了社会上层人士，一小部分给了社会底层，只是没有人为他们说话。

我们不仅需要新法律、新许诺或新规划，更需要一种新的集体主义和共同参与的意识。假如没有这种社会意识，美国梦还会继续破灭。我们共同的使命和每个人的使命紧密相关，风雨同舟，荣辱与共。

几年前，我和希拉里在洛杉矶访问了一所学校，这新学校位于吸毒和流氓犯罪多发地区。我们和十几个六年级学生进行了交谈，他们最为担心的问题是上下学随时有可能遭到枪击而丧命。其次，当他们成长到十二三岁时，害怕被拉入流氓团伙，或者遭其毒打。他们担心的最后一个问题是父母滥用毒品。

大约半个世纪之前，我出生在离这儿不远的阿肯色州霍普镇，在我出生的前3个月母亲开始孀居。外祖父母抚养了我4年。那时母亲已进入护理学校学习。我的外祖父母并不富有，我与他们朝夕相处，形影不离。不管怎么说，他们也是穷人。但是我没有怨天尤人，而是对自己和他人都承担起责任。由于我知道日子会好起来的，我从小就相信美国梦，信奉家庭价值，奉守个人责任感，相信政府会尽义务帮助那些竭尽全力工作的人。

在我的州长办公室墙上，挂着一幅充满温馨气氛的家庭照片。上面6岁的我牵着祖母的手。而今天美国大街上的孩子不知道祖父辈是谁，而且为父母滥用毒品而忧心忡忡，美国这种家庭关系的重大变化，经历了一个漫长的历程。

我想告诉各位，我们要与孩子们共同努力，赋美国梦以新的生命力。这是我们这一代人的责任，制订一个新契约……给所有人提供更多的机会，让每个人都担负起更多的责任并树立起强烈的共同使命感。

我确信，假如我们共同努力，便能让美梦成真。我们可以开拓进步、复兴和繁荣的新时代。我们有能力做到，我们也必须做到。这不只是总统竞选，这还是一场为将来不同前景的竞选，是为了被忽视了的勤劳的美国中产阶级家庭的利益而进行的竞选，他们值得政府为他们而积极奋斗。这是一场使美国在国内外变得更为强大而进行的竞选。请参加我们的阵营，我需要你们的祝福、你们的帮助、你们的支持和你们的真诚。团结一致我们便能够重振美国，并建设一个满怀希望的社会，那将鼓舞全世界。

CLINTON

3 演说：新契约：重建美国和我们的职责
CLINTON

谢谢诸位的光临。你们正处于一个伟大的变革时期。我们本来应该庆贺，美国梦的主旨——政治自由、市场经济、国家独立等，在全世界都取得了统治地位。

二次大战以来，你们的父辈和祖辈们所做出的一切努力，现在已经是硕果累累。

可我们并没有庆祝。为什么？由于我们的人民害怕，当美国梦在国外日益变成现实时，在国内却行将破灭。我们正失去工作，丧失机会，我们国家的根基正在动摇瓦解，家庭解体，学生辍学，吸毒和犯罪布满大街小巷。而政府的领导者们却在袖手旁观。我们的政府或者是别人的笑柄，或者是被蔑视的对象，选民们不能罢免政府，但不满却带来了对任期限制的呼吁。愤怒还带来投票选举三K党党魁。选票不仅来自种族主义者，还来自觉得变革无望的选民。他们去支持最具有破坏性的观点，即使这些观点来自深受希特勒影响的三K党。必须共同改变我们的政治生活，否则蛊惑民心的政客、种族主义者以及那些迎合我们之中邪恶势力的人们将会把整个国家搞垮。

人民曾经希望总统和国会将我们团结在一起，解决问题，向前发展。今天面临着众多的挑战，政府名誉扫地，而人民却幻想破灭。在政治生活中，我们失去了曾经有过的共同使命感。

在里根、布什执政期间，私人利益凌驾于公共义务之上，而财富和名誉则凌驾于劳动和家庭之上。80年代是贪婪、自私、不负责任、放任自流和玩忽职守猖獗一时的时期。储蓄及贷款的投机者从别人口袋里骗走了几十亿美元；军火承包商们以及住房和城市发展部顾问们从纳税人那儿榨钱；许多大公司的总裁们在本公司亏损、工人失业情况下却在给自己提薪；不负责任的父亲们对买汽车的关心超过对孩子的关心；另有一些有能力工作的人却在坐享社会福利。

而本来应该作为人民楷模的政府却更加腐败。国会议员们自己提薪、维护特权。而大多数的美国人，尽管更拼命地工作，工资却少得可怜。两位当选的共和党总统都曾经保证要改善国家财政，但结果却是国债增长了两倍多，国会只听之任之。富人的收入不断增加，税收却在降低，而中产阶级的命运则恰巧相反。

总之，成千上万正直朴实的劳苦大众，尽管努力工作，遵纪守法，恪尽职守，但生活水平依然停滞不前，在没人重视又没保障的情况下挣扎度日。12年来，备受冷落的中产阶级眼睁睁地看着他们的经济利益被忽视，价值观念被践踏，付出得不到回报，工作得不到利益。难怪许多街头流浪儿觉得与其在学校学习而后找份工作，还不如成群结伙做毒品交易。因此从华尔街到主要商业区直到贫民区，不义之财都备受青睐。

为了改变美国的现状，我们需要找到植根于国家神圣原则之上并着眼于未来的新道路。我们需要在人民与政府之间达成一项庄重的新契约，给每个人提供机会，激发全社会的高度责任感，恢复我们伟大国家中的社会意识。新契约和普通人民大众密切相连。

200多年前，美国的奠基者们归纳出第一个政府与人民之间、不只限于贵族与国王之间的社会契约。100多年前，亚伯拉罕·林肯为维护基于该契约而创建的联合而献出了自己的生命。而60年前，富兰克林·罗斯福以"新政"向人民再次保证为那些勤奋的人们创造机会。

如今我们要制定新的契约，以恢复人民和他们政府之间曾经遭受到破坏的关系，恢复我们的基本价值观，也就是国家有责任帮助人民改善生活，公民不只享受权利，也要承担责任，要满怀信心地充分发挥自己的聪明才智。让我们共同完成这一伟大历史使命，我们必须实现托马斯·杰弗逊的那句名言："每个人都应该按其天赋和财富的多少为国效力。"

可以肯定地说这个新契约意味着变革—变革政党，变革领导阶层以及变革整个国家。在你我远离首都的故土，人民对于政府能不能改善他的生活已经失去了信心。在那儿你可以听到中产阶级无声的悲叹，抱怨政府不再关注他们的利益，不再尊重他们的价值观，也就是个人责任感，勤奋工作，家庭及社会意识等。他们觉得，政府对他们索取过多而给予太少。当特殊利益集团对国家仅仅索取不付出时，政府却在置若罔闻。

这个契约不能是政治家和既得利益者之间的交易，也不是当权者和其走卒之间的秘密协议，意在变革的"新契约"一定会在1992年大选中得到

CLINTON

人民承认的原因，也是我参加总统竞选的原因之所在。

可能有些人认为，大谈恢复美国梦是老调重弹，天真而幼稚。但我真诚地相信，只有"新契约"才能让这个国家重新团结起来并勇敢地迈向未来。

25年前，在乔治敦大学开设卡罗·奎哥利教授的西方文明课程中讲道："要从整体上看待我们的文化，从具体上来看待我们的国家。"其核心乃是一种"偏爱未来"的思想，即相信未来胜于现在。我们每人都负有责任来使它变为现实。

我希望他仍能在这里继续开设这门课。我也期望你们能信奉这些观点。由于，如果没有它，我们就不可能拯救美国。

下几周，我将拟定计划，重建我国经济秩序，重新恢复美国在全球的领导地位，振兴被遗弃的中产阶级，为下一代拓展未来。对于冷战后怎样促进国家安全、改善外交政策也将提出自己的观点。而且我还要证明，在变革的"新契约"中总统与国会应为人民做哪些工作。

但是政府的计划并不能包揽一切，促使我们团结一致，勇往直前要依靠各行各业美国人民承担起个人责任和进行不懈的努力。作为总统我保证兢兢业业，尽职尽责，做人民的公仆。然而如果公民不努力配合，不协同奋斗，则终将一事无成，前功尽弃。所以今天我想谈一谈我们对自己、对他人与对国家所应尽的责任和义务。

从那位民主党人肯尼迪竞选总统并号召美国人民为国效力以来已经有30余年，而我想激励你们更上一层楼。我们必须跨越固有的党派分歧，超越那种人人都利用自己手中的职权谋私利的体制。

我们需要一个可以激励公民们更有责任心的新契约，它要让高高在上的公司老板们清楚：我们要促进经济及自由市场体制的发展，但不会让你们拥有特权。我们会支持你通过提供高质量的产品和服务来提高利润、增加就业机会的努力。但也会监督你们尽到做社会良民的义务。

新契约要让依赖社会福利的人们明白：政府将为其提供必要的培训、教育和医保，然而有能力者，必须责无旁贷地去工作，而不能永久坐享福利。新契约要让勤奋的中产阶级以及那些渴望成为中产阶级的人们清楚：我们要保证你们上大学的权利。但是作为回报，你们应该对国家有所奉献。

CLINTON

新契约要鞭策所有公职人员：我们有责任珍惜自己的价值，为支持我们的选民们谋福利，倘若我们失职，就不配作为政府的一员。

新契约的履行必须起始于政府。我要改革政府，从根本上变革它与人民的关系。人民不需要高高在上并发号施令的官僚机构，它正是推倒柏林墙，推翻东欧和苏联的共产主义政权的内因。

如今，新契约也要鞭策政府改变治国之道。美国人民需要一个他们可以担负得起的政府来治理国家。共和党执政已有12年了，结果让国家濒于崩溃，而期望政府能更好地效力于民的民主党——我是其中的一员——则具有高度的责任感，要让人民清楚我们将正确而合理地使用纳税人的税款。

我要精减不必要的官僚机构，减少政府开支。在服务项目中，给人民提供更多选择机会与提高选择能力，以此来提高政府的工作效率和效果，这是我们在阿肯色州始终在做的事情：平衡每年预算，改进服务，正如对待自己的顾客和上司一样对待纳税人。给公立学校、托儿所以及老人服务中心提供完善的服务和设施等等。

新契约还必须鞭策国会发挥职能作用，民主党人同样应该起带头作用，让政府为民效力。民主党一定要整顿国会，让国会工作走入正轨。国会应遵守给其他部门制定的法律。午夜补贴不应再增加了。当美国劳动人民的工资下降时，国会支出也不应上涨。我们削减竞选开支，鼓励在广播电视上进行真正的政治辩论而并非相互诋毁中伤。我们不应再去开空头支票，不应再去白吃白喝，不应再去固定选票。在国会工作的人已有足够的特权了。

这种不正常现象再也不能持续下去了，我们应当珍惜、体现和鼓励工作道德，而不是去争权夺利。责任人人有份，而首先应从政府和国会做起，他们要勇于承担重任。

新契约也要鞭策私有部门的工作人员。80年代最不负责任的是一些上层滥用职权的公司老板们。我要告诉商界人士：作为总统，我将尽我所能让你们的公司拥有更合格的劳动力，和更密切的劳资合作伙伴，制定公平而且强有力的贸易政策，在美国建立投资的鼓励机制，以增强你们在世界市场上的竞争能力。但是我也要提醒挥金如土的公司阔佬们，倘若你们对公司工人和国家极不负责任，那将难逃惩罚。这就是总统威严之所在。仅仅遵守法律条文，拼命敛财是不够的，使高级管理人员的提薪幅度4倍高

CLINTON

于工人薪金增长，3倍于利润增长的做法更是不正确的，事实上正是这样，绝无夸张之意。公司经营倒闭自己却没损毫毛，依然过着奢侈生活则是错上加错了。美国大公司总裁的平均薪金为工人平均工资的 100 倍——在德国和日本，这个比例分别为 23 和 17。而政府却在奖励这种高额工资，不论多高，都错误地给予税收上的减免优惠。公司如果想为管理人员超值付薪作为未来投资，那政府给予优惠待遇是什么道理？对这种不负责任的糊涂做法，再也不能姑息迁就下去了。

这个新契约还要鞭策勤劳的美国中产阶级家庭，将重点放在工作和教育方面。我知道美国人害怕美国教育质量，愿自己的孩子接受最好的教育。克林顿政府应该以国际教育竞争的需要为基础，顺应民心，制定国家中学统一标准，建立起全国考试以检验教育成果。仅向学校做金钱投资还不够，我们还要激励全体教工，为培养高水平的师资员工队伍进行不懈的努力。

对于那些生活在社会治安问题最糟糕的城区的青年，那些在芝加哥、洛杉矶等地整日担心在路上被枪击，或被迫参加犯罪组织的少年们，新契约要给他提供特殊的保护。

这些年轻人普遍认为，很长时间以来，国家对他们漠不关心，事实也确实这样。还有人认为国家总是把社会中的丑恶都不公平地置于他们头上，诸如：吸毒、犯罪、贫穷落后、家庭破裂、教育危机等等。这也确实如此。他们担心，因为有着与白人不同的肤色，他们将来的命运只有是进监狱、吃救济，干又脏又累的工作。作为城区的少数民族，其命运只有失败。这次他们错了，我当总统后，要竭尽全力，改变他们的观点，让他们振作起来。

我知道这些年轻人，一旦横下一条心，任何困难都可以克服。我确信美国需要他们的力量、才智和道德。由于我对他们及其为社会做贡献的能力充满信心，因此他们不会被社会所遗弃。社会将向他们提供机会施展其天赋，日后的路让他们自己去闯。如果有人否认这一点，那无异于撒谎，他们心里都很明白。

作为总统，我将使这些人和普通人一样做守法公民：他们会遵守法律，不沾染毒品，在校就读，不再流浪街头。倘若他们无力抚养孩子，就不要再生，由于养育子女是父母的天职，并非政府的责任。

对于首次违法乱纪的年轻人，我们应该本着教育的原则，给他们以改过自新的机会,尽量不要把他们送进监狱,对于非暴力的初犯者,可将其送社会教育中心接受教育,以培养他们严于律己的作风;对某些吸毒者进行必要的戒毒治疗。在教育中心,学员们还可以学习文化知识,或做一些对社会有益的工作。通过教育改造,这些人能够成为遵纪守法的公民。

新契约必须鼓励人民参加工作,也就是意味着勤劳工作的人不应该贫困。在克林顿执政期间,我们尽我们所能破除依赖福利生活的恶性循环,帮助穷人摆脱困境。最先,我们要对有工作的贫困者提供工资收入税抵免政策优惠,使工作者能够真正受益。对贫穷者甚至依靠社会福利生活的人提供储蓄方便,使他们能拥有存款;对有意开办小型企业的公民提供贷款。同时,我们向全体美国人民保证,凡是有正当职业的人都能够享受医疗保健待遇。

新契约能打破依赖社会福利的恶性循环。依靠社会福利并非是一种生活方式,而只是一种补救措施。在克林顿执政期间,像你所知,我们要终结社会福利制度,永远不再恢复,彻底消灭依附在福利本身的不良恶习,坚持一个简明而神圣的原则:即任何有能力工作的人,绝不可能永久地依靠社会福利而生存。

我们要尽量帮助那些生活困难的人们,那些需要接受教育、职业培训和抚育儿童的人们。假如他们能参加工作,则必须就业。我们只提供两年的帮助,其后,就应在私有部门或社会服务行业寻求职业,工作谋生。新契约应让社会福利恢复其原有意义:给予陷入困境之人以一时的帮助。

既然新契约提倡工作,那么也就一定要提倡家庭价值。我们必须采用强硬的、切实可行的培养孩子措施,让不负责任的父母难逃惩罚。在阿肯色州,今年通过了一项法律,倘若父母欠养育金贷款1 000元,我们将马上通知州内所有信贷机构立刻停止放贷,不能使不尽养育责任的父母挥霍浪费养育金。

最后,总统对全体美国人民担负有重大责任——使全国人民齐心协力,团结一致,而不再是人心涣散,分崩离析。12年来,现任和前任总统都让我们相互敌视,让富人和穷人相斗,黑人与白人相争,妇女与男人不和,使我们人民不能和平相处,而是相互责备、相互否认,不能在人民中树立高度的道德责任感。他们挑起、制造矛盾,自己却从中获利。他们曾有机会唤起民众,尽其所能为国家做出贡献,但事与愿违,他们将人们引

CLINTON

向邪恶,相互争斗,使我们不得安宁。我向你们保证,我不能让共和党人的卑鄙阴谋得逞。制定新契约的目的就是让我们与分裂倾向进行坚决的斗争,使全国人民紧紧团结在一起。这是我的、也是每一个美国人的责任。

总之,这就是美国人民的优良品质。我们需要团结而并非分裂的国家。我们希望国家可以提供发挥每个人的能动性的机会,而并非产生邪恶思想的温床。我们的愿望能不能实现,关键在于我们的领导是否愿意充分发挥人民的潜力,全国人民是不是愿为实现自己的远大理想而努力。

大约60年前,富兰克林·罗斯福在1932年竞选的最后一个月,对自治政区俱乐部的讲演中,曾讲述了一个新契约的涵义。这个契约给那时陷于严重经济危机的美国带来一线希望。他指出政府的责任是保障每一个美国公民的生存权利,而人民的责任则是充分利用这一权利。为了效忠祖国,我们必须理解罗斯福提出的社会契约在当今社会中的新涵义。我们应该满怀希望,肩负起历史赋予我们的共同使命。

这就是我们现在的希望所在:新契约要肩负起我们共有的使命。使人民担起这副历史的重任,真正体会到他们具有前所未有的尊严。这样,当他们工作时,才可以找回了失去多年的自豪感。当父亲尽心尽力地养育孩子时,才能够发现世间的父子之情。当学生们勤奋攻读时,才可以发现他们的聪明智慧不亚于世上任何人。倘若公司老板们将工人和公司长期效益置于个人利益之上,那公司就会发展,老板也会受益。假如国会议员们对享有的特权心满意足,不再利欲熏心,那么美国总统就能最终对美国存在的问题承担责任,我们也就不会再犯错误,而是令美国开始向正确方向发展。这就是本次选举的真正涵义:制订变革的新契约,珍视中产阶级的价值观,重建公众对政府的信任,形成社会意识,让美国再次崛起。谢谢各位。

演说:关于环境的新契约
CLINTON

22年前的今天,在全国各地,成千上万的美国人,纷纷走上街头,发表讲演,集会游行,将人民普遍关心的问题提到了国家的议事日程上,这就是美国环境保护。

那时你们当中许多人还没出世，回顾自从第一个地球保护日起，我国所发生的急剧变化与进步，对你们很有必要。在两年的时间内，我们国家成立了环境保护署，颁布了防止空气污染，防止水源污染，及濒临灭绝动物等的保护法案。我们还禁止再使用 D. D. T. 对我们这一代人而言，这不失为聪明远见之举。

20年后，我们的社会资源，及我们的地球所面临的严重威胁令我们以前做出的努力付诸东流。

我们曾限制向河流中倾倒污物，然而今天用过的注射针头已被冲上了河滩。

我们曾不准许煤气罐中含有铅成分，但是今天，在城市儿童生活和玩耍的地方找到了浓缩铅的成分。

我们曾规定有毒物质废料应定点存放，但是今天，清理出的废料却少得可怜。

我们曾清楚酸性物质会导致树木死亡，但没能意识到其蔓延之快。这导致了国内森林以及国外热带雨林的大片消亡。

我们曾停止建造核电厂，但是今天，核电厂到处可见。

我们亲眼见到满是油迹污垢的海滩、灰蒙蒙的天空、污染的河流。我们要充分认识到其潜在的危险。就像那遥远的臭氧层空洞，肉眼根本看不到，然而透过臭氧层的光线可以导致人们身患癌症。

你们这一代面临的问题是：22 年前已经起步的这项环境保护运动能不能继续推动向前发展？我们提议是不是合乎时宜？

几十年过去了，我们的思想也发生了很大变化。如今的孩子教他们的父母怎样给垃圾分类，以便废物回收利用。像德雷克赛这样的学院也在给青年人教授环境工程学。

大多数美国人的思想已经发生了改变，而我们今天领导人的思想仍旧没有变化。十多年来，我们缺乏国家能源战略、缺乏环保战略、缺乏采用能使能源更有效地利用与能保护环境的新技术去占领将来市场的经济战略。

在过去十年内，气候变化、臭氧减少以及其他全球环境问题已经对我们的生存构成重大威胁。依赖进口石油始终是我们能源政策的基础，进口的石油今天已占我国贸易失衡的一半。冷战的结束催生了新的市场，也使

CLINTON

环境治理成为新的极为紧迫的事情。我们有了前所未有的机会来保护地球，促进我们的经济增长。

布什政府在环境问题上如在其他许多问题上一样，始终是消极的，没有原则的，或采取权宜之计。在乔治·布什和罗纳德·里根领导下，总统在环境问题上的努力成为了一种危险。

乔治·布什曾承诺要成为环保总统，但有关科罗拉多大峡谷污染状况的照片向我们清楚地显示了一切。

波士顿港湾的污染状况曾经是他在1988年消极的竞选运动中攻击对手的靶子，但很多年过去了，他对治理港湾，简直无能为力。

他曾承诺美国宝贵的森林不会再有"净减少"，但随后却试图将一半森林移交给开发者。

他曾祈求以特迪·罗斯福的忠诚来保卫我们的自然遗产，但随后就要求开发北极地区进行石油开采。

他曾谈到我们需要一个能源政策，但随后又到底特律，撇开主要的密歇根州问题而去对美国汽车制造商承诺他不会提高美国国产汽车的耗油标准。

他曾号召举行有关环境问题的国际首脑会议，但如今他却正独自阻挠100个国家为控制全球变暖而将在里约热内卢召开的历史性的会议。

昨天，我在报纸上看到他想发动的另一个攻击，这次是有关阿肯色州的怀特河的问题。我们正在对怀特河进行治理，我们欢迎总统注意到这个问题。所以，总统先生，当你从里约热内卢回来后，希望你到阿肯色州西北部和怀特河来看一下，我将告诉你存在的问题和我们已经取得的成绩。我将让你看到你能够进行垂钓、儿童们能够在其中游泳的河流。

假如你真正想解决问题，我将与你达成一项协议，我们将分清联邦政府和州政府的职责和想取得的成果。我们的人民已经厌倦了党派间的相互指责。但这不是在波士顿港湾，倘若你想提出指责，你也必须承担部分责任。

让我澄清一下，我认为布什总统并非决心要毁坏环境。但他的观念是在另一个时代形成的，当时世界面临的是其他威胁，认为经济增长和环境保护是互相排斥的。

作为一个贫穷州的州长，在过去10年中我致力于增加就业和夺回失去的时间。我知道许多人的利益因为近50年来最长的衰退和最低的经济增长率而遭受损害。

在80年代，我也曾面对就业和环境两者之间的短期交替效应。而且，因为在某些领域联邦政府援助的削减和缺少一个清楚的政策，离间了各州之间的关系，让这种交替效应更加强烈。在此背景下，在联邦政府没能提供足够的环境保护和治理方面的就业机会的情况下，在这个小州我选择了增加就业。

许多年过去了，我学习到了某些乔治·布什和他的顾问们还没能理解的东西，那就是应该抛弃在经济增长和环境保护两者中的不正确选择。现在，没有一个良好的环境就不可能有一个良好的经济增长，千万不能以牺牲环境来取得经济的增长。

我们的竞争者明白两者不可偏废。德国工人的平均劳动生产率比美国工人高25%，原因之一就是他们生产同样数量的产品只需美国所需能源的一半。日本公司在全球市场上拥有5%的竞争优势，也是由于他们有较高的能源利用率。我们的竞争者正加速发展使其能占领将来市场的新的环保技术。在走向21世纪时，只有美国没有能使经济稳定发展的长期战略。

布什政府不明白，在环境保护和经济增长两者间做出的错误选择不仅对环境有害，同时也有害于经济的发展。乔治·布什让奎尔领导一个竞争委员会，事实上是让主要的环境污染者通过白宫的后门来践踏他们不喜欢的环保法规，这会让我们的河流和空气进一步受到污染。最扰乱人心的是他们称此为竞争。

长期以来，布什政府借口能源的有效使用和改善环境与经济增长存在矛盾，而没有做任何有利于美国经济的事。倘若我们打算在世界经济中竞争并取胜，倘若我们想要改善我们的生活质量、提高我们的生活标准，那么我们就必须学会以环境保护为手段来换取经济的增长。

这是我在阿肯色州始终致力的事业。作为州长，我始终勤奋工作、求得环境质量和经济增长。在我第一个任期内，我致力于让公用事业优先考虑环境和自然资源的保护，而并非是新电厂的建设。这符合阿肯色州的主要的特殊利益。如今，上述方法被称作"最低成本计划"，差不多有一半的州利用此方法来保护资源和节省纳税人的税款。以往，这个名称已不复存在，公用事业也用尽全力取消该计划。到了80年代末，它们又回来了，阿肯色州的消费者和工商企业在将来会节省许多金钱。

我们也做了其他许多工作。我们制定了国内第一个州级水平的纸张循环利用计划；建立了近40个新的野生动物保护区和公园来保护我们的河流、森林和草原；制定了一个新的全州范围内的重新造林计划，在最近两年内已经植树2 500万株；我们还向阿肯色州工商企业提供了30%的税收抵免，用于安装减少废物和循环利用的设备，这种措施保护了阿肯色州的环境也创造了就业机会。

曾经有一段时间，在这个国家，环境保护被视为是发展工业必须承受的负担。如今，这种观念已不正确。技术已经进步，利害关系已有了改变，现在是我们改变观念的时候了。在当今的经济活动中，已不存在增长和环境保护两者间的交替效应。我们今天有同时选择两者的手段和需要。

现在，我们需要的是一个改善环境的新协定。这个协定应建立在全新的承诺之上，为我们的后代留下一个美好的国家，它的空气、水、土地尚未受到损害，它的自然美景尚未失去光泽，它的全球经济稳定增长的领导权尚未被滥用。这个新协定将会对美国人民提出挑战，要求各方面包括个人、家庭、团体、公司和政府机构承担职责，来保护我们的环境质量和我们的世界。

这个为改善环境的新协定将有三个要点：发挥美国在保护全球环境方面所起的领导作用；保持美国的环境质量；开拓与坚定的保护环境目标相一致的新道路，以促进革新和增长。

契约的第一部分言明美国必须为地球的健康发挥世界领导的作用。冷战已经成为过去，我们已进入新的时代，在这个新时代中，对我们安全的威胁已不太明显，但危险依然存在。就如戈尔参议员在他的新书《平衡中的地球》中所描写的，假如我们没有远见和领导力去战败全球气候变化、臭氧减少和地球无力承受的人口增长等一些新的、空前的威胁，那么这些威胁将打垮我们。今年6月，世界各国首脑将会在里约热内卢举行会议，共同协调降低各自的二氧化碳和其他温室气体的排放量；防止臭氧层进一步遭到毁坏；寻求促进稳定发展的办法；保障使我们的人口不超过地球的承受能力。近100个国家的首脑已坚决表示将出席这次大会。但就在昨日，我们的总统说，他还不能确定是否出席这次大会。

最近10年中我们已经历经了历史上最热的8个年头，地球的热带雨林正在以每分钟一个足球场大的面积的速度消亡,肯尼邦克波特上空的臭氧层空洞正在扩展。地球上差不多每个国家的领导人都在等待美国总统是否下决心采取行动。

我认为乔治·布什是不能负起不参加这次会议的责任的。

倘若总统决定参加此次会议,那么只是出席到会是不够的。除非他决心使美国在对付全球气候变暖方面起领导作用,清除他以前在实施气候变化协议方面设置的障碍,不然里约热内卢会议将一事无成。布什总统应当承诺,到2000年美国的二氧化碳排放量将限制在1990年的水平上;应该做出新的努力保护地球的生物和森林。正像戈尔参议员所说,地球环境问题是如今最重要的挑战。

在克林顿政府中,美国将带头促进经济的稳定增长。我们将要求主要银行和国际货币基金组织、世界银行这些国际组织进行协调,通过减轻发展中国家沉重的国际债务负担,保护他们宝贵的土地资源。我们应建立一个类似于自然资源保护委员会的国际组织,它的资金由发达国家和需购买在热带雨林中进行医学研究使用权的制药公司供给。这些使用权和开发出的新药品的收益将表明,保护和扩大森林要比砍伐森林更能获益。

我们也应通过支持为防止全球人口超速增长所进行的努力,来寻求稳定的发展。像艾尔·戈尔所描述的,人类经过一万代人才达到20亿人口,而我们也许将看到,在我们这一代,地球人口的数量将增加到原来的3倍。地球上的资源和脆弱的生态系统在这种难以承受的负担下将会耗尽和崩溃。布什总统曾经是限制全球人口增长的坚强支持者,但应该感到惭愧的是,他为清除党内派系的反对而阻止我们为限制人口增长做贡献。克林顿政府将恢复对外援助,支持计划生育。

除非我们在国内为保护环境做更多的工作,不然不可能领导世界为改善环境而所做的斗争。美国人口占世界人口的5%,而我们却消费了全球石油消费量的四分之一强。倘若我们要领导对付全球气候变暖的斗争,增加我们在贸易中的竞争力,减少对国外石油的依赖,我们就必须减少石油消费,明显提高能源使用效率。

在过去的11年中,我们还没有一项国家能源政策。在克林顿政府中,在我上任的那一天,我们将要制定一项能源政策:

——我们将快速提高我国生产汽车的燃油使用效率,让制造商将汽车

CLINTON

燃油使用效率增高到每加仑汽油能行驶45英里的水平。

——我们将增加使用低廉、安全燃烧而丰富的天然气，减少我们的二氧化碳排放量。我将颁布行政命令，命联邦政府的车队购买使用以天然气做动力的车辆。

——我们将推动中性的税收刺激计划，利用污染者和能源浪费者多缴纳的税金来奖励保护环境和节约能源者。像加利福尼亚州已规定给予购买燃油效率高的汽车的买主进行奖励，奖励的资金来源于对购买耗油量大的汽车的买主征收的特别费用。

——我们将对可再生能源的利用进行更多的投资。而在过去10年中，联邦政府用于这方面的资金从8.5亿美元下降到1.44亿美元。能源部60%的资金用到核武器的研制上，余下的大部分用于核能和矿物燃料的研究，这是没有什么道理的。我们将鼓励对诸如风能、太阳能这类新能源的使用，鼓励更有效地利用我们现有的能源。在克林顿政府中，我们将圈定范围广泛的北极国家野生动物保护区；停止将让我们付出代价的石油开采。

——我们还将做出努力，将一部分冷战时期的军费开支用在民用目的上，利用研究、开发资金来开发轻轨火车。这种轻轨火车将提高运输速度，节省燃料，并能给无力支付较贵运输费用的人们提供运输服务。

——最后，我们将会在我们政策的各个方面，制订能源保护和有效利用的中心目标。像确定我们的职责，规划我们的公用事业等。我的目标是，到2000年美国整个能源利用效率提高20%。

我们也需要制定一个预防污染的政策。1970年以来，我们在控制污染方面已取得很大进步，制定了限定倾倒废物数量及地点的法规。今天我们需要进一步努力，让我国从控制污染转向防止污染。

最紧迫的任务之一是降低我们产生的固体废物的数量。克林顿政府的首要目标是致力于寻求能防止污染的新方法。

——我们将创立一个可交互性的信贷机制，它将奖励那些将自己生产的大部分废物重新加以利用的公司，惩罚那些不达标的公司。

——我们将设立刺激机制，使公司和政府机构循环利用废物，并用联邦政府购买力创造一个可循环利用的材料市场。

——我们将通过一个关于瓶子的法案，降低塑料瓶、玻璃瓶的库存，鼓励循环使用。

为改善我们的水质，我们需要关心从我们的农田里流出的、从覆盖冰雪的街道上融化的和郊区的发展生产的污水所造成的污染。我们需要一个新的净化水法，它将包括有关非点源污染的标准和刺激措施。它将释放出来我们的公司、农场主和家庭在减少和防止污水排放方面的创造力和科技能力。

我们也需要继续努力，控制有毒废物排放。超级基金计划已被灾难性的错误实行。我们已经花费了 130 亿美元，但只治理了 1 200 个最致命废料倾倒点中的 80%。大部分资金浪费在法律费用上和超成本支付给那些治理污染合同的签约者，这些人因而能够购买劳力士手表和豪华地装饰他们的居室。

在 1980 年超级基金计划是一个历史性的突破。在我第一任期内，阿肯色州是美国第一个存在环境保护局批准的危险废料管理计划的州。超级基金使我们可以控制大多数突发性危险，并提供了一个强有力的威慑力量，禁止有毒废料的倾倒。如今我们这些关心环境问题的人们必须刻不容缓地带头去寻求每一种可能的途径，使更多的污染点能得到治理，不致错过取得胜利的机会。

为了保护我们将来留给后代的自然遗产，我们也需要改善美国的自然资源。作为总统，我将保卫我们的原始森林和重要的动物栖息地，并令我们的森林没有净减少成为事实。我将重新设立管理国家公园和荒地的专门机构让国家公园和荒地得到真正的保护。我将进一步努力利用联邦土地、水资源保护基金会提供的资金建造公园和娱乐场。每年，数百万美国家庭将能够在约塞米蒂和黄石国家公园中度假。他们应当有一个如同他们一样关心美国公园的政府。

为改善资源我们所做的一切努力，完全依赖于法律与政策的实施，与公众的自觉意识。在克林顿政府中，我们将会杜绝欺骗环境保护局的行为，保证让公司和污染者对自己的行为负责。

如今，我想要说的第三个要点是乔治·布什一定要通过有力的市场力量来对美国的污染问题施加影响。

以前我们许多保护环境的努力都是以指令性法则作为基础的，就是限制企业的排污量及技术的使用。尽管取得了明显效果，但有时也因为限定企业使用的设备种类而抑制了技术革新。此外，过去详尽的硬性规定也多付出了制定和实施时的费用和负担。

我认为现在是应该开始运用市场力量来帮助我们恢复环境的新时代了——亚当·斯密的"看不见的手"（市场力量）也可以用来治理环境。我们在严格坚持减少污染标准的同时，对排污的企业征收罚金将刺激他们不断地寻找更清洁的技术和工艺流程。在一定条件下这种以效果为准的方法可以减少规章上的开支和官僚主义，得到公众支持，使环境保护政策不再受特殊利益集团与院外集团活动者的束缚，而是面向公众，由公众监督执行。

但是，解除对企业的某些规章束缚并寻找到有成本效益的治污方法仅仅是我们要采取的步骤之一。我们还应当对21世纪的环境保护部门有充分的认识，当前，环保技术和服务每年约有2 000亿美元的市场，而发展中国家将在今后的15年内需要引进安装价值万亿美元的能源技术设备。

不幸的是，我们正在这场竞争中不断退却。1980年，美国占有世界太阳能技术销售额的四分之三。到1990年，德国和日本的竞争让我们的份额降到30%。我们应该明白领导环保运动的国家将会成为环保技术和服务的最大的提供者和出口国。

当我为了竞选总统而在这个国家四处奔忙时，我被不同背景、肤色和收入的美国人民为了共同的目标而再次联合起来的愿望深深打动了。倘若说有某种东西使世世代代的美国人民紧密联合的话，那就是我们对这块广袤而富饶的国土的深深眷恋之情。我们的祖先热爱这片土地，他们是农民，也是先驱者。是他们让这块被我们称为美国的20亿英亩的土地成为他们描绘梦想的画布。

十几年来，国家的发展停滞不前，很多时候甚至还在倒退。有人说是树木造成了污染，而太阳镜是对付臭氧层减少的最好方法。更多的时候我们在相互争吵攻击，被荒唐地告知要在生活质量和生活水平之间做出选择。我确信，为了我们热爱的国土，为了我们共同的价值观念，也为了我们仅有的一个地球，如今正是抛弃错误的选择、把这个国家重新联合起来并恢复其发展的时刻了。

大约一代人之前，环境保护者阿尔多·利奥波德说道："历史是由同一个起点开始的漫长旅程所组成的，人们不断地回到这个起点以再次开始寻找那些永恒的价值观。"无论何时，美国的出发点的起点都将是我们对自然遗产的热爱。今天，我呼吁你们和我一起从这个起点开始新的征程。谢谢！

5 演说：走向白宫
CLINTON

感谢各位，谢谢！我想代表希拉里和我自己，对千百万为我的选举及我变革国家的诺言而投票的人们表示谢意，并以此来作为我演讲的开始。

我想感谢为让选举顺利进行而自愿花费了数百万小时的人们。我想感谢那些在生活中时刻和我站在一起的朋友以及那些在全国各地为竞选而工作的人们。我尤其要感谢我的州府工作人员，他们努力工作，让行政管理正常运行，并让我能够顺利地参加竞选。

今晚的胜利，与其说是属于我的，倒不如说是属于你们全体的，我希望你们为此而感到自豪。

当我开始参加竞选时，现任总统的威望在公众中达到了顶点，许多人觉得今年的选举平淡无奇，不会有什么激烈的竞争。而我那时乃至现在都坚信我们的国家正急需一场新的变革。

很久以来，政府始终在操纵我们的制度为少数人服务，为狡诈的集团和近期利益服务。占全国人口1%的富人比90%的下层人民拥有更多的财富，自从20年代以来这还是头一次。

为此我们被许以更多的就业机会，但事实上得到的却是解雇通知和安全感的丧失以及对医疗保健、教育和街道治安的恐惧。我们尝试过的那些方法看来必须改变，我没办法再忍受看着遵纪守法、辛勤工作的人们遭受欺骗。

今天晚上，依靠支持我的选票，我想告知那些仅想维持现状的势力和仅顾短期利益的敛财者：党派政治该结束了。我们将开始改革，重振这个国家。

有些事已到了非做不行的时候，那就是将金钱和时间投入到国家建设中，奖励守法者而严惩违法者，并向人民应当享有的美好未来进军。要让

CLINTON

每个人都明白,这场竞选不是代表们说了算,而是广大人民说了算。

今天晚上,我不禁想到刚刚过去的几个月以及其间所遇到的所有勇敢的美国人,那些我自从新罕布什尔州开始就与之在一起的人民。

小马科斯先生,他没办法找到一份有医疗保健的工作,由于他有一个动过手术的两岁孩子。他一向遵纪守法,但却在受到惩罚,仅仅由于他生活在唯一一个其政府不肯控制医疗费用也不向全体人民提供人们承受得起的医疗保健的发达国家。我们着手改变这种现状。

今天晚上,我想到了在纽约我碰到的那位了不起的父亲,他是位移民。在我正走向讲台时,他拉住我说道:"州长先生,我10岁的儿子在校学习政治,他说你应当当总统,因此我准备投你的票。"不过他又说:"我之所以来到美国,由于这是一块自由的国土,但我的儿子却没有自由,没有陪同他甚至不敢走着去上学。倘若你成为总统,请让他得到自由。"

我要告诉你们一件事,假如政府帮助城市在社区设立更多的警察,给初次犯罪者设立教养所,并通过"布雷迪法案",那位男孩会自由得多——而我正准备那样去做。

我还想起我遇到的那些妇女——那些在新泽西州利斯敦或加州萨克拉门托工作的母亲们——她们为怎样处理好工作需要与尽母亲义务的关系而忧愁,不知怎样做对孩子才算是公平。

我想告诉你们,假如我们有一位将签署而不是否决"家庭及病假法案"的总统,她们的情况会好得多。而我正准备赋予她们这种权利。

我还想到了玛利·安妮和爱德华·戴维斯这对好夫妇,当我和他们拥抱时,他们不禁失声痛哭,并对我说道,他们每周都要在食品和药品之间进行选择,为什么?由于他们生活在唯一没有像样的长期医疗保健制度的发达国家。而假如你们选我当美国总统,我将会建立这种制度。

12年来,美国人民一直试着做完全有理由做的事情,他们理所当然应该有一个能公平对待他们的政府。公平对待人民意味着为了他们的就业、教育和医疗保健投资以重建美国经济,也意味着奖励工作和承担责任。

第二次世界大战结束之后,我们这个伟大的国家进行了一件伟业——重建欧洲和日本。在冷战结束后的今日,我们要做的工作不是其他,正是要重建美国。

重建美国要以对全体人民的教育和培养为出发点,这将是我们的最佳投资。但要做到这一点，我们需要一个名实相符的献身于教育的总统——有人已为此付出了代价并履行了责任。

听到过各种关于"学前教育"的谈论，一般认为这是一个绝妙的方案，如今需要一位总统来资助这个方案，让全美国的孩子及其父母都了解这个方案。

那些快要中学毕业的年轻人也需要一些帮助。对于那些不想上大学也不愿做毫无前途的工作的人们，我们应当像其他发达国家那样给他们提供两年的学徒培训，使他们可以找到好的工作，这样我们就能够恢复体力劳动在这个国家的尊严。

最后，我还想帮助那些想上大学的年轻人或不那么年轻的人，让他们能靠贷款实现接受高等教育的志向。我们必须防止那种阻碍人们上大学的企图，提供必需的款项以资助美国人民接受高等教育。

二次大战结束以后，我们之所以可以大规模地重建美国，那是由于我们通过"美国军人法案"，为每个想上大学的军人提供了这样的机会。

约翰·肯尼迪当总统期间，我们通过"和平队"协助重建了世界上许多地方。我建议汲取军人法案和"和平队"的主要特点，让任何人都能够依靠贷款上大学，然后通过在家乡给国家服务一两年来偿还贷款，如当教师、警察、护士等，帮助重建美国。

投资于人民还意味着有信心去改革保险公司和医疗保健机构及政府自身，给全体人民提供能承担得起的医疗保健。

今天晚上，就在我们庆祝胜利时，美国各地都有成千上万的人夜不能寐，不知什么时候将会失去工作或医疗保险，害怕下一次生病会不会让他们破产。这都是由于我们不肯都像其他发达国家那样去做。请选我当总统，我们将共同为全国人民提供负担得起的医疗保健。

投资于国家建设还意味着给受过教育、身体健康的人们提供就业机会。从我们国防开支削减的每个美元都应该为了建设21世纪的美国经济，而再次提供的每个美元都应是为了高速列车、短程飞机、光导纤维通讯及净化水质、利用废物的现代化环保系统。

只有当我们能够保证再投资于国家建设时才能实现经济增长与环境保护。这也是我们创造就业机会的方法。我们正准备通过投资来做到这些，以改变现状。

最后，假如想实现这些变化，我们就必须坚持这一点：就是公民们必须接受挑战，做好分内的工作，担起更多的责任。今天有许多优秀的商业人才在维持着自由企业制度的运转，但我们的税务制度却让他们得不到奖励。

这种税务制度不去鼓励对新的厂房和设备投资，却鼓励无限制的行政补助—甚至对亏损企业也是这样。它鼓励将工厂移到海外而并非在本国设立新厂。

我想告诉你们，在我们的税收制度内，需要一种新的责任感—对美国投资而并非对过多的行政开支或产业外移予以鼓励。

我们这个国家还要有新的家庭政策—对孩子的抚育照顾和医疗给予鼓励。我们要有一个家庭休假法。然而，我们也需要最严厉的强制抚育子女措施。我不愿再看到人们扔掉孩子留给政府去抚养，我们可以制止这种现象的发生。

对穷人我们也要有新的政策。我们要去帮助那些每周工作40小时又有孩子的人们脱离贫困。我们要让依靠福利制度的人知道：我们将为你们的教育和培训及子女抚育增加投资，但在这之后你们必须去工作。我们必须抛弃当前这种福利制度。

同胞们，改革从来就不容易，但我已经为此奋斗了10多年，并从中学到了某一些东西，你们必须愿意与集团势力较量一番，为改革而奋斗，你们必须愿意为此而付出时间，与此同时你们必须知道，行动终将会代替言辞。

附录　参考书目

1. 《高端人物——克林顿》，中国对外翻译出版社，作者：本森
2. 《国家事务：对克林顿总统的调查弹劾与审判》，法津出版社，作者：波斯纳著，彭安等译
3. 《希拉里与克林顿》，华文出版社，作者：李庆山，佟茗茗
4. 《克林顿和我的一生》，时事出版社，作者：安迪
5. 《图片故事克林顿》，世界知识出版社，作者：安琪等
6. 《美国总统全传》，国际文化出版公司，作者：李富明，马建臣，赵明
7. 《掌权的女人——希拉里·克林顿传》江西人民出版社，作者：CARLBERNSTEIN
8. 《希拉里传·掌权美国的女人》，中信出版社，作者：伯恩斯坦著，张岩，魏平，刘宁译
9. 《希拉里之谜》，译林出版社，作者：怀尔纳著，周国强译
10. 《希拉里与赖斯：谁是美国女总统最佳人选》，社会文献出版社，作者：莫里斯著，杨凤妍，刘海清，刘寅龙译
11. 《美丽与哀愁》，东方出版社，作者：李维
12. 《高端人物：希拉里》，中国对外翻译出版社，作者：布伦
13. 《希拉里画传》东方出版社，作者：司徒佩琪